本格からHONKAKUへ

21世紀本格宣言II

島田荘司

南雲堂

本格からHONKAKUへ

21世紀本格宣言II

本格からHONKAKUへ◉目次

[ブックデザイン]
奥定泰之

本格からHONKAKUへ、前書き

お読みいただく方への便宜として、本書に書かれている内容を、冒頭に要約して語っておきたいと思う。本書の第一部に書かれていることは、「本格」という語彙についての徹底した説明になる。

「本格」とは何であるか。あるミステリー作品が「本格」と呼ばれるための前提的条件は何か。ミステリー史の大筋の説明と、そのどの時点に、どこの国で、誰によって、何故、「本格」という概念が考案され、どのような経緯でこれが定着し、発展していったか。その過程で、この語はどのような貢献をジャンルに為したか。

「本格」の語彙がもしも重要であるならば、この概念は世界中の作家や好事家に広まっているのか。もしまだであるのなら、その必要はないのか。

英語圏で誕生したミステリー文芸だが、この言語圏内に「本格」の概念はあるのか。近年の英語圏では、本格系のミステリー小説は青息吐息のように遠望できるし、高名な書き手も現れていないように見えるが、この失速に「本格」の概念、とりわけその欠除は関係していないか。

一方日本では、さいわい未だ隆盛が続いているふうだが、隆盛に「本格」の概念は貢献しているか。

ミステリー世界には、「本格」以外にはどのような流儀があり、それらの性格と役割はどのようなもので、「本格」との関わりは、それぞれどういったことであったか。

ミステリー系の新人賞と、「本格」の概念はどのような関係性を持ち、これまでやってきたか。また筆者はこれを、どのようであるべきと考えているのか――、などなどである。

筆者は、「本格」がミステリー小説世界全体の背骨であると考えており、この信念が揺らぐことはないが、「本格」という言葉が発生した時点を回想しても解る通り、江戸川乱歩の「変格」諸作が大ベストセラーとなって列島を覆い、映画化され、ラジオドラマ化され、亜流が氾濫するなどして一世を風靡しており、かたや「本格」の水脈はといえば、両手ですっかり掬い取れるかと思えるほどにささやかであった。

しかしこれは澄んだ清水《せいすい》であり、この水源なくしては「変格」も干上がってしまうと発案者は危惧した。この構図は、現在でもまったく同じである。「本格」の水脈は今や小川程度には川幅を増したが、ベストセラー・ミステリーの大河とは、較ぶべくもない。それなのに何故「本格」の書き手たちは、大河に引っ越さずにいるのか。

セールス状況を勘案し、あるいは売り上げ好調ジャンルの圧力を受けて、ミステリー系の新人賞からは取り立てて本格作を求めるものが次々に撤退、あるいは変節し、続々と「広義のミステリーを求む」と詠《うた》いはじめている。

筆者が感じるこれよりも大きな不安は、こうした新人賞の選考が、多く減点法を採るようになっている傾向である。

本書を読んでいただければ解るが、「本格」の概念が登場したのは一九二〇年代のアメリカにヴァン・ダインが登場して以降で、彼の誘導で切られた第二のスタート以降、彼の示す条件網羅提案にしたがった作例を、日本人が「本格」と呼ぶ。

ミステリー作品を、ヴァン・ダイン流儀に面白く持ち上げる条件が提示され、避けるべき諸点も示されて、しかもこれらがフィールドの大勢に同意されたゆえに、各作はフィギュア・スケートのように採点が可能となって、ベストテン選出という遊びも必然性を帯びた。これは名作文学のベストテン、たとえば『風とともに去りぬ』、『武器よさらば』、『戦争と平和』、『赤毛のアン』、こうした諸作を並べて順位をふったものとは質が違う。これはまったくの好みであり、リストがフィールドの作群の質を向上させる効果はないから、個人が行えばそれでよい。

ところがこうした気づきが、日本人のベストテン作りにはない。ヴァン・ダイン・メソッド登場以降のベストテン遊戯は、十戒（ノックス）、二十則（ヴァン・ダイン）の点検等を重要課題とするものであったから意味を生じたのであり、これをはずれたベストテン作りであるのなら、右の名作ベストテンの漠然に近づくから、政治が介入し、親方の威圧が手下の投票者を動かし、文壇のドンの顔色伺いや、販売の思惑も諸々と選定に分け入る。こうした戯画構図が、わが国の場合は未だに排除できていない。ミステリー史への勉強や、知識の不足が関係するが、こうした方向へのぼんやりした見当さえ存在しない。

さらには、ベストテンや新人賞の選考が、フィギュア・スケートの採点と了解されても、一度尻もちをつけばもうメダルは獲れないとするオン・オフ的な叱責発想（引き上げるのでなく、落とすことを目的としたい意識）が選者に根強い。これが常識、常態化すれば、演技者は全員四回転の冒険をやめて安全な二回転半を飛びかねず、パフォーマンスは小さく無難にまとまってしまってフィールドの発展は止まる。

もう一点、日本にもミステリー界にヴァン・ダイン的大転換をもたらした作家がいて、それは松本清張であるが、彼の体質は「本格」には関心がない自然主義文芸の流儀であり、これがフィールドの圧倒的主流となった過去を持ってしまったため、もう日本のフィールドは、ベストテン遊びが馴染まない体質に変貌したといってよい。すなわち先の歴史名作ベストテン式の体質に切り替わったということで、それでも無理に、しかも頻繁にベストテンが行われるなら、販売上の利点に視線が集まっているゆえであるから、予想通りのさまざまな思惑の狂騒曲が出現する。が、経済の要請からこの気づきが封印されている。

この誤認識が賞選考に持ち込まれるなら、冒険的仕掛けに重心がない発想は、トリック自体をアンリアルと見做して傷としかねず、ここが減点法侵入の蟻の一穴となる。採点者のこの種の発想は、挑戦者の行儀心となって戻り、演技者のアクションは隊列行進的前例重視となって、前例定型にない冒険的挑戦を控えさせる。ここにジャンル発展の停滞、本格ミステリー文化の消滅という罠が発生するが、行儀心の盲目は続く。

　わが国ではこうした危ない状態が依然無自覚に続いており、在野に限らず、プロ作家もまた安全裏な前例踏襲を続け、この態度を行儀心と盲信して擁護するエリート外野は、徒党を組んで圧力団体を組織し、創造性を誘導したがる先達への嘲笑的攻撃言辞を準備する。こうした深刻な行儀日本型の問題点についても、本書では考察している。

　とはいえ、日本において本格ミステリー創作がなんとか隆盛を続けられた理由は、日本に新人賞が多いという事実にも支えられている。この文化の生みの親たる英国においてジャンルが失速気味なのは、本書で述べる理由以外に、英国の新人賞不在にも求められる。

　日本にはミステリー系新人賞は無数にあるが、英国では、最も名前の通ったCWA賞以下、“Theakston's Old Peculier Crime Novel of the Year と、“The Telegraph Harvill Secker Crime Writing Competition の三つだけらしい。このうちの Theakston's Old Peculier Crime Novel of the Year は、すでに出版されたペイパーバック小説に対して与えられる賞で、新人賞ではない。

　CWA賞は、内部で Debut Dagger、Gold Dagger など八種に分かれていて、Debut Dagger が新人賞であるが、これも公募規約には、受賞は必ずしも出版を意味しないと明記されている。

つまり日本式の、出版を確約して新人の未発表原稿を公募するミステリー新人賞は、英国には The Telegraph Harvill Secker Crime Writing Competition がひとつのみということになるが、しかしこの賞はそれほどポピュラーではないようだ。さらに調査の要はあるものの、英語圏に再び本格ものの隆盛を取り戻すには、英国に有力な新人賞が現れる必要はありそうだ。

もう一歩を踏み込んで語れば、出版を公約する日本の新人賞の多さは、日本の書店に独自の書籍流通の制度、委託販売制にも関係しそうであるから、英国の新人環境を日本並みに改善することは容易ではない。蛇足だが、日本でも純文系の新人賞は出版を約束せず、ために短編公募とするものが多い。


新人賞における冒険的挑戦の実際を示すため、本書は第二部で、本格寄りの賞と明言して看板を上げた唯一の新人賞、「福山ミステリー文学新人賞」の選考内部を公開している。

そして第三部では、この「福ミス」を受賞してのち、安定した評価と売り上げを獲得するようになって、現在一線で活躍中の三作家の証言を収録した。

受賞後何が起り、プロ作家になれたと感じられたのはいつか。その目安のひとつとなる文庫化はいつ起ったたか。受賞作刊行の当番出版社以外の社から、原稿依頼の声がかかったのはいつか。

小説雑誌群が失速したといわれる現在、デビュー新人たちは長短編のストック原稿を何作程度用意しておくべきか。現在の執筆ペースはどのようなものか。作品量産の要はどの程度あると感じるか。良質寡作は現在も許されるか。在野の新人たちへのアドヴァイスはあるか。

三作家で座談会を行って、作家登龍門を目指し、プロ作家を夢見る在野の書き手たちが知りたいことを、選者たるこちらが予想し、代行して彼らに尋ね、できる限り余さずに語ってもらった一章を用意した。

首尾よく受賞をしても、そのあとに何が起るか不安なのが実際であろうし、それらへの対処や、努力の方向を誤ればそのまま消えることもあり得る。受賞者によるこうした証言を参考にすれば、挑戦者たちはあらかじめ心構えが作れるであろうし、今後の方針を立てることも可能になろう。本書は新人の挑戦者たちに、必要な情報を揃えることを心がけた。

作家挑戦者たちには本書を読んで今後を頑張ってもらい、首尾よく作家生活に入れたなら、本稿に述べたようなフィールドのさまざまな問題点、改善すべき諸点を頭に入れて、ミステリー文化振興のため、こちらとともに尽力していただければと願っている。

二〇一八年三月十三日

［第一部］

本格とミステリー

『本格ミステリー・ワールド』刊行にあたって

本格ミステリー・ワールド2007 巻頭言

反論を覚悟した上で、ここで『本格ミステリー・ワールド』刊行の目的を率直に述べるなら、これまであちこちにあった本格ミステリーの年間ベストテンが、各方面へのさまざまにやむを得ない誠意行使により、今や本来の目的を失って形骸化しており、読者に誤った指針を示し続けて有害と見えている。本格を含めたミステリー小説の危機が事実今あるのなら、それはフィールド内外の優秀作が強く求められる時期であり、これを正しく誘導するには、よい本格の小説とはどんな姿かを、あれこれ迷わせないかたちで才能に知ってもらうことが必要なので、出版社の営業筋をはじめとするいっさいのバイアスは受けず、業界筋や作家への政治配慮も行わず、作家個人の人気投票ともせず、ガラス張りの座談によって理由を明解に示しながら、ひたすら当該作の技術的達成度や、ミステリー小説としての感動度を基準に選定した、Aランクのサンプル作品群を、フィールドに示したいと考えた。

これに加えて、選定時の態度や方法、発表のやり方をもフィールドに提案したい。そうした上で、出来のよい本格作品の選出という本来楽しく、有意義なはずの行為を、あるべきニュートラルな位置に引き戻したい、とする相談を二階堂氏より受けた際、それはよい考えだと思って賛成した。

とはいえ、当『本格ミステリー・ワールド』は、「黄金の本格ミステリー」を読者に示すことだけを目的とするのではなく、二十一世紀に入った今、日本では依然命脈を保っている本格ミステリーの、更なる発展に具体的、効果的に寄与せんとするのが最大の目的だから、未来志向を第一義とし、現状分析には多くの紙幅は割かない。代わりに「黄金の本格ミステリー」を書き得た作家当人に、多くを語ってもらう。そして次年度からは、各作家にこうした意識をも持ってもらえるよう、働きかけをする。

以下は個人的な考えだが、百八十年の歴史を経て、本格ミステリーの作法は、先進的であろうとするなら、やはり高度になっているように思う。定型的な方法でクラシカルな体裁の本格ものも描き得るし、これの良さもよく理解してはいるが、それはモーツァルト流の交響曲を今作曲することにも似て、私自身はそういう作例が好きでも、一般読者にあまねくそう要求するのはむずかしい。ジャンル的な発展と大見得をきるなら、そういう様子だけではおそらく不充分で、過去、横溝正史も、綾辻行人も、実はヴァン・ダインとは大きく異なる表現方法を工夫して、ヴァン・ダイン流儀を具現化した。

ヴァン・ダイン流を比較的ストレートに応用できた者はといえば、やはり同言語、同環境で活動したカーやクイーンであって、そういう彼らでさえ、「ヴァン・ダイン派」への編入には抵抗している。まして時代が下り、人情風土が異なれば、ヴァン・ダイン流儀の外観を維持するには、土台や骨組みにヴァン・ダイン自身予想もしなかった新しい材料を発見、使用する必要があった。二十則にも見るようなヴァン・ダインの理想郷建設は、やはり英語圏において、そして彼自身を含んで以降の、数十年程度の視野において提案されたように、今日の東洋人の視線からは見える。

このように、「本格」に明瞭な輪郭を与えた古典、ヴァン・ダインの民主平等の流儀を含めてさえ、二十一世紀の奥深くにまで本格を延命し、あまつさえ傑作を添加し続けさせるには、徹底的にロジカルで、冷静な俯瞰計算のアプローチが必要と感じる。バーが高くあがった棒高跳びにも似て、歴史を経て名作が多くなった現在、それほど気軽には棒を持って走りだせなくなった。ヴァン・ダイン流儀以外への視野転換を私が提案するのは、こうした事情もある。

かつて民主平等的だったヴァン・ダインの流儀が、今や逆説的に最もむずかしくなったともいえる。多くがここに集中したからだが、同時にそれは露出過多による古典的パーツの新味喪失とか、移り気な読者とか、ファンタジーの流行とか、日本語表現の特殊性だのを念頭に置くからであって、私個人、ヴァン・ダイン流儀を永遠に捨て去る気など毛頭ない。したがってこれも私的にだが、ヴァン・ダイン流、非ヴァン・ダイン流を含め、新たな策の提案とか、新しい材料の提示といった使命も、ゆくゆくは本書に託したいものと考えている。

さて、未来志向提案を優先する本書ではあるが、年に一度の刊行という形態から見ても、年間ベストテン的作品群の提示である「黄金の本格ミステリー」の章が、最も注目されるだろうことは明らかで、よってこれが本書の中心軸とみなされることは覚悟の要がある。そうなら「黄金の本格」とは何であるのか、またこの新しい提示法の意図するところについても、考えを述べなくてはならない。「黄金の本格ミステリー」を選んだ選者三人の考え方は、選考座談の冒頭に示されてあるからこれを読んでもらうとして、以下の説明は私個人の責任となる。

この本で「黄金の本格」として示される年間のベストグループの諸作や、その選定と提示の方法が、何故今後に向けた新しい提案であるかを説明するなら、いささか気重なことではあっても、これまでのわが国のベストテンの歴史について、最低限触れておく必要がある。以下の指摘は、多くの反論を呼ぶことは解っているが、実のところ多くの声なき声が言いたいことでもある。

各大学ミステリー研がたびたび行っていたベストテン企画を、陽の当るものにしたのは週刊文春の年末ベストテンであったが、これは文藝春秋が非ミステリー系の出版社であったために可能になったという事情が当初言われた。が、やがてこの社も、本格を含めてミステリー小説を多く刊行するようになり、この社が持つ有名文学賞の受賞作や、その予備軍への配慮が徐々に行なわれるようになって、長く不遇をかこっていたとされる冒険小説系諸作の、判官贔屓《はんがんびいき》的割り込ませ方も批判されはじめ、「ミステリー」の語義不在がささやかれるようになって、さらには出版界全体の構造不況も言われて、これは一般文学賞を含めてであるが、ベストテンが、経営逼迫の出版社の、サヴァイヴァル営業戦略とささやかれるようにもなった。

しかしこれらはあくまで噂であり、この稿は文春ベストテンの批判を目的とするものではない。また述べた現象は、ベストテンの選者や、背後の出版社の営業事情にのみ責任を帰すべきではなく、因は日本の近代史にこそ求められる。

今日、学校でのいじめが問題になり、対策が真剣に論じられているが、わが教育の理念自体に組み込まれた、脅迫で生徒を追い立てる徒弟感性の競争原理が追求をまぬがれている以上、撲滅は絶望的である。成績がクラストップの生徒がいじめに遭い、これを教師も進んで放置した、などというケースは聞いたことがない。社会に出ていじめに遭うのが嫌なら勉強しろというのがわが教師の変わらぬ主張であり、すなわちわが自殺社会の犯人はという設問と似て、ここでもまた、いじめの犯人は教育者自身である可能性は看過できない。

　こうして鍛えあがった日本人が社会に出て本を買うなら、その動機もまた被脅迫の圧迫心理による判断になりやすい。ベストセラー本をまだ読んでいないのか、直木賞受賞の話題作をまだ買っていないのか、そして、文春ベストテンのミステリーをまだ読んでいないのか、という被抑圧焦燥心への期待である。

　これはわが本の買われ方であって、読まれ方とは別物であるから、こうした本がはたして面白く読まれているものか否かは疑問である。けれどもそもそも、わが世間に出廻っている、教育宗教をも含めた有形無形の商品の買われ方もまた、大半はこうした厳しい脅迫被脅迫、追い立て構造の、どこかの地点に位置している。

　ともあれこうした文春ベストテンの欺瞞性に、正義の憤りを感じて開始されたものが宝島社、『このミステリーがすごい！』のベストテンであったが、文春の営業戦略への奉仕だけは回避したものの、ここでも陽の当らぬと見える作家への施し意識、授賞高位者への儒教的気配り、そろそろこいつにもの親方配慮、目上への道徳習慣の暴走などは、上位法人消滅によって、文春時代に倍した解放ぶりとなった。

　これらへの反省から、創元推理評論賞の選考委員と、その受賞者たちを中心に「探偵小説研究会」が組織され、ここが業界の人間関係や、出版社の営業戦略奉仕には関わらずに年間ベストを選定し、当初は東京創元社、続いて原書房がこれを上梓するという活動が始まった。

　ここはしばらく真摯で実質的な活動を続けたが、ここでもだんだんに、作品投票がジャンル作家の内輪の人気投票と化していき、選ばれる上位作品は、作品それ自体の評価ではなく、作家の人気具合いの内輪の旬を探り、この旬作家がたまたまその年に書いた小説、というような構造に近づいていてしまって、ここでもまた、これは全体俯瞰による本格ミステリーの純粋な年間ベストテンとは呼べないという声が高まった。

関係者に異存はあるだろうけれども、これが今日にいたるまでの、わが国のベストテン選定活動の小史と見える。他作家の作を同業者（あるいはそれを大いに含む）集団が選ぶ際の感情の処理が、さまざまなかたちの安全模索と屈折を生み、ジャンル振興の有効性などには感知しないという、やや無責任態度になったように観察される。

こうした状況の発生自体は理解できるけれども、優れた本格小説の姿が正しく後進に示されないと、良い本格の新作が誘導されないから、ジャンルは振興鼓舞されない。また理由はどうあれ、各種の屈折が、示されるべき本格サンプルの提示を妨げているのなら、これはそのまま本格振興の妨害であり、有害と言わざるを得ない。二階堂黎人氏がこうした状況に非常な不満と、憤りに近い感情を抱いてきたことは理解できるし、同意的にもなれる。他の二氏も、おおむね思いは同様であろうと思う。

そこでわれわれは述べたような経過の反省に立ち、年間優秀作品のストレートな選定と、その過程で誤りを犯さない方法、また新しい提示の方法を考えることにした。宝島社のものも、「探偵小説研究会」のものも、先行ベストテンへの反省に立って始めたものではあろうが、それでも時間を経るうちに変節し、前例と同種とは言わないまでも、似た問題点を抱えるようになった。先人の轍を踏まないようにするには、抜本的な新機軸を打ち出し、その上で軸足を変えてかかる必要があった。

そもそもベストテンとは何であるのか。何故これがフィールドで頻繁に行われるのか。小説の優劣の順位などは、評者個人の好みでいくらでも変わり得るし、政治的な要請によって順番を変化させても、理由はいくらも後付けができる。この作の方が好きなのだと嘘をつけばそれでよい。『風と共に去りぬ』や『赤毛のアン』、『武器よさらば』等を含む「名作ベストテン」など考えてみれば、そんなものに意味がないことはすぐに解る。どうしてもやりたいなら、読者が個人的にやればそれでよいことで、好きさの度合いなどは当然読み手個人のものである。

そもそも何故ベストテンが発想されたのかと言えば、ヴァン・ダイン登場以降に、本格のミステリーという特殊な小説のジャンルが発生したからで、この遊びは、言ってみれば本格ミステリーの小説群にのみ有効だったと言ってもよい。同じミステリーでも、ポーやホームズの時代に探偵小説のベストテンをやっても、『赤毛のアン』や『武器よさらば』のベストテンと似たものになる。

ポー、ドイル発見のミステリー諸要素を、ヴァン・ダインが噛み砕いて探偵小説用にパーツ化し、さらには運用上の諸ルールを整備して見せたから、本格のミステリー小説は、共通使用パーツが数多く発生し、驚きを演出する器《うつわ》ふうの装置となって、フィギュア・スケートのようにスポーツ化し、パフォーマンス各部、あるいは総合の採点を可能にしたということである。

すなわち各パーツ、その成分の多くはトリック発想であろうが、これの用い方やその数量、禁を犯していないかの点検、トリックの見せ方の工夫、先人考案の各技のマスターの度合い、それを磨いて進めた新味演出の度合い、まったく新しい技の発見ならこれは点数が高いが、自身の演技へのこれの取り込み方や見せ方、こなれ方が不充分であるなら、やはり減点の可能性もある、そういった発想の採点法である。

ゆえにヴァン・ダイン以降、「ミステリー・ベストテン」という遊びが、必然性をもってフィールドに登場した。これはヴァン・ダインの二十則提案というジョークに応えた応答のジョークであり、十戒や二十則等、禁止事項を持たないほかの小説ジャンルにおいては現れ得なかった。ヴァン・ダインの登場以降、本格のミステリー小説は、専用技術の集積という色彩を帯びたからである。そしてこの採点行為が、新たな力作を出現せしめるであろうことも期待された。

むろんスケート選手が先天的に持つ体型の美も、評価の対象として排除され得ないように、ミステリーも小説であるから、文章力や、文学的な感動度合いも評価軸に含めてよい。けれどもこの感動は、友愛単体、あるいは親子愛それ自体での感動ということでなく、感動演出にミステリーの流儀が構造的に組み込まれていることが望ましい。そうでなくては高い加算表現とは判断されにくい。言葉で述べればそういうことになる。

こうした事情であるから、このところ脱ヴァン・ダイン流儀を主張している私もまた、ベストテン発想ならば一定量ヴァン・ダインの発想地点に戻るほかはない。これを基準にして考え、ヴァン・ダインの視界からはずれていたポー式の詩的、幻視力発想や、ドイル式の仕掛け等は、外郭的文学的な技術という理解になるかもしれない。

そしてこういう事情であるから、ベストテン選出の評価軸は、選者各人にまかされるといった性格のものではなく、述べたような明瞭な主軸一本は全員に共有されるべきで、あとはこれに沿った枝軸という了解になって、枝軸程度ならば、各人のセンスにまかされてよい。

選考対象の諸作は、基本的に本格、ないし本格寄りのミステリーに限定せざるを得ない。本格創作意図からはずれた作を対象に選べば、評価は技術論とはなりにくく、名作文学ベストテンと同等になってしまって、いかようにでも好み、ということは政治発想混入の隙が生じる。これが文春、宝島社に延々と起こり続けた現象である。

日本のベストテンは、述べたようなことへの無理解から、さまざまな迷走を見せていると言ってよい。他の多くの輸入例にあるように、これもまた、述べたようなルールを持つリクリエーションの、大いなる勘違いと言ってよい。

第一に、ヴァン・ダイン流本格スポーツの小説が対象であるから、ベストテンが必然性を持ったのだが、小説一般としての立派さ、偉さのベストテンと勘違いをされた。そこで親方への配下の忠誠といったわが上意下達の道徳、そしてこれを巧みに活用する複数の親方たちの威圧指令、といったふうな日本型の政治技術が入り乱れて発動した。

第二に趣味であるのにも関わらず、これもまた偉い先生が強権と脅迫をもって生徒に認知を迫る、厳しい類の行儀と誤解された。それが言いすぎなら、まあそうした要素も致し方あるまい、くらいにゆるく理解された。ゆえに先生側に面子も発生し、前年に選んだ作家のさほどでもない次作を、一応これもまた入れておこうの配慮とか、自己ルールを敷衍すれば、どう見ても自分よりは高位となりそうな作家を、つき合いがないことをよりどころに、嘲笑罵倒して上位幻想の自己暗示をかけたり、この無理のゆえに選者が覆面を被ったり、後輩作家が偉くなりすぎないよう、一定期間を過ぎれば持ちあげまいの発想など、思惑の狂騒曲が入り乱れた。

昨今のベストテンは公的に出版され、購買層への影響力も強いふうなので、もう遊びだとばかりも言っていられない状況になった。あまりに思惑発想の八方安全作ばかりが示されると、そろそろジャンル振興への弊害も考えられるし、深刻な現状が、こうした集積の結果であることも疑えるから、こちらもいささか真剣になった。

「黄金の本格ミステリー」は、これら先行例と一線を画すため、フィールドの人間関係への配慮は一切行わない。出版社の営業事情にも、この選出では関知をしない。ジャンル作家への誠意配慮も行わないし、友人作家間の好感度票決ともせず、ジャンルの将来を鑑みての、厳密な作品単位の評価に終始し、その判定基準も、選定の理由も、よい本格ミステリーたるの捉え方も、ジャンル将来への把握も、選者は責任をもって考え方を明示する。従来のベストテン選者から、自分たちも信念をもって選んだのだとする反論が出るだろうからだ。こうしたことは、「黄金の本格」の選定においては、不問のマナーとする。

多少の廻り道に見えても、こうした方が衆目の信頼を獲得し、有能新人をよく導き、本格ミステリーのジャンル振興と延命につながり、結局フィールドの各作家たちや、出版社の利益ともなるだろうからだ。

ここでの心配は、今年選定の「黄金の本格」群のうちに、かく述べている島田荘司の作品がふたつも入っていることで、これは述べている内容と齟齬するのではという批判を受ける危険がある。これについてはもうここでは言い訳めいたことを述べない。読み通した上で、拙作や本稿がその疑義を修正させ得ないならば、批判はあまんじて受けることにする。

今回の選考座談を読ませてもらった限りでは、交わされている発言の内容が、こちらの予想を超えて高度で、しかも客観的であり、ジャンルへの有効性確保や、未来志向の視線もきちんと維持されていて、自分はきわめて満足した。一種の自賛ととられるであろうが、先に述べたような理由から、ベストテン印刷物をほとんど気にしなくなっていた自分だが、こうした優秀本格作品の選出といった行為の将来性は、まだ充分にあると確認もできた。また三者による今回の選定の態度や方法は、フィールドへのよい提案にもなり得ると確信した。この三者ならば、将来においても態度は変化しないと思われる。

「黄金の本格」のもうひとつの重要な提案として、「ベスト10」にはしないということがあった。必ず十作を選ぶという強制は設けない。これまでのベストテンが、多少の違和感を感じさせた理由に、優れた本格のミステリー作が二十作品ある年も、五作しかない年も、必ず十の作品を選んで表彰台に載せるということを繰り返してきていることもある。評価の軸がぶれないものとして存在するなら、選び出したサンプル作が五作の年も、二十作の年もあるというふうに変動するのが自然と考えるから、「黄金の本格」においては、五作から二十作程度という大ざっぱな枠組のみを設け、決定的な数量枠は設けないことにした。そうした上で、順位もふらない。

本格の小説に限らず、ある小説が名作か否かを判定するものは、声なき無数の読者であり、時間を経たそれが評価を統合的にし、固定的にもしていくものであろう。高位者が、権威をもって一般に強制するものではない。

そうなら公的に出版されるベストテンのリストアップは、「これが未来に遺る傑作だ」、と断ずる一種の予言なのであるから、それほど軽々には行えない。ジャンル理解と正確な現状把握、それを前提としての高度な未来洞察力も要る、と私はそのように考えている。

過去のベストテンに感じる違和感のもうひとつは、示された順位が、年を経過してあきらかに流動して見えることがある。順位ふりこそは政治で、さしたる意味はないと感じてきた。

しかし今回は、ゆえにベストテンなど必要がないとは考えず、そうした遊び自体は楽しいし、示された作品を読んで、これがよい本格の姿なのかと新人に了解されれば、こうした理解が傑作を誘導したりもするであろう。順位つけは無理であっても、その年の優秀作品を十作程度選ぶというだけなら無理なくできるように感じ、これに順位をつけることは、時間と読者の判断にゆだねることにした、そういう経過である。

日本の本格の今

和製新漢語

「猿真似ニッポン」という揶揄が行われはじめて久しい。今日ではこれはもう揶揄ではなく、わが民への通常的な説明となって定着した。平城、平安京は長安の真似であり、迎賓館はヴェルサイユ宮殿の真似である。かつてビートルズ旋風吹き荒れた時代にはみな左利きでベースを練習し、アメリカでラップがはやれば、大真面目で日本語ラップをやる。思考停止のごとき無批判の追従は、すなわち「猿真似ニッポン」の評価を、いささかの屈辱も感じなくなった民族の姿である。

われわれの用いている日本語自体、外来語に徹底的に浸食されてきた歴史を持ち、原日本語たる大和言葉は、その深部にひっそりと、化石の破片のごとく散見できるのみで、特徴的なその語順さえ、翻訳が作りだした変則的なものを疑える要素がある。

「ナウでガッツでガイなヤングが、ショッピングをエンジョイするプロムナード」の類は、舶来品に盲従するわが軽薄体質を語る構文として、しばしば文化人の軽口に登場する。実際わが民は、こうした自身の軽薄さを売りとして周囲に喧伝し、上位方向の嫉妬を封じて出世を目論むという処世訓が、今でもまだ有効な教えとして通用する。

この手の単純な裏目読みのスキルは、わが国だけの特徴と言ってもよい。この信念の強固さの由来を語りたければ、同種の日本語構文をもうひとつあげたらよい。「暖簾を掻き分け、炬燵に入り、急須から茶碗に茶を注いでふと天井を見あげる」と言えば、ここにもたいして日本語はない。これらは大半中国直輸入の漢語であり、つまり日本人は、遣隋使、遣唐使の昔から、こうした舶来盲従を延々と続けて二十一世紀にいたっている。われわれの舶来志向の軽薄は、千数百年の歴史を裏打ちとした筋金入りのものである。

こうした経緯から、今日われわれが深く愛し、わが国に浸透して長く隆盛を保ってきた「本格のミステリー」もまた、この種の舶来盲信の産物であるという批判もできる。しかしそうした一方で、以下のような、日本人自身にはあまり知られていない事実もある。

中国の社会科学院というところが述べていることだが、現代中国で遣われている社会科学に属する高級語彙の、実に六十から七十%が、日本で作られた新漢語である。幕末から明治にかけての日本で、さかんに和製の漢語が創られている。今日われわれが普通に遣っているところの「権利」とか「義務」、「社会」、「宇宙」、「理想」、「進化」、「演説」、「経済」、これらは中国のいかなる古典にも見いだすことができない。日本人の創作になる、新生漢語だからである。現在では中国人自身、こうした漢語を日本から逆輸入して、国内で使用している。

あるいは「革命」とか「民主」、「人民」、こういった言葉は、中国の古典には存在していたが、意味するところが若干異なっており、アングロサクソンが構想し、イギリスやフランスで発展した近代社会の新概念や、新制度を翻訳して日本に輸入し、定着させるにあたって、こうした漢語に発展解釈的に別の意味あいを持たせ、新概念の呼称として使用した。現在は、これらもまた、中国人も使用している。

では中国人自身は新概念を呼ぶ言葉を作らなかったのかと言えば、そういうことではなく、都度作ってはきたが、科挙合格生が古典への深い知識を駆使して考案する漢語は、誰も知らない高々度な教養が反映されて庶民には楽しめず、日清戦争以降、日本に大量に入った孫文などの留学生が持ち帰った和製漢語の方が、教養の浅さがハイセンスに作用して、中国産を次第に駆逐していった経緯がある。


日本語への外来語の流入は膨大なものがあり、先述したようにすべてカタカナ語による日本語の作文も可能になるが、同時に、外国人が日本人の会話を横で聞いていて、自分たちの知る単語がいっさい聞こえてこないので不思議がるという一面もある。

アジアの民の会話を英語人が聞いていると、どの国においてもカルチャー、エコノミー、スピーチ、ソサエティー、シティ、タウンなどといった単語が必ず会話から聞こえるが、日本人の会話からはまったく聞こえてこない。これは、欧米圏からの輸入概念や事物を、わが先人が片端から訳し、翻案熟語として至れり尽せりに完備させせたためである。

日本人には、無判断に舶来信奉を行う軽薄さの反面、あきらかにこうした創作熟語の才にたけている。漢字という表意文字には、事態を端的に言い切り、説明する能力が備わっている。さらに「進む」と「化ける」、「理」と「想う」が隣り合った際に、これらひとつひとつの文字の持つ意味あいが足されたという以上に、化学変化にも似て、別の概念を現出させる性質が漢字にはある。「理想」という言葉は、「理」の意味も「想」の意味も持つが、ひとつになった際、あきらかにそれに数倍する広く深い意味あいと、独自の表現世界が出現する。こうした漢字の表現能力を、日本人は古くから学び、しっかりと体得していた。

そうして何より大切なことは、こうして現れた熟語は、人口に膾炙されるにつれ、ある意志や思想性を発揮するようになって、才能を鼓舞する力を発揮する。優れた熟語は、こうして時代を作りだすことがある。

一方英語圏の表音文字は、すでに存在した言葉を、受動的に描写するにとどまることが多いから、書き文字の並列が意志や思想を持ち、時代を創っていくといった作用は、表意文字の場合に較べれば起こりにくい。

漢字文化圏は全アジアに広大な領域として広がるが、中国人に学んだ漢字を用いて新漢語を多数作成し、これを本家中国の社会に戻してこの地の利便性をあげる、などといったことができた人種は日本人だけである。

漢語概念を活用した抽象概念の把握と、これを的確に説明する応用漢語の創作能力は、日本人はきわめて高いと評価すべきで、これは無思慮な舶来信奉の軽薄と、表裏である。

和製漢語としての「本格ミステリー」

本格のミステリーは、エドガー・アラン・ポーというアングロサクソンの作家が、これまでにも存在していたミステリー小説群の内部に、まったく新しい枝を芽吹かせ、発生させたものと把握できる。この新芽発生の触媒として用いたものが、十九世紀時点における最新科学であった。

この新しい枝は、新時代の特殊で先進的な空気を養分にして急成長を遂げ、もともとの幹を凌駕するほどの大樹に育って、傍らにそびえることになった。この新時代の特殊な空気とは、同じくアングロサクソンを中心として発明されたさまざまな社会制度や通年、たとえば国内戦争に替わる選挙という合理的な制度、議会政治、スコットランド・ヤードの採用した、捜査官たちの勘に頼る職人芸を廃した科学捜査の方式、この結果被告となった人物への拷問有無等を市民が監視する、陪審制裁判の制度、などなどの提案が醸す、改革の空気であった。

ポーの『モルグ街の殺人』は、こうした時代の転換点の大きなうねりの中心軸に位置して、小さからぬ社会的役割を果たすことになる。スコットランド・ヤードの標榜する合理的捜査精神の紹介と、続く陪審制裁判の、いわば解説書的な役割を果たしたと、今日の視点からは見えている。

この種の創作の登場は時代の必然であり、また改善された新時代の要請に応えたこの作品自体が、これまでの「幽霊物語」や「魔法使い物語」としてのミステリー文学を、大きく前進させることになった。モルグ街の密室に人知を超えた方法で侵入し、人の感情を超越した悪魔的なやり口によって女を惨殺した犯人は、実は怨霊でも魔物でもなくて、合理的な推論と科学的態度で把握が可能な、われわれのよく知る存在であった。

とてつもなく魅力的な新文学の発生はここに決定的となり、続いたやはりアングロサクソンの科学者、コナン・ドイルがシャーロック・ホームズを登場させたことで、この文芸は、世界の文学史に決定的な地位を得ることになる。

さらに続くアガサ・クリスティ、ディクスン・カー、S・S・ヴァン・ダインなど、アングロサクソンの才能たちが、このジャンルに多くの名作を付加して、ジャンルを巨人にした。

ところが不思議なことに、アングロサクソンたちはこの意義深い文学ジャンルを発明し、発展させながら、これに名称をつけることをしなかった。探偵物、法廷物、パズラー、ハードボイルド、サイコ・スリラーなどと、登場人物の職業や、行為内容によって、大まかな区分の名称は登場したが、これらは読者の便宜をはかるための後発的で、受動発想のものであり、この新文芸の意図を構造的に説明するものではなかった。他のミステリー文芸ととりたてて区別して呼びならわす名称を、アングロサクソンは遂に用意していない。

この分類発想は、蝶や植物の収集家の分類整理に似て、採集後に同じ性質の標本を分類して、グループごとにひとつの箱に保管し、蓋に名称をふってコレクションしたものにすぎない。そしてこの標本箱は無数に用意された。

この新文芸ジャンルに質的で俯瞰的な名称をつけた者は、海を遠く隔てた日本人であった。「本格」のミステリーとは、日本人作家、甲賀三郎の命名で、ジャンルの発明者、アングロサクソンの文壇世界には見あたらないものである。

欧米の把握が、ポー以降に現れたミステリー作品群を、いわば蓋に名称が書かれた複数の分類箱に整頓したものであるのに対し、甲賀のものは、いわば作体をレントゲンで透視し、体内の骨構造の込み入り方によって、二種に分類しようとするものであった。

甲賀は、自身発案のこの語の使用原理や、定義についてはいっさいの説明を遺していないから、以降はある程度推論にならざるを得ないが、乱歩ふうを「変格」として別所に置き、それ以外のもので、たまたま自身と同時代のヴァン・ダインのような理智的作風の探偵小説が「本格」なのだ、といった程度の素朴な区分意識しか甲賀は持っていなかった可能性はある。けれどもそれはすなわち、ヴァン・ダインの作例に見るような端正な様式性と、扇情や情緒に流されず、依存もせず、推理の理屈が一定量以上に際立って感じられるものがジャンルの本道なのだ、といったふうな選別の感覚と理解ができる。

これはヴァン・ダイン流の整頓発想を通過してはいるものの、その背後にあるこの文学発生当時の冷静な合理精神や、推理の論理に重きをおく科学者としての態度に着目したものであって、作例の構造的な把握に踏み込んでいると了解ができる。英語圏の受動的コレクション発想とは、根本的に異なるものである。甲賀のこうした発想は、やはり漢字が複数組み合わさった際に発生する、化学変化にも似た新概念発動の性質に、理解が大いに助けられていて、和製新漢語創作の系統に属する行為と推察される。

以降日本においては、甲賀発案のこの語彙が明瞭な道標となって、日本人各作家の創作をよく導くことになった。また作家に一種の選民意識さえ持たせて、絶妙の励ましを為したともいえる。英語にも「ピュア・ミステリー」という似た言葉はあるものの、これもまた受動的な性質説明であって、この語を口にする際、その作家がある種の誇りを得るというまでの思想性は持っていない。

すなわち日本における本格ミステリーの隆盛とは、実にこの「本格」という和製漢語の功績ととらえることも可能で、こうした要素は、先人の言う「言霊」の作用であると表現しても、格別の不都合はない。

欧米の失速と、アジアの台頭

日本では先年まで、このジャンルが大いに隆盛を保ってきたが、本家アングロサクソンのフィールドでは、あきらかに黄金時代は去った。むろんピーター・ラヴゼイ、P・D・ジェイムズといった大御所が頑張ってはいるものの、往年とは比較すべくもない。英語圏では、ミステリー小説というと、ポー登場以前の幽霊物語や、魔法使い物に主流が戻った感はいなめない。

この現象にはさまざまな謎解きが可能で、アングロサクソン世界には、そもそも聖書信仰という、ファンタジー・ストーリーの信奉が民族的な体質としてあること、本格ミステリーとともに、最新科学の落し子であるところの映画芸術が、その科学的なスキルを極限的なまでに押し進めて、こうしたファンタジー・ストーリーの目指す目撃の驚きを、完成というまでの域に高めたこと、この成果によって、本格のミステリーのみならず、活字表現の全体までもが圧迫を受けつつあること、などなどによるであろう。

映像というエンターテインメントの王者の前では、活字の産業は漸次縮小して、作家の多くが映画原作の執筆に強い魅力を感じるようになり、映像作品から受ける感動にも影響されて、映像の最前線に馴染む性格のストーリーが、多く書かれるようになった。

映像に馴染まない舞台用の戯曲や、それに近い小説、恋愛や暴力や冒険の要素の乏しい物語は、映画世界とは距離が生じて、本格のミステリーもまた、こちらのグループに組み入れられた感がある。

しかしそれ以上に重大な視点は、英語圏のミステリー創作現場における『本格』の語の不在」で、ポーやエラリー・クイーンの創作スタイルを、他の従来型ミステリーと区別して呼ぶ名称と、その誇りが存在しなければ、『Yの悲劇』もまた、『ハリー・ポッター』と同種のミステリーとなり、映像化による経済的な成功に背を向けてでもクイーン型のものを書きたいとする情熱が、作家間に育ちにくい。英語圏に起こっている本格創作熱の冷え込みは、実のところこうしたあたりに問題の核があるように思われる。

現在台湾で、本格ミステリーの創作熱が高まっている。この国のこれを、すでにブーミングを呼んでもよさそうである。続いて中国と韓国で、本格ミステリーの創作熱が起こりはじめている。これらの国には日本の本格作品が訳されて刊行されていると同時に、「本格」の語も入っている。

インドでも本格ミステリーの創作は行われており、傑作が生まれはじめている。タイランド、インドネシア、ヴェトナムにおいても、ミステリー創作の胎動はゆるやかに始まっている。ただし、こちらはまだ本格の領域には届いていない。

インドを除き、これらの国々の胎動には、あきらかに日本の創作の影響が関わっている。どの国においても日本の漫画とアニメがまず入り、ミステリー小説があとを追って入っていく構図がある。漫画だけで終わる国もあるが、小説までをも輸入し、これに影響されて本格創作のムーヴメントまでが興る国は、国民の経済状況が向上して書籍が買いやすくなってきたこと、これにともなって出版産業が充実してきていること、各家庭の経済状況の改善と安定が、教育水準の向上をもたらし、恋愛という、生活水準に直接影響を及ぼす出来事以外にも関心を届かせはじめていること、日本の経済援助や、進出企業の印象が好転し、太平洋戦争時の日本軍の印象が、次第に薄らぎはじめていること、などなどによると思われる。

けれどもこれまでに述べてきたような理由から、われわれはアジア諸国への日本産本格作品の輸出と、これにともなう創作のムーヴメント喚起だけでは満足せず、「本格」の語の輸出と定着も、必要なことのように私は感じている。アジア諸国において、今後ミステリー創作のムーヴメントを本物とし、息の長いものに高めていくためには、「本格」という語の「言霊」の力が必要と感じる。

筆者はそこで、台湾の若手作家、既晴氏のデビュー作『魔法妄想症』の日本紹介をまず考え、目下邦訳を依頼して作業中である。

続いて、まだ版権が押さえられていないならだが、インドの女流作家、カルパナ・スワミナタンの本格作『第三面の殺人』の邦訳刊行を考えている。

続けて韓国人作家の本格作の日本紹介、中国本土の作家の本格作紹介、タイランド、インドネシアの本格作品の紹介などを継続的に行うことを企画して、これらの国々で本格系の作家と作品を調査している。先述の台湾、インドの作は本格ミステリーだが、その他の国々で本格系の作を見つけることはむずかしいと覚悟している。中国本土には、幻想小説系の分野には多くの才がいるようだが、論理志向の本格は、まだ未知数である。しかし在野にある才能には、台湾の本格を好んで読む若年層がいて、有望と聞いている。

アジア全域の本格ミステリーの創作を振興し、傑作を誘導するには、現状では日本が先導して行うほかはなく、かつての大東亜共栄圏の記憶が喚起されそうで慎重を期さなくてはならないが、述べたような諸事情から英語圏の本格熱が現在失速気味であるなら、むしろアジア圏の創作が有望である。経済の隆起は、アジア人種の知的感性を、ようやく十九世紀後半の欧米人のそれに迫らせている。

そこで重要となるものが日本の本格創作の状況で、これらアジアの本格創作が、われわれの生み出した作品の影響によるものなら、現状は、黒岩涙香以来のわがミステリー小史において、最重要の局面にさしかかったといえる。原点日本の本格創作の活力が旺盛でなくては、これらアジア諸国の創作熱は刺激と活力をチャージされず、発展を止める危険がある。

現在日本の「本格ミステリー」は、アジア全域のミステリー創作のリーダーシップをになうという、かつてない大きなチャンスを摑んでいるともいえるし、ゆえにかつてないほどの責任を引き受けているともいえる。しかし国内の諸作家は、まだこうしたことに無自覚に見えるので、ここにこうした報告を行った。

同時に、本誌のものを含め、ベストテン選考過程の紙面の重要度も、以前とは違ってきた。日本の本格創作の熱量を計るという意味あいに加え、期待される本格ミステリー小説とはどのようなものかを、国内に限らず海外の創作志望者に示す意味あいが生じて、こうした各企画が政治判断に足をとられて本格を誤動すれば、アジアの本格も連動して隘路に陥る危険は充分考えられる。関係各方面の自覚を促すほかない。

ここ数年のフィールドの動静を見れば、わが国の本格創作の熱量は、かつての高まりに比較すれば、やや沈静の時期に入っている。英米に似たこうしたわが状況は、アジアに興りつつある本格気運の高まりに対しては、マイナスである。アジアの本格創作を、期待通りの位置にまで高められるなら、現れた諸作のうちから傑作を選んで英訳し、アングロサクソン世界に還流させるという時代も、いずれは招聘できるように考えている。

筆者がデビューする以前から、国内で繰り返し聞いてきた発言だが、本格のアイデアやトリックは、百五十年という時間を辿《たど》る過程ですでに出尽くしており、ゆえにジャンルにもう未来はないという主張は、英米圏を見る限りは正しく思える。がそれは、ヴァン・ダインが登場し、本格の最美味の部分を抽出して、効率的な創作を薦めたからで、以降、無数の傑作が効率よく出現はしたが、使用パーツを制限したため、続く後継者が先行諸作を乗り越えるアイデアを次第に発見しにくくなって、ブームは終焉の時期を早めてしまった。

日本においても状況は似ており、新本格の七則が示されてブームは急激に沸騰したが、これは同時に終幕時期の設定に似た。

筆者はヴァン・ダインの方法を否定するものではない。この方法が提案されたことによって、本格の黄金時代が急速に訪れたことは歴史上の事実である。しかし百五十年間でアイデアは出尽くしたという意見に賛成するのはヴァン・ダインであって、現在の科学成果の豊穣を眼前にする時、ポー、ドイルならば頷かないであろう。ヴァン・ダインの発想は、ポー、ドイルのものとはまったく異なっており、言ってみればこれは、お化け屋敷に数百回も入った熟練マニアが、お化け屋敷建設の条件について冷静に語る青写真である。「モルグ街」の現場の陰画でもあり、イヴェント演出側ゆえに、幽霊に出食わす際の恐怖については語られない。幽霊は単に屋敷の成立条件であって、その種類や性格や、出現事情には関心がはらわれない。

本格のミステリーは、先述したように聖書的な幽霊物語が、急成長した最新科学と出遭うことによって発生している。いわば、科学によって発生した幽霊への、恐怖の物語として「本格」はスタートした。密室も、警察官も、探偵も、彼らの科学的な態度も、新種の幽霊を、新型幽霊たらしめるための諸要素であって、こちらが主ではなかった。ポーの原点にたち返るなら、科学の最前線が急速に拡大し、魅力と実力を増した二十一世紀の今、幽霊物語が出遭うべき科学成果は無数にある。最新科学と出遭わせ続けることによって、「本格のミステリー」は、幾度でも再出発させることが可能である。

アングロサクソンによって発生したこの新文学ジャンルを、二十一世紀の型にまで正常進化させ、この理論によって無数の新型の傑作をも生み落とし、本家のアングロサクソン世界に還流させることができる人種がもしも世界にいるなら、それもまた、わが日本民族をおいてほかにないと考えている。

アジア本格リーグ

本格ミステリー・ワールド2009　巻頭言

今年、広島県福山市で「島田荘司選　ばらのまち福山ミステリー文学新人賞」というものが始まり、二〇〇八年十一月現在、無事に受賞作を選ぶこともできた。「相貌失認」という脳の障害を中心に据え、緻密な構造を持つ、優れた本格ミステリーと高く評価している。

地方自治体が、本格ミステリーに特化した賞を主催することも画期的だが、来年からは海外の台湾でも、皇冠出版社の主宰で「島田荘司推理小説賞」がスタートする。

すなわち私の認識では、「本格のミステリー」という若い文学ジャンルは、アメリカを発生の震源としたが、日本人に受け継がれ、磨かれて、「本格」という創作上の新概念を獲得し、そののちに書かれた作品群はおおいに発展を見せて、地方都市にも根付き、さらに翻訳されて「本格」という日本語とともに、台湾を中心にしたアジア地域でも読まれる時代が始まっている。

前回に述べたように、「権利」、「義務」、「社会」、「宇宙」、「理想」、「進化」、「経済」といった和製漢語群と同様、「本格」という新語もまた新たな思想をまとって華文文化圏に侵入し、文化的な仕事を成そうとしている。新世紀が明けた現在、「本格ミステリー」という日本産の若い文芸と、その書き手たるわれわれは、日本を第二の発信源として、その創作をアジアの全域に広げる時代の前日に立った。「本格ミステリー」の創作内容がある特殊性を持つなら、そして日本がその発信源であるなら、日本人の書き手は、アジアの才能に対し、指導的役割も果たす要がある。こうしたことは、こちらの意志よりも先に、近い将来アジアから要請されるであろう。

こうした新時代に、日本の本格の書き手が無自覚でいることは許されない。アジアの同胞に対し、創作上の各種情報や、必要な技術を伝授するための準備を始めておく必要がある。また過去に繰り返されたアジア地域に対する日本型の驕りに対する自戒と点検意識を持ち、ニュートラルな交際態度と、創作上必要な技術情報の優先順位、時に取捨選択、また目的にかなった適切な指導力と影響力、また過去のミステリー史上の問題点の点検と分析、その結果としての俯瞰認識を持っておく必要がある。

先に述べた両賞ともに、その選考に際して前例にない方法を採る計画でいるので、この内容を紹介して議論のテーマともしたいが、これは両賞ともに受賞作が出ているであろう来年度後半に譲ることにして、今回はこのふたつの賞に「鮎川哲也賞」を加えた本格寄り長編の三賞を視野に入れ、その成功のために、また来るべき本格国際化の時代への準備として、以下でふたつの思索を公的にしてみたいと考える。

日本自然主義文学と本格ミステリー

昭和の日本ミステリー史をおおいに縛し、本格の流派を苦しめたものに「清張の呪縛」と呼ばれる一事件がある。似た発想のものはアメリカにもあったが、やはりこれはわが国のミステリー界に特有の異常事ととらえるべきで、高度経済成長と同様に、軍事タイプに衣を借りた、道徳的威圧と正義体裁の熱狂を伴った現象であった。社会派以外を書くことは許されず、ミステリー小説とは社会派のことであり、本格派としての創作は必要とされないばかりか、探偵小説ジャンル総体の地位を貶《おとし》める社会悪とみなされて、この流派の書き手は文壇追放ともいうべき憂き目にあった。本格という呼称を用いたいのであれば、正しい清張流こそが真の本格派である、とまで強弁され、これを疑ったり、公的に議論することさえ許されなかった、そういう異常事態のことである。

こう書いてみれば、これ自体が一種のファンタジーのごとき非現実感を伴うけれども、これは昭和の一時期、高度経済成長という窒息的な世情とともにわが文壇に実在した。本格の創作を好ましく思う者からすれば、この時代は「本格ミステリー」という小説群を地上から抹殺せんとする悪意がフィールドを充たし、本格派への故ない憤りで関係者が一丸となった暗黒の時代と言っても、言いすぎには見えない。続く新本格の台頭期には、逆にごくわずかにでも清張流の擁護ととれそうな言動、あるいはコード網羅型の効率創作流儀に反するととれそうな主張は、前時代への報復的憤りゆえに、強い正義糾弾の対象となり得た。この時も、清張台頭の時代と同様に、威圧糾弾の非人情は、進歩向上の陣痛と盲信された。

わが狭視体質と俯瞰能力の低さ、思索時の客観発想の不足という体質から、正義心が村的に暴走を起すわが伝統は、文壇史の随所に繰り返し小竜巻を起こしてきたし、今後も起こし得る。ゆえに清張呪縛現象の由来や原因の究明、過不足のない把握は重大事案であるが、私の見るところでは、二十一世紀が明けた今日でも、いまだこの現象の構造が正当に分析され、把握がフィールドに及んで、安定的に良識化している気配は乏しい。

清張流社会派は、松本清張というまれな才能が、「週刊朝日」の「百万人の小説」という懸賞応募、さらには芥川賞の受賞という栄光を通過して文壇に登場した際の、作家の貧困と関係している。これはむしろん作家の個人的事情であったが、その手前で大戦終結直後という時代に必然の貧困であり、遡れば鎖国から明治維新という極東の島国の特殊性や、促成軍国化の無理にも由来する。ゆえにわが社会現象の一環ととらえるべきで、単なる個人事情とするのは正しくない。

出発時の清張は、七人という大家族の口を養う使命感から、内なる創作の欲求に純粋にしたがうことができなかった。すなわち、自分の意志の以前に売れるものを書かなくてはならなかった。安定した月給取りの立場を辞した以上、これは悲壮なまでの彼の決意で、それゆえに彼は、それまでの世間で受けていた江戸川乱歩系列の探偵小説を、ある種の無理をして書きはじめた。ここに問題理解のキーがある。

清張は、田山花袋、白鳥正宗、志賀直哉、などの諸作家の作にはそれほど心惹かれなかったと随筆で回顧してはいるが、芥川龍之介、菊池寛にはおおいに心酔した。しかしこうした文学肌の才が、江戸川乱歩や小酒井不木の流儀に本心から傾倒したとは思われない。清張が内なる欲求にしたがって筆をふるえば、その本が多く買われたとは思われない。ゆえに清張は、売れるものを書かねばという強い使命感から、他家の庭に踏み込むようにして自分流の探偵小説を書きはじめる。これが、憧れの女に思いを寄せながらかなえられず、つい犯罪行動に走る市井の平凡な生活者の活写であったり、生活と栄達心のために次第に汚職に手を染めていく、片隅の小役人への共感的視線になった。

この「共感」は決して清張一人のものではなく、列島全体がモノ造りの一大工場と化し、国民は皆兵的にその工員化、歯車化に動員された人間性剝奪の経済戦争時代、こうした感性は当時の日本人なら誰にでも共有が可能な、きわめて自然なものであった。

犯罪境界線に立つ隣人への興味や、時に同化的な清張の視線は、わが自然主義文学の原点、『蒲団』の主人公への花袋の視線とよく重なる。すなわち松本清張という推理作家は、戦争へのおののきや、通過してのちはこれへの後悔、そして生じた敗戦国としての赤貧のうちに時をすごす日本文壇において、一時期輝ける主流であり得た「近代自然主義文学」の体質を、明瞭に持っていた。もしも彼がスタート時に豊かであったなら、間違いなく時代小説と、自然主義文芸の作品を描いていたろう。しかし七人の口を糊する家長としての重責が、彼をして『点と線』を描かせた。

しかしこれは、無理というまでの言い方は当たらない。清張は探偵小説の器を用いて明らかな自然主義の創作を行ったが、むしろこの器を探り当てたために、彼の流儀は高度経済成長という閉塞的冷水の内で、逆説的に活発な鮮魚に化けた。苦海ゆえの彼の自在な遊泳力は、日本型「近代自然主義」という方法の持つ自虐の体質ゆえでもあった。

彼の自然主義・推理諸作は、もはや戦後でなくなり、経済的に豊かになりはじめた日本の勤め人によって大いに買われ、記録的な売りあげを達成する。と同時に彼は、当時の純文学、ということは自然主義の文学者たちから一段以上低く見られていた「探偵小説」というジャンルを、結果的に進歩向上させる立役者になって、探偵小説作家たちの劣等感を晴らした大恩人となる。

清張自身にとり、これはまったくの予定外であったが、思えばそれも当然で、松本清張という作家は、もともと推理小説の書き手を望んだ過去はなく、ひたすら自然主義の書き手たらんとしていたばかりだから、成功作をものしたなら、それが探偵小説の風味をまとった自然主義文芸の作例となるのは必然であった。

また、自然主義の文学には現れるはずもない、名探偵という自己顕示型の人物が作中に影もないのも当然であり、大半が連載を通過しているという事実もまたミスディレクションで、清張作品の伏線の不在は、探偵小説の成人化という以前に、自然主義の創作流儀に理由を求めるべきである。

すなわち清張の呪縛という現象へのこれまでの理解は大半不充分、不正確で、まずは「社会派推理」と呼称すること自体、正鵠を射ていず、「自然主義探偵小説」と呼ぶべきが妥当である。

探偵小説文壇における清張流儀の発生とは、貧しさゆえに、一人の有能な自然主義作家が、探偵小説のフィールドに落下傘降下してきた事件で、降下兵が持ち込んだ自然主義文体の圧倒的な格好よさに大勢が打たれて、即刻大量の追随者たちが下流に出現した、そういう現象である。

それはちょうど浮世絵のフィールドに、遠近法を活用した西洋絵画の流儀が飛び込んできた事件と似ている。その成熟の外観から、これを進歩向上とする評価には誰しも抗しがたく見えたが、今日の視線からはただ形式の相違であって、事件は浮世絵作例の総体を否定していたわけではなく、時代の理解は子供らしい軽率で、実のところ旧ジャンルにこそ、世界的な名作が数多く存在していた。

事件のトリック構造や探偵趣味を捨て、犯罪を成した者の人間性や動機により興味を移す作者の視線が、すなわち人間性の向上を示したわけではなくて、それは単に自然主義というジャンルが持つ方法にすぎない。

探偵小説は幼いとする清張の主張にも、しかし一定量の理はあった。当時の探偵小説に、そういう印象は確かにある。けれどもそれは、前段でのフェアな材料の提示、すなわち伏線張り、続いてそれを用いた推理思索の開始という定まった形式が幼いのではなく、探偵小説というジャンルの開拓者、江戸川乱歩が少年向きにした語りを、おとな向きにも混用してしまい、これが乱歩ファン（探偵小説ファンではない）に喜ばれて引き返せなくなり、後進がそうした乱歩の個人事情を理解せず、行儀心と尊敬心の故に、この後期乱歩流を探偵小説創作の定型ととらえて盲追随した怠惰心の方に罪は大きい。

こうした分析と把握を、これまでの文壇人は誤っていた。今日も根強い清張流社会派と本格派との対立を、「社会派」対「本格派」の構図と規制語を用いてとらえていては事態に焦点が合わない。「自然主義」対「人工主義」の対立ととらえる方がより合理的である。

清張流はでき得る限り人工物を排し、物語構想時に、成人としての自然で常識的な発想を前提とし、一方本格派は、犯人や真相の隠蔽のため、また推理思考を高度なレヴェルに導くため、事件の構造を複雑に設計した。現実の事件にはまずそのようなものはないから、作中に現れる犯罪は、当然ながら人工的な傾向を増した。

作家的な立場があがるにつれ、清張は本格派を冷笑したが、それは多く、先述したような幼い文体それ自体に対してであって、本格派の頭脳志向や、推理のためのキーの前段提示主義を嗤《わら》ったわけではない。

本格派は、清張流自然主義を、論理先鋭化が命の探偵小説において人工性を否定するのは本末転倒と反論し、清張は「なんと血も凍る恐ろしさであろう」、あるいは「なんと神のごとき叡智であろう」式の表現は非文学であり、これらの言葉が導く世界を子供向けのお化屋敷として嗤った。議論が嚙み合っていない。

言葉がない場所に思想は育たない。清張流儀は「自然主義」体質のゆえであるという指摘の不在、さらには「人工主義」という対語の不在が、過去、事態を不明瞭にした。

さらにひと言付言すれば、『源氏物語』以来、『東海道中膝栗毛』、『風流志道軒伝』、『好色一代男』など、日本の文学史の系譜の大半を、実は「人工主義」の作例が埋めている。「自然主義」の栄光の方が、むしろ歴史が近代に入ってのちの短い時期にすぎず、戦時記憶と貧困という二大支柱が遠のいた現在、純文学の主流もまた、すでにここからは離れつつある。

本格ミステリーという魚

さてそれでは「人工主義小説」の典型的作例のひとつとしての「本格ミステリー」は、いかなる体裁を持つことが望ましいかについて、以下で語ってみる。

私はかつて、清張流儀の自然主義的発想の謎解き小説を「推理小説」。神秘的、詩美的な現象の描写を内包する謎解きの小説を「ミステリー」、と便宜的に呼び分けた。そしてこうした謎解き構造の小説総体を、「探偵小説」と呼んだ。このようにした理由の説明は過去たびたび行ってきたが、今回もまた、別角度からの解説を試みる。

「探偵小説」は、「謎解きの小説」であるから、「謎」と「その解決」という二要素を固定的に持っている。これはどのような作例であろうとも、このグループの小説である限り、「謎→解決」という構造は、一作の例外もなく持っている。

これは、「魅力的な謎」というおかしらと、「その解決」という尻尾を持つ一匹の魚に喩えることができる。地球上の水中に無数の魚はいても、先の「謎解き小説」の二要素と同様に、頭と尻尾を持たない魚はまずいないがゆえに、この喩えは可能となる。

そしてこのおかしらと尻尾を、必ず一本の背骨がつなぐ。この背骨には太いものも細いものもあるが、頭と尾があれば、両者を連結する背骨を持たない魚はない。

物語り進行の道筋である背骨には、解答を導かんとして、「推理」という枝骨が上下に飛び出し、整然と並ぶ。

「本格」探偵小説と、「本格」という呼称に届かない探偵小説との違いは、この枝骨の数である。すなわち一定の量以上に枝骨を持つ魚を、「本格の探偵小説」と呼ぶ。「ミステリー」という魚ならこれは「本格のミステリー」、「推理小説」という魚なら、これは「本格の推理小説」と呼ばれる。

本格、非本格の分岐点を作る枝骨の数字は、個人単位で異なる。二十本以上を「本格」と呼びたい人もいるであろうし、百本なくては「本格」とは呼びがたい、と考える人もいてよい。しかし、万人がこれ以上の本数なら本格と考えてよい、という数字は必ず存在する。この数字の割り出しや決定は、現時点ではまだ行わなくてよいと私は考えている。

この骨構造全体を魚肉が覆うことになるが、これが魚である以上、魚としてのシルエットを崩すことはできない。魚用の骨の上に、くらげや烏賊《いか》のようなかたちに肉をつけることは、原則として許されない。この魚肉は、「恋愛小説」、「歴史小説」、「冒険小説」、「企業経済小説」、どのような由来を持っていてもかまわないが、全体のシルエットは魚のかたちとすることが基本であるから、無節操に肥満させることは慎まれる。

しかしどのような生物にも病や奇形があり、霜降りの牛肉のように、食すことが目的となれば、異形にこそより高評価を与えることもかまわない。背中に巨大きのこのような肉塊が飛び出す魚を好んでもかまわないし、背骨がY字のかたちになっていて、尻尾がふたつ、あるいは頭がふたつの奇形魚も、広大な海中には遊泳しているであろう。取り立ててこれをこそ美しい魚と感じる鑑賞家もいてかまわず、この異形の魚が、たまたま輝くブルーの鱗に覆われてでもいれば、美を感じるグループも、仲間を増すであろう。

いずれにしても、小説の外観はそのようであっても、本格か否かの判定は、レントゲン透視によらなくてはならない。逆に言えば、骨構造の直視を行えば、本格構造の存在不存在は一見で瞭然である。

清張流儀を、本格の領域に届いていないと見なす評者は、清張推理と呼ばれる魚の枝骨は、数が不足と考えていることになる。伏線の不在は、骨構造の数を増すためには不利な条件なので、こうした判断が妥当である可能性はある。事実枝骨が少ないのに清張推理作品を本格の魚とみなす評者は、本格たるの魚は、鱗の表面にそれをしめすマークが印されている、とでも誤解しているのであろう。

ただし、骨構造とは無関係に、観賞用、食用として高価値の魚があり得るように、作が本格領域に届いていなくとも、小説としての価値は減ずるものではない。清張流儀由来の各小説は、自然主義文学の物差しで評価すべきが適当と、個人的には感じている。

頭部がない魚は地球上にあり得ないが、尻尾がない魚はごく少数にしてもあり得る。「魅力的な謎」という頭部のみで浮遊するこの魚が、もしも奇形でなく一定数の仲間を持つならば、これは「ホラー」とか「幻想小説」、「恐怖小説」のグループに属する魚と解することができ、別種の魚類であるから、小説構造やその魅力の解析は、「本格」とは別所で行うのがよい。

今日、「本格ミステリー」が世界伝播に先駆け、アジア地域に輸出されて広がる兆しが見えはじめているのなら、「本格ミステリー」という日本産のこの人工魚は、全アジアに暮らす民、四十億人の魚になりつつあるといえよう。

アジアで今、何が起こりつつあるか

本格ミステリー・ワールド2010　巻頭言

ミステリー文学の誕生と発展

米国人、エドガー・アラン・ポーが、グレアムズ・マガジンに『モルグ街の殺人』を発表した一八四一年は、奇しくも日本近海で遭難した日本の漁師中浜万次郎（ジョン万次郎）が、アメリカの捕鯨船、ジョン・ハウランド号に救助されてアメリカ上陸を果たした年である。

万次郎はマサチューセッツ州のニューベッドフォードに上陸し、船長の家に引き取られて成長しながら、学校で主席になり、また捕鯨船に乗り込んでのちは、投票で船長に選出されるなどの頭角を現してのち、帰国を決意して、引きこもりの日本島を世界に船出させることに力を尽くす。

同じマサチューセッツ州のボストンに生まれていたポーは、万次郎上陸の年にはフィラデルフィアに移動して、「探偵小説」を世界に船出させていた。ポーのこの新文学は、最新科学の発想や情報をストーリーに組み入れることで、殺人事件の追及を科学者の論理思索にまで高める。そしてそれまで盛んであった幽霊描写を科学発想で解体、リアルに説明する創作のスタイルを提案するが、この精神は海を渡ってコナン・ドイルという英国人に引き継がれ、彼がシャーロック・ホームズという科学者の活躍譚を聖書並みのベストセラーにすることで、流儀を文学の一角に定着させる。

続いて同じ英国人のアガサ・クリスティーが、この文学を女性たちの間にも広め、再び海を渡ってアメリカのヴァン・ダインが、この小説群の魅力を質的に解析、傑作出現の確率を高める提案を行い、これを受け入れたやはり米国人のエラリー・クイーンが、名作を連発してジャンルを黄金時代に押しあげた――、二十世紀前半までの探偵小説の歩みは、このように掌握することができる。すなわちこの文芸新ジャンルは、英米二国の才能たちが、大西洋をはさんで競い合うことで成長させてきたといえる。

しかし黄金時代の翌日から、探偵小説の隆盛は急速にしぼみはじめ、さしもの英米の才たちも、新世紀が明けた今、このジャンルに新たな発展を加えられずにいる。この原因はさまざまにあって、まずはほぼ同時にスタートした同じ科学の落とし子である映画という表現形態が、急速に観衆の数を増やして娯楽の王者にのしあがり、論文的な文体を持ちがちな探偵小説という新文学が、映画が期待する派手な視覚的驚きや、サーカス的なアクションを提供しにくかったという事情はありそうだ。映画との相性をよくするためには静的な論理思考の度合いを薄めて、活劇の比重を増す必要があって、これは方法論が冒険小説の方向にずれることを意味する。

しかしこうした事情以上に、傑作を誘導するために行ったヴァン・ダインの提案が、ストーリー発想の中身を制限したことは、より大きな理由と言うべきであろう。ヴァン・ダインは高名な「二十則」というものを提唱するが、この精神をひと言で言うなら、ひたすらに論理的であれ、ということに尽きる。この実現のため、恋愛や、東洋の魔術趣味、あるいは超自然現象といったファンタジー的要素は、論理思考の材料たり得ないので排除すべき、と主張された。そうした上でさらに、これを徹底するための提案が重ねられた。

作品の舞台装置には、雰囲気のある独立家屋を用意するのがよく、登場人物たちはこの舞台周辺を限定的にうごめく怪しげな人物たちに限るのがよく、物理的にも動機的にも理解がむずかしい不可解な事件が発生し、事件では必ず一人ないし複数の人物が死亡すべきで、これを外来した名探偵が、読者もすでに心得ている情報のみを用いて論理的に推論し、犯人を指摘するのがよい。すなわち推理の材料は、前段階で読者にもフェアに提供されるべきであり、その上で犯人は、できる限り意外な人物であることが望ましい——。

こうしたゲーム性を厳に踏まえることが、傑作を歩留まり高く招聘する、つまりこういう探偵小説が一番面白い、という指摘をヴァン・ダインは行い、自身の創作を通して証明して見せる。

ヴァン・ダインの提唱は、徹底して論理的であれという主張よりも、今日ではゴシックロマン型のゲームに徹すべき、とする主張の方により傾いて了解されている。これが以降、フィールドの作家たちの創作姿勢を、大なり小なり縛ることになった。

ヴァン・ダインの仕事は、文字の発達過程における表意から表音への根源的転換に似ていて、創作に必要な諸要素を、重要度の順に一定量に絞り込み、結果として全体をすっきりさせて、迷いの局面を少なくした。ストーリー構築に用いる材料が整理されたから、多くの書き手が機械的にこれらを用い、比較的容易に探偵小説を執筆できるようになって、言うなれば探偵小説創作の民主化がはかられた。これは高身分者や専門家の特権発想を嫌う近代思想にマッチして、フィールドによく受け入れられた。

この以降の作家たち、ディクスン・カーや、とりわけエラリー・クイーンは、ヴァン・ダインの影響を否定しているようであるが、遠目にはこの主張を受け入れることにより、高効率に歴史的な傑作が連発されたように見える。かくしてジャンルの黄金時代はすみやかに築かれ、探偵小説はエンターテインメント文芸の頂点に君臨するようになる。ゆえにこの時点までのヴァン・ダインの提案は当を得た正当なものであり、きわめて有効な提唱であったと言い得る。

しかし一方、ポーによる原点までをも視野に入れれば、ヴァン・ダインによるこの創作上の一大転換発想により、『モルグ街の殺人』が内包していた最も重大な軸が一本、以降の歴史から脱落してしまったことに気づかされる。

ヴァン・ダインの提唱に殉じる気になれば、「モルグ街」の一室で起こった不可解な女性殺しは、もっと大きな館の内部で、怪しげな住人たちの隣室で行われ、素人名探偵が外来すれば事足りるから、生真面目な警察官たちが現場に入り込んで微物の収集や、被害者の首の傷を図示したりの必要はなかったかもしれない。

ヴァン・ダイン流儀によるこうした修正により、『モルグ街の殺人』はより外観の堂々とした傑作となり得た可能性はある。しかしそれではこの文学が、科学とともに歩みを開始した新世紀を象徴する存在ではなくなっていく。また、最新科学とシンクロしてスタートした探偵小説が、科学の前進からは取り残されていく。

『モルグ街の殺人』における最重要のクリエイションは、十九世紀当時、急速に発達を果たした科学の最新成果を、当時最有力のミステリーであった幽霊物語に、衝突させた着想にあるからである。むろんこれはポーという才人に、たまたま双方のストーリーを着想し、書ける能力があったためである。彼は詩人としての幻視力があり、同時に科学者としての論文力があった。当時も今も、こうした貴重な才は少ない。ヴァン・ダインの発想は、詩と科学、この双方ともに関わることをせず、書き手にまれな天才は求めず、ただ知的探偵ゲームとしての枠組の厳格さのみを求めたものである。ゆえに「最新科学」という重大な視点が、以降すっぽりと抜け落ちてしまった。

科学視点を取り込むことによって「モルグ街」は、新しい文学の源泉となり得た。それ以前には、どのジャンルの小説にも見られなかった体質だからである。科学と幽霊話とを同列にとらえる発想のユニークさ、リベラルさは圧倒的で、何故ならこの両者は、おうおうにして権威主義に寄りかかりがちであり、互いに見下し的な態度をとりがちだからである。

「モルグ街」は、詩と科学の精神を持って着想されたが、同時に厳密な公平さを出発点にしており、捜査陣に軽々な特権主義を許さず、この作品においてポーは、こうした従来型の常識を否定し、公平で謙虚な追及の態度を世に示した。これこそは新時代の、あるべき法の姿であり、このようにして、ここでもニュートンやアインシュタイン式の真理発見は成されている。

この時期、同じアングロサクソンが発明した、経験と勘と、権威主義的威圧を軸とするこれまでの捜査官の職人芸を廃し、科学による公平で合理的な解明を標榜するスコットランド・ヤードのスタートがぶつかった。加えて捜査陣による拷問の有無を国民が監視し、公認を与える陪審制裁判の制度も軌道に乗って、刑事事件を素人が論じる必然性が生じた。こうした諸事情が、素人の探偵談義は僭越とする捜査官の優越発想を、古びたものにした。

こういう状況を、ポーの開発した探偵小説文学が、側面から解説書的に支えたという構造は決定的に重要である。視線を逆にすれば、こうした新時代の空気が、ポーという文学者に、不可解な猟奇的刑事事件発生と、その合理的解決を軸とした探偵小説を書かせた。歴史上の重大な進歩局面と、これほどに密着して発生、発展した文学は稀《まれ》で、ポーの発明が、時代と同調し、相互補完をなして、書き下ろした作の持つこうした社会的な価値から、ポーは探偵小説の始祖におさまったとも解釈ができる。

一方、少し遅れてスタートしたフランスのジュール・ベルヌが開発したサイエンス・フィクションは、その冒険活劇的側面と、未体験のSF的風景が映像と相性がよく、こちらは映画世界と二人三脚的に進行し、次第に探偵小説を追い抜いて、ジャンルを娯楽の王道に就けていった。この小説の体質も持っていたポーだが、ポー系列の司法発想と、ベルヌ系列の未来科学精神は、両文学ジャンルの特徴を徐々に明瞭にして、距離を離してもいく。

ヴァン・ダインの提唱は、こうした歴史経緯の重大性には頓着せず、探偵小説の知的ゲームとしての側面をのみ、切り取ったものと理解ができる。アングロサクソンによる新文学の勃興が、クイーンというジュイッシュに受け継がれて未聞の黄金時代を築いたのち、急速にしぼんでいった経緯の理由を考える時、ゲームに近寄せるため、ヴァン・ダインによって加えられた種々の制限、舞台は館、もしくはそれに類する限定的な環境で、登場人物の紹介や推理の材料はすべて前段でフェアに行われるべき、名探偵は外来すべきで、事件は殺人でなくてはならず、中国人は登場してはならず、犯人は必ず意外な人物でなくてはならない。といったふうな、当時としてはまことに当を得た限定が、直接的に関係していることに気づかざるを得ない。この限定が短時間で黄金時代を築き、直後、返す刀でクイーンが去ったのちのフィールドの作家たちに、クイーンの功績を乗り越え難くした。

限られた材料しか使えないのであれば、早く創作の現場に就いたものが、それを使いつくしてしまう。後世の才能に先達の成果を乗り越えさせるためには、彼らに新しい材料の使用を許さなくてはならない。新世紀の今、ヴァン・ダイン提出のゲーム型条件は、薄めることが検討されてよい。

新本格台頭期の日本の「館」もの志向の書き手たちは、こうした限定的な条件を逆手に取り、あらん限り上手に読者を騙したとはいえる。しかしそれでも、それらよりもずっと重大な要素がここにはあって、それは述べてきたように、ヴァン・ダインが切り捨てた、ポーの原点が持っていた「科学視点」であり、これこそはより重大で、ここにこそ探偵小説再生の重大な鍵が潜んでいることを、時代が二十一世紀の端緒に立った今、指摘しておきたいと考える。

本格ミステリーの誕生

英米の探偵小説黄金時代が逝き、アングロサクソンたちに代わってこの文学を継承した者は、地球を西廻りに三分の一周した一帯に暮らす日本人であった。日本人はこの新文学に「ＨＯＮＫＡＫＵ」という新名称を与え、ヴァン・ダインとは別角度からの創作提案を行った。もっとも提案たり得たのは時代が深まってのちのことで、現在の視点からはこれは、提案者も意図しなかった効力の発動と見えている。用語が提案された当時、提案者はただ分類を目論だだけで、それ以上の意図はなかった。

「本格」という呼称をジャンルに与えた者は、甲賀三郎という日本人作家であった。しかし彼は、ある探偵小説を「本格」と規定する際の条件を、細かく指示していない。用語の定義も示さなかった。この名称は、時代を経るにつれて探偵小説を「本格探偵小説」と、そうでない探偵小説とに分類することを要求するものとなっていくが、もともと甲賀は、探偵小説の創作例の全体から、本格の小説のみを区別して取り出すことを目論ではいなかった。

甲賀の時代の日本の探偵小説は、江戸川乱歩が開発した、江戸ふうの見世物小屋センスのものが主流を占めていた。江戸ふうの見世物小屋とは、小人《こびと》や、体が変形した奇形の人、あるいはろくろ首、牛女、カッパなどの恐ろしげな存在を、料金を取って一般に見せていたもので、乱歩流儀の小説は、この通俗見世物的な存在がもしも世間に解放され、犯罪とともに暗躍したなら――、と発想して描かれた、怪談に近い御伽噺であった。

これは欧米に起こった探偵小説世界から、もともと日本人が持っている趣味に照らし、相性のよさそうな諸要素を取り出して誇張したものであったが、夜の詩人としてのポーの感性を考えれば、あながち通俗に走りすぎた誤解とばかりもいえない。黎明期の欧米探偵小説もまた、こうした前時代的趣味をひそかに継承し、内に隠し持っていた。

江戸ふうの見世物小屋は、大正期に入れば「衛生博覧会」と名を変え、生き続けた。これは、大衆に衛生の観念を啓蒙するためと言い訳して興行認可を取った、やはり通俗見世物で、性病や寄生虫、感染症による病変人体を展示して、料金を徴収した。しかし実のところ観衆は、衛生観念の学習より怖いもの見たさ、すなわちお化け屋敷見物の習性で、病変人体を観にきていた。

　こうした衛生博覧会発想も、日本では探偵小説の創作動機に大いに活用された。多数の読者がいたゆえであるが、この競作には現役の医学者も大いに参加して、人体をベースに、医学的気味悪さの開陳が競われた。一世を風靡した牧逸馬の『世界怪奇実話』も、この系譜に属している。

　甲賀三郎は、こうした自国の流行をやむを得ないものとして容認しながらも、この傾向の作品群を「変格の探偵小説」と呼んで、一群の別ものとして理解することを提案した。これはおそらく、こうした作風を本道から区別し、脇に寄せることも言外に主張していた。欧米流の探偵小説の本道とはこれらは異なっているという懸念を、彼が持っていたゆえであろう。そして見世物小屋とか、お化け屋敷発想でない欧米型の理知的な探偵小説を、「本格の探偵小説」と呼んで中央に置くことを提案した。

　このあたりの事情を甲賀は文章化していないから、彼の考えは推察に頼るほかはないが、乱歩流は当時ジャンルの主流を成していたのであるから、彼としてはあるいは「変格」の呼称使用の方に主眼があったものかもしれない。「本格」という用語は、「変格」という呼称の対語として二次的に現れており、しかし今日の日本人関係者は「本格」の語のみを単独で用いているから、甲賀の思いとは多少ずれてしまったかもしれない。が、甲賀が本格の探偵小説を、どのような種類の小説と考えていたかは推察が容易である。甲賀は、ヴァン・ダインと同時代の作家であるからだ。

　定義を書き遺していないこと、その事実自体から推測して、甲賀はこれを語るまでもない自明のものと考えていたふしがある。すなわち彼の考える「本格探偵小説」とは、当時最も理知的と考えられていた

「ヴァン・ダインのような小説」、という程度に、素朴にとらえていた可能性は高い。

そうであるなら甲賀の思いからやや離れ、この考え方を延長して、二十則が目指すところの「徹底して論理的であろうとする推理主眼の小説」、というふうに「本格」を解しても、充分な蓋然性がある。またそういうことならば甲賀は、加えて「館もの」を視野に見て、こうした作風がより望ましいと考えたかもしれない。それが言いすぎなら、閉鎖的空間内でゲーム的に事件を終始させることが傑作の条件、という程度には考えた可能性がある。

ヴァン・ダインの提唱を踏まえて、日本人の考える海外本格のベスト、『Yの悲劇』は書かれており、国内本格のベスト、『獄門島』は書かれている。すなわちヴァン・ダインの提唱は、充分に当を得たものであったとここからも評価ができるし、この考え方を輸入して、「本格」という的確な語を与えた甲賀もまた、賞賛に値する。

すなわち甲賀は、探偵小説という文芸ジャンルを、本来的に推理の「論理性高」を目指す知的な小説群としてとらえ、一定水準以上に高度な論理性を有した作例を、「本格のもの」と呼んで、ジャンル振興のために讃える慣習をスタートさせたといえる。

これは大海を隔てた日本人による、欧米の栄光を追尾せんとする謙譲的態度であり、欧米の凌駕などはいささかも発想されてはいなかった。ところが黄金期を遥かな過去にした今、欧米の「本格もの」は姿を消しかかった。一方「本格」の語とともにこれを引き継いだ日本では、このジャンルの隆盛が続いて、今日に至るも失速というまでの衰えは見せていない。そうであるなら、ここには考慮すべき重大事が潜む。「本格」という語によって行った日本人のジャンル理解に、より深い提言性があったということになる。

ポー創案の探偵小説は、すなわち日本において、新たなスタートを切った。

甲賀は、館など限定的閉鎖的な空間内で、事件がゲームとして終始することを、取りたてて称揚はしなかった。また数十に及ぶヴァン・ダインのきめ細かな縛りにも拘泥せず、見世物小屋式のセンスでなく、「理知的な推理を軸とする小説であれ」という程度の鷹揚な希望を、「本格」という語に託して語った。甲賀考案のわずか一語による鼓舞の方が、本格創作という文化の振興と延命には有効であったことを、その後の歴史は示している。この点もまた、決定的に重要である。

アジア本格の時代と、ポーの原点

「本格」は、日本を発して台湾に受け継がれ、中国に伝播し、韓国に及んで、広大なアジア全域に広がりを見せようとしている。この現象を、ジョン万次郎アメリカ発見の年、アメリカで発生した新文学が、百八十年という時間のうちに方法論が整備され、再びジョン万次郎の国を発して、台湾を起点に第二の発展期を引き寄せようとしている、とそう受けとめても大きな誤りではあるまい。

欧米における「本格」失速の最大の要因が、ヴァン・ダインの優れた提言の持っていた、やむを得ない負の裏面に拠《よ》ったことを見てきた今は、日本の甲賀、アメリカのヴァン・ダインの思惑を通過し、われわれはこの新時代のスタートに際して、近未来の「本格」創作のために、真に有効で普遍的な原理を、よりポーの方に求める必要性を感じている。

日本にも新本格のブームという、アメリカに七十年遅れたヴァン・ダイン主義の復権とも呼ぶべき現象があった。この時代が、本格の最も美味な部分を探偵小説の読者にアピールした功績は大きい。しかし今はこれもやんで、「館」志向のコード型というこの創作メソッドも、永続的なものではなかったことを、われわれは再度学ぶにいたった。

アジア本格の黎明という新たな時代の端緒に立った今、われわれはポーの「モルグ街」の原点に再び、しかも正しく立つことが求められている。「本格」という日本語は、今日の視点からは、ヴァン・ダインの提言を充分に有効なものと認めながら、使命は終えたものとしていったん棚上げにし、ポー流の原点に立ち戻ろうと主張するものに、今は聞こえている。徹底して論理的であろうとする学究的な態度は、「モルグ街」においてこそ最も顕著に、端的に示されているからである。

百八十年にわたる探偵小説の膨大な作群の全体を、仮にひとつの巨大な才による仕事ととらえれば、「モルグ街」は処女作にあたる。よく言われるように、処女作はおうおうにしてのちのすべての作例の萌芽を含むが、試しに以下のようにこの作をとらえると、この考え方は妥当に思える。

「モルグ街」は、「探偵小説の嚆矢」であると同時に、「密室小説の嚆矢」でもある。「モルグ街」は「動物を用いた殺人計画小説」の第一号である。「モルグ街」は、「警察小説」のジャンルを切り開いた魁《さきがけ》である。「モルグ街」は、「異様な残虐さで殺害された被害者」という趣向の小説の第一号にあたる——。実際「モルグ街」の後方には、こうした小説群の長い系譜の列ができている。

しかし不思議にも、あまり言われないことだが、述べてきたように「モルグ街」の最重要な要素は、時代の最新科学を、幽霊譚に出遭わせた慧眼にある。幽霊譚がいわゆる「ミステリー」であり、最新科学の成果、およびそれを導いた科学者の合理的な態度が、「本格」の語を説明する。つまり「本格ミステリー」

とは、こうした二種の異物の出遭いと、それによって生じた融合、いわば遺伝子レヴェルの結合によって生じた、ハイブリッドの文芸のことである。

この考え方を容れるなら、推理論理を今日型の高度に持ち上げるためには、最新科学の情報導入をためらう要はなくなり、英米の探偵小説群のように、これを「モルグ街」時点で凍結させ、アンタッチャブルとする必要もなくなる。むしろそうしてはならず、最新科学の導入は最重要の優先課題ともなる。二十一世紀の『モルグ街の殺人』は、新世紀の科学者たる探偵を必要とするからだ。

本格創作の定義をこのようなかたちに修正し、二十一世紀の奥深くにまでジャンルを延命させる準備が整ったとした日本の提言に、最もよく応えはじめているのが、台湾を中心とした華文文化圏の才たちである。新世紀、陪審制度に発想が近い裁判員の制度が日本にも発足し、この文学が本来持っていた意味あいを、日本人も認識した。

そして悪しき戦時の記憶を忘れ、アジアがひとつにまとまろうとする新時代とも行き遭って、新解釈を得たこの文芸は、華文を核として、民族を超えた好ましい創作課題を、アジア人に共有させせつつある。台湾に現れた「島田荘司推理小説賞」というものの意味あいを、自分はこのようにとらえている。

一方アジアには、日本の提案とはまったく無縁に、英米の影響のみで探偵小説を発展させてきた地域もある。それは英国から地球を東方向に廻ったインドである。二十一世紀の今、探偵小説はこうした東西方向からの旅を終え、再会の前夜に立ってもいる。

そんなおり、台北に現れた島田賞は、受賞作品を台湾、中国、タイランド、日本の四カ国で翻訳刊行するが、今後発展が得られる幸運があるなら、刊行地域を英米の直接影響圏に広げることも目標としている。

台湾の島田賞において、もうひとつ貴重と見えた事柄は、台湾はマーケットが大きくないことがあり、応募者間に、日本では見られないジャンルの飛越しがたやすく起こることだ。本格ミステリーの才を求めると明言したこの賞に、SF小説の才、幻想小説の才、恋愛小説の才が、「本格」に身を寄せた自作を投じてきた。幻想小説やSFジャンルとの垣根がこの国では気軽に飛び越えられ、本格ミステリーの中庭で合流する。十九世紀にモルグ街で起こった一大事件が、東洋のこの地ではたやすく再現され、新賞誕生という刺激によって、ヴァン・ダイン以降流でない傑作が、たちまち筆者の眼前に現れた。

二十一世紀が明け、電力によるヴァーチャルの幻がリアリティを増して、現実世界の手ごたえに肉薄する時代に入った。技術の成熟につれ、今後この傾向はさらに加速する。並立するオンライン、オフライン、両世界の内部を行き来する小説が現れることは時代の必然であったが、第一回目の受賞作、『虚擬街頭漂流記』もそうである。

この種の趣向は日本にも現れはじめているが、日本では、オンライン世界がオフライン世界を侵食し、両者の境界が消滅して登場人物に混乱をもたらし、この失見当識にミステリーを期待する、という意図が現在定型化しつつある。多くの作例が列を成してこちらに向かい、この構造を日本人は再び様式化せんともくろむ。しかしこの発想は本来単一のもので、かつての館もののように、高効率で高水準の作を孵《かえ》す孵化器化はむずかしい。

『虚擬街頭漂流記』の優れたところは、この二世界が画然と分離を果たしており、この「分離」自体に、本格ミステリーのトリック部を支えさせたところにある。電装の「ミステリー」部分にでなく、「本格」

の論理部分を電力が支えていて、この逆転に私は小説の新しさと、書き手の闘う姿勢を見た。定型に寄りかかることをしないこうした着想が、今後のジャンルのありように、有効な示唆をもたらすと期待する。『虚擬街頭漂流記』もまた、二十一世紀の最新科学情報を、電気の幽霊譚と出遭わせた作例と解することができ、ヴァーチャル科学を描写する力、これに乗せた人間たちの深い情愛を表現する力、この双方を、この作者もまた持っていた。

ポー型の原点回帰を志向する「二十一世紀本格」という考え方を提唱してきた私個人の期待に、この作はよく応えるものであった。事前のもくろみ通り、こうした最新の「モルグ街」を第一回目の受賞作として選ぶことができ、新世紀のアジアに出現した当賞は、本格ルネサンスの第一歩を、理想的に踏み出せたと感じている。

2011年の転換点

本格ミステリー・ワールド2011　巻頭言

福ミス

今年、二〇一〇年もまた、周辺でなかなか印象的な出来事が続いたが、少なくともそのひとつは、日本ミステリー史上の歴史的な達成を示すものと言えそうであり、さらにひとつは、本格ミステリーという日本の文化が、何度目かの節目を迎えつつあることを語る、割合重大なものである。今回は、このふたつのテーマで語ってみる。

「ばらのまち福山ミステリー文学新人賞」、通称「福ミス」という、現在となっては国内唯一の本格系の力作を求める賞の意図についてはここでも述べているが、三年目を迎えた今年、この賞の最終候補四作が、特筆すべき高水準にあった。

四つの候補作を、すべて本賞受賞としてもなんら問題がないというほどに高い水準で、これは一九九七年、平成九年に、綾辻行人氏や有栖川有栖氏と鮎川哲也賞の最終選考委員を引き受けた初年、谺《こだま》健二氏、柄刀一氏、氷川透氏、城平京氏の四応募作が集合していた年以来の経験であった。

一九八七年、『十角館の殺人』を皮切りに京都勢が巻き起こしたものが平成新本格の波頭であったが、それから十年、当事者たちが審査員に廻るのを待って起こった、あれはその第二波であったともとらえられそうで、そうならさらに十年が経ち、二十一世紀も深まって安定的となった今、時代にまた何かが起こりはじめている。

先への記録の意味で、ここに作品名と作者名を記しておくと、『鬼畜の家』、深木章子氏。『檻の中の少女』、一田和樹氏。『キョウダイ』、嶋戸悠祐氏。『変《を》若《ち》水《みづ》——月神の遺産——』、吉田恭教氏。の四作になる。

詳細な選評は、続く第二部に掲載しているので、そちらを参照いただくとして、選評文とも一部重なるが、ここでは別のことを述べる。

まずは、自分の審査選考時の物差しについて。今年の候補作群の様子は、自分のこの考えを述べるのに、まことに好都合であった。

述べた通りの高水準であったため、今年に限って選考のバーを心もち高め、無理にでも授賞を一作に絞る、もしくは落選作を二作程度は出すとするのが従来的、常識的であるように思われたが、そうした流動的な姿勢はフェアとは思えなかったし、応募作の水準が高ければ好作、力作に不運が発生するという構造は許容しがたかった。また謙虚であるべき地方の小賞に、まとわせてよい性質とは考えなかった。

こちらの選考委員体験が長いので、自身の選考の物差しが、絶対的な価値判断に届いているという自負もあった。年ごとの様子に惑わされず、絶対判断によって、傑作が四つあれば四作とも受賞とし、一作もなければ受賞作なしとするのが正しい態度と、個人的に思われた。

そして自身のそういう物差しに照らせば、完成度に若干の凹凸はあるものの、この四作はすべて、世に出してよいレヴェルに届いていた。そこで今年に限っては、批判を覚悟の上で、この超常識を実行に移すことを決めた。すなわち、本賞受賞作を二編、若干の手入れの要を感じるもの二編は佳作優秀作という構成にして、結果として落選する作はなし、すべてを世に出すという判断である。

そう決意してのち、再び各作中に戻れば、また別種の悩みとの対面であった。受賞相当、と下選考の編集者諸氏の意見が一致する作は深木氏の『鬼畜の家』で、これには私も異存はなかった。もう一作の受賞相当は、私は『檻の中の少女』で、これに関しては編集者たちの意見は割れていた。そう考えない人もいて、そういう彼は、『檻の中――』より『キョウダイ』の方を採点が上とした。

私の考えでは、『キョウダイ』もよい作なのだが、減点の数字が高くなっていた。これは私自身も予備的に持っている、減点法のゆえである。これを用いれば、『変若水』はさらに減点の数字が高くなった。つまり採点の数字が低くなった。

この結果、受賞作は『鬼畜の家』、『檻の中の少女』。優秀作が『キョウダイ』と『変若水』ということになり、常識的にはこれで問題はなく思えた。加筆修正を施したのちの作の姿など、選考委員は考慮する必要はなく、応募時点での作の出来で問答無用に採点を為し、評価を決めるべきがフェアである、そういう考え方が、現在も主流である。しかし二十年の選者体験で、この考え方には疑問を持つようになった。この考え方の使用は、同レヴェルの作が並んだ場合など、ある条件下においてのみに限定すべきで、自明なものとしてこれを前面に出しすぎれば、応募作を可能な限り傷少なく、結果として小さく、安全無難にまとめることを要求してしまう。絶対に尻もちをついてはいけないフィギュア・スケートのようなもので、安全無難は、しばしば前例や定型に寄りかかる発想を新人に持たせやすく、前例のない果敢な試みへの挑戦や冒険を、応募者たちに控えさせる危険があった。

本格のミステリーを、驚きを誘導する人工的な文学装置と規定するなら、自然主義文芸の手法との関係性、主として目的の相違を、俯瞰的考察によって了解し得ていないこの評価発想は、中途半端になりがちで、多くの局面において、誤りに近い結果を生んできている。

またこの発想は、選考に、無思慮な減点法の浸入を許しかねなかった。減点法は、ある程度はやむを得ないのだが、新人賞応募時点では、作者たちには執筆経験が不足している。これは当然のことであるから、評価側は主として文章力、人間描写力方向の筆力に関しては、一定量の譲歩発想を持たなくては、将来伸びる才能を見逃す危険がある。ましてその不手際が、未聞のアイデアへの果敢な挑戦ゆえに生じている混乱ならば、なおさらである。ここで先達が行うべきは、その運筆へのアドヴァイスであって、切り捨てではない。

すなわち、選者側が得ている減点判断が、前代未聞性を作に顕さんとしての意義ある失敗ならば、挑戦姿勢や、その中身への評価の方を高く取るべき、というのがこれまでの経験から得ている私の方法である。

そのように考えて各作への考察に戻れば、『鬼畜の家』の達成は、研ぎ抜かれた刃のごときものであるが、従来型の徹底研磨である。『檻の中の少女』は、革新的な材料や意識を持ち込んだ新式和製ハードボイルドの開始であるが、構造的な新味は、大きくはない。

大黒柱の位置に置かれた未聞のアイデアの風景は、ホラーコードの応募作、『キョウダイ』の方が上位ととらえられる。また『変若水』は、未聞のものと評価すべき、医学的な殺害トリックを発見していた。すなわち挑戦的な姿勢や、未聞の風景現出の成功性に評価を絞れば、この二作の方が上位とも考えられた。『キョウダイ』は、ホラー作家として語りを始め、中盤でやおら本格作家の俯瞰姿勢を示すが、のち再びホラー語りの姿勢に戻っていくという安定的でない視線により、リアリティの失速と、前方に置いてきている伏線との呼応感覚に、若干の食い足りなさを感じさせていた。『変若水』もまた、医療フィールドの知識を駆使する知的本格創作の最底部に、通俗風俗作家の、あまり上品でない体質が見え隠れして、この不安定さが、登場人物の性格や、知性のレヴェルを前後で分裂させていた。

ということは、これらをうまく手当てすれば、こちらの二作が、受賞二作の出来を超えることが予想され、それがこちらを悩ませた。

しかし後者二作の混乱は、突き詰めればいずれも別ジャンルの体質を本格創作に持ち込んだがゆえに生じており、前代未聞性に殉じようとしての果敢な挑戦のゆえ、とばかりも言えなかった。よってこの二作に、優秀賞の位置に後退してもらうことに、非合理性はないと考えた。

団塊の世代にひそむ可能性

今年の候補作中、下選考の編集者たちが一致して受賞相当とした作が、深木氏の『鬼畜の家』であった。彼女は昭和二十二年の生まれで、六十歳を機に長年の弁護士勤務から退職し、得た余暇を使って為した、これが四作目の習作であった。

先年までの日本が、経済競争力世界一のポジションを続けることができたのは、ひとえに自動車や家電製品、半導体製造の分野で、物作り世界一という民族的才能を示したがゆえである。販売力や自己アピールの能力、語学力や駆け引きの能力からではない。これらに関しては、日本人はむしろ苦手にしており、無言で示す作品のクオリティで、ライヴァルを圧倒した。

現在この威光はかげり、中国、台湾、韓国に追いつかれつつあるが、一時期の成果を支え、国にもたらした層が、昭和二十二年から二十四年の間に日本に誕生した、この団塊の世代たちであった。

戦争という異常事態が作り出した戦後のこの世代的人口肥大は、かくいう私自身がそうであるから、その生い立ちから定年まで、環境をよく心得ている。人数が異様に多いので、何をするのも行列で、終始高い倍率の競争に晒された。受験の倍率が二十倍であることなど、ごく普通であった。

通学途上の郵便局で記念切手を買うのも長蛇の列なら、昼食時のパンを買うのも大行列。中高校のクラスは十組以上あり、すべてに五十人以上クラスメイトがいて、生徒の様々な不正にも教師の目は届かず、机と椅子が多いから教室後方にスペースはほとんどなく、大所帯の中、手をあげての発言もなかなかの緊張であった。今の生徒なら気楽なこれも、団塊の世代の場合、失敗すれば大量の野次や、嵐のような爆笑の洗礼が待っていた。

望みの職に就くのにも熾烈な競争に堪え抜かねばならず、その中で頭角を現すには、異様な数のライヴァルたちをかき分け、勝ち続けなくてはならなかった。他の環境を知らないわれわれにとって、人生とはそういうものであった。

まことに不当な環境であったが、昼夜を分たない競争に馴れ、いつか寡黙になり、こつこつとした作業の忍耐ばかりを憶えた。しかしこの気の毒な世代は、次第に多くの優秀な人材を含むようにもなった。むろんそうでない者の数も同じくらいいた。こういう環境で恥をかかずに発言するため、やくざ者的な威張り言辞を学んだり、あるいは深刻ぶった不平言葉を畳み連ねて、哄笑を封じる作戦を採る者も出た。声なき大量世代が相手なら、威圧は常に効果的であった。

アウトローの彼らは、威圧言辞を活用して片隅の野次勢力に向かい、成功とともに永久にその姿を消したが、資質を持つ者たちは、同じ日陰でも物作りの場にその頭角を現した。年齢があがってからは不器用ながら現場を指揮したし、精一杯部下たちを統率もした。無言で示す彼らの作業能力が、何よりの指導の言葉であった。結果として、彼らの周辺が製造する品の競争力は上がり、海外の市場でよくライヴァルを圧倒した。しかしその褒美に海外に招かれれば、これは大量学級の習性で、借りてきた猫であった。

この世代には天才的な職工もいて、市井の町工場に、十分の一ミリを手作業で正確に削る驚異の才能もいた。一般人が見たこともない工作機械を、手足のごとく操っていた者もいたであろうし、こういう機械を設計製作した人物もいたはずだ。

外交の第一線に立った者もいたであろうし、商社マンとして、観光客が足を踏み入れないような異境を巡り歩いた者もいる。難病治療の最前線にいた医師、未聞のセオリーを確立した学者もいる。

そういう一線級の才能たちが、先年大挙して前線を退いた。これから長い余暇生活に入る。大きな才能を擁した一大集団であっただけに、前線は痛手を被るところも多い。寡黙な彼らの不得手は後進の育成で、某楽器メーカーは、この世代の大量退職で、ピアノが鳴らなくなるという心配をした。

かつて「人間五十年」と織田信長は舞い、先年までの日本人はこの言葉を身の傍らに置いて、どこかで信じながら生涯を送ってきていた。しかしいつのまにやら新世紀が明け、時代は変わり、気づけば「人生八十年」の時代が無言で始まっていた。これは、労働の解放から永眠までの間に、長い余暇生活が割り込んできたということである。

むろんこの長い余暇の時間を、老いと病に占拠される不運な人もいるであろう。しかしこういう人の割合は、世間で考えられているほどには高くない。六十代のおよそ八割が、医師とは無縁の健康体を持って暮らしている。七十代は、約七割が健康体と言われる。八十代になれば、およそ六割が、医師に助けられて余生を送るようになるらしい。

東京人は今、四人に一人が老人という時代の門口に立っている。先の団塊の世代が老人層に合流すれば、こういう時代が始まる。全国規模で見れば、二〇四〇年頃には、四十一%が老人になるという予想もある。これはすなわち、老人半数時代の到来ということである。

こういう現象は、世界に先駆けて日本で起こる。後方を追ってくる海外の国々のため、日本人は老人半数社会のモデルを創造して見せなくてはならない。書物、電子書籍のフォントを大きくする、あるいは可変のメカニズムを持たせる必要があるし、公共放送の音量を、周囲に迷惑をかけず、個人的にあげるメカニズム工夫の要もある。各種標識の視認性にも気を配る必要があるし、移動システムの充実や、一本しかないエスカレーターなら、下り方向を優先に考える必要も出る。一家に最低一人は老人がいることになるわけだから、住環境の工夫も要求される。

現在の日本社会は、こうした時代の変化に気づけず、対応が大きく遅れている。寝たきり老人を出さないための啓蒙政策や、社会資本の整備は大きな立ち後れを見せ、大量に出現させてしまった老いの病に病床を占領されて倒産する病院が現れ、自宅に戻された老人には訪問看護の手が廻らない。年金不正受給事件が相次ぎ、全国の不明高齢者の数は、現時点で三百数十人にのぼっている。これらはすべて、老人時代到来への、社会の自覚の遅れに起因している。

退職世代の体力、外観は様々である。そういう中、老人とは誰のことかと問われれば、機械的に、生まれてのち六十五年という時間が経過した人間、と応えることになる。しかしこの六十五歳以上の者たちの大半が、実は述べたような健康体で日々を送っている。そうなら、国民の半数に迫るほどに大量出現したこの世代の生活も、無思慮に老後と呼んでよいかどうかは熟考の要がある。健康な多数勢力なら、社会把握と対処に成熟したただの日本人である。彼らのうちの一部高能力者に、今後どのような仕事を為してもらうかが、これからの日本発展のキーともなる。優秀な彼らにただ盆栽いじりや、孫のお守りしか仕事を与えないとすれば（むろんそれらも重要な仕事ではあるが）、社会の損益につながる可能性もある。

彼らの多くは、沈黙を強いられた大量学級の延長で、自らに割り振られた仕事を、盲目的従順さでこなす半生を送った。そういう態度を社会構成員の不問のたしなみと信じたがゆえで、こうした生真面目さは、現在となってはもはや世代的特殊性であり、自身にひそむ別種の能力への気づきを阻害しかねない。彼らが今後も引き続き、世間的な常識習慣が要請する俳句作り等に精を出すなら、ここで私は、彼らに向け、型破りの提案を持ち出すことにする。俳句よりもっと長い文章も書いてもらいたい、ということである。

先に紹介した『鬼畜の家』の作者が、まさにこの退職団塊の世代で、賞主催者に宛てたメッセージの中で彼女は、「年齢を問わない」という募集の言葉に励まされたこと、そして、「書きはじめてみれば、意外に筆は進むものですね」と頼もしい感想を述べている。小説創作を始めることで、彼女は自身のうちにひそむ高い能力に気づいた。一方私は、この世代に多く才能がひそむというかねてからの予想に、自信を深めた。

『鬼畜の家』には、医学用語の正確な使用、社会を律する法解釈の正確な理解と、用語の的確な運用、世間を埋める金銭欲などの俗発想を把握する、過不足のない言葉や表現の群れがある。つまりこの成熟の世代にこちらが期待するすべてが、この小説には現れていた。

ベテラン新人、発掘プロジェクト

出版界は、この老人社会到来の時代に遅れずに対応しなくてはならない。この寡黙な高能力成熟集団に、本格ミステリーの文壇が、どこよりも熱い視線を送っている。二十一世紀が「人生八十年」の世紀なら、もう以前のように、退職世代の作家活動は長くても十年、そうなら投資を回収できない、という出版界の常識は古くなった。人生対処に成熟した寡黙な能力集団というなら、それは熟年作家のことである。

そこで私は、今年から来年二〇一一年にかけ、講談社と協力して、とりたてて六十歳以上の退職世代をターゲットに、本格ミステリー執筆の才能を募る実験を行うことにした。

この世代の人たちのうち、本格ミステリー系のトリックや、ストーリーを脳裏に温めている人、しかし文章力に自信がなく、長く書く踏ん切りがつかずにいた人。以前より書きたいと考え、漠然と物語は見えているのだが、連日の勤務に追われ、これまでに書く時間がなかったという人。ミステリーになりそうなユニークな体験を多く持っている人。文章書きが好きで、自信も持っており、これを機に書きたいと考える人。こういう退職世代のすべての才能に、連絡をくれるように呼びかけた。以下のようにである。

かつて日本経済を支え、誇りを抱ける地位にまで国を高めた団塊の世代なら、執筆に割ける余暇を得た今、無為に老いに向かうことを拒否して、もうひと仕事、価値ある成果を未来に遺していただきたいと思う。

先述したような天才的な工作技能人、一般人が知らない特殊な機械を操って高度な仕事を為していた人、こういう才能たちになら、未聞の物理トリックの着想も、可能性がある。

外交の第一線に立っていた人、海外の異境を巡り歩いた人。航空機や船舶のパイロット。難病治療の最前線にいた医師や、未聞のセオリーに挑み続けた学者の方々なら、一般の知らないパズルを心得、高度に教養的な本格ミステリーの構築も、可能であろうと推測する。こういう人たちに、余暇を利用して本格ミステリーの傑作を書いてもらいたい。

私は本格ミステリーのフィールドにいるので、本格ミステリー小説の傑作を求めるが、集まった小説のうちに時代小説や、私小説、旅小説がまじっていても排除はしない。しかるべき部署に廻し、その部署の担当編集者に引き受けてもらう。それが傑作なら、彼らによって、出版への道が拓かれる。

プロジェクト名を「本格ミステリー『ベテラン新人』発掘プロジェクト」とし、講談社文芸図書第三出版部に本部を置いて、当方の担当、堀謙太郎氏をプロジェクト・リーダーとする。

そして講談社文芸図書第三出版部、講談社ＢＯＸ、文芸Ｘから各々二名ずつ担当人員を出す。講談社文庫も、これをサポートする。

講談社の会議室で、私が「本格ミステリー」という文芸の大雑把な説明と、小説の書き方等の簡単な解説を行うので、在野の有志は、この説明会への参加予約を、メイルかハガキで本部に入れてもらう。

私自身は現在、同世代退職作家の潜在執筆能力に、非常に大きな期待を抱いている。したがってこれを読まれているベテラン新人は、ふるってのご応募をお願いしたい。

ただし、組織で上位者体験を積んだ寡黙世代の、思い切った威張りや、威圧言動に対して、編集者は大きな不安を持っている。こういう予想がフィールドに根強いので、これまでこの種の企画が実行をためらわれてきた。

こういう人々にはよい小説は書けないから、フィールドは必要としない。日本社会も必要としないであろう。この点にだけは各人留意を心がけ、ニュートラルな対話を為していただくことが前提となる。出版に限らず、退職世代のこれからの人生は、すべて新人としてのリセットである。この自覚が乏しければ、よい再スタートは望めない。

もっか、やや活力を失っていると言われる本格ミステリーの現状、ジャンルを底上げするにはどのような理屈も有効ではない。ただジャンルを傑作で充たすこと、それ以外に方法はない。

欧米ミステリーの現状

日本の本格ミステリーが、西欧世界で正当な評価を受けはじめている。「ミステリー・シーン」という英国のミステリー専門誌のために働く、ジョン・パグマイア氏という英国人の知り合いがいるのだが、現在彼はニューヨークに住み、得意のフランス語を駆使してフランスの本格派新鋭、ポール・アルテ氏の英訳などを行っている。

彼は私の『占星術殺人事件』の英訳版、「The Tokyo Zodiac Murders」を読んで価値を認めてくれ、前号でも紹介したフランスの評論家、ローラン・ラクーブ氏に紹介してくれた人物でもある。ラクーブ氏が動いて、これのフランス語版「TTZM」が、パリで出版された。

そのパグマイア氏が、「ミステリー・シーン」七月号掲載の「密室シーン」という特集記事を送ってくれた。英語で書かれたこの記事が、日本のミステリーへの好感や敬意に充ちたもので、一読、親日台湾の推理雑誌かと疑ったほどである。

パグマイア、ブライアン・スクーピン両氏に、雑誌の編集者がインタヴューして特集記事としたものであるが、スクーピン氏の方は日本ミステリーの事情をほとんど心得ないので、アジア方向の質問には、パグマイア氏が答えている。

パグマイア氏も日本語は読めないのだが、日本語の読める中国系アメリカ人の友人二人、特にフェイ・ウー氏から詳しい情報を得て、意見を述べている。中国系の彼らの耳に、台湾や中国における私の情報が入ったと思われる。

パグマイア氏自身が持つ知識はフランスのミステリー界についてで、これもわれわれには耳新しい重要な情報となった。

現在パグマイア氏は、「ミステリー・シーン」別冊として、「不可能犯罪アンソロジー」という単行本を制作している。私も「発狂する重役」でこれに参加の予定で、講談社Birthの新進若手作家、辛島デイヴィッド氏が英訳を進めてくれているのだが、「発狂する重役」を選んだのは、この作でどうかと先方から打診があったためで、これはフェイ・ウー氏の助言と思われる。

白人以外の地域に目を向けた複数の専門家を集合させ、このロング・インタヴュー「密室シーン」は、これまでによくあったアングロサクソン世界ばかりを眺め渡したものではなく、その外側に位置するフランス、日本、またアジアにも俯瞰の目を向け、ミステリーの興隆分布をグローバルな規模で把握をこころみた、意義深い記事になっている。こういう発想が本家、アングロサクソン世界にも現れてくれたことに、敬意と歓迎の意を表したいと思う。

記事には私の名や「TTZM」のタイトル名も見えるが、綾辻行人氏、二階堂黎人氏の名前もたびたび現れる。むろん横溝正史氏、江戸川乱歩氏、高木彬光氏の名前も見える。二階堂氏、綾辻氏は、創作論に類するコメントが、意訳紹介されている。

新世紀、英語圏にようやく出現したこの記事は、わがミステリー史に記憶されてよい快挙といえそうである。アジアばかりでなく、いよいよ西欧世界にも日本の本格ミステリーの評判が届きはじめ、敬意をもって迎えられはじめていることを記事は語っている。こうしたことは過去、乱歩氏の時代にも、清張氏の時代にも、なかなか起きなかった。

とは言っても、もちろんこれは白人世界のうちの「密室好き」という井戸の底での出来事であるし、客観的に見て、日本ミステリーの実力という以前に、日本という国の力の上昇、存在感のアップがあった。しかしいずれにしても意義深いスタートと言って間違いではなく、われわれの努力次第では今後も続くであろうし、こういうアジア勢力の評価に、これからは華文世界の才能たちも加わって、さらに強力化するであろう。

しかし、多少の憂慮も覚えた。この記事は、アングロサクソン・ミステリー世界という密室に開いた、小さな、そして最新の鍵穴だが、そこに覗いた風景に、私などには意外な事実が見えた。「密室（locked-room）」という言葉が、文字通りの「施錠された部屋」の意味を離れ、「優れた不可能犯罪小説全般」の意味に使用されはじめている兆候が覗けたことである。つまりこの英語が、英米において、日本語の「本格」に近い意味を持ちはじめている。

しかし文字通り「施錠された部屋」を扱う小説は、これからも英語圏に現れ続けるであろうし、過去の「密室」作品を俎上に上げて論じる必要もある。このまま進めば、先での混乱は必至に思われた。「本格」の語が英語に存在しないがゆえの悲劇で、事態を知るほどに、創作意図の構造説明たるこの便利な日本語を輸出したい気分は高まる。

捕えた蝶を羽根の色や模様からグループ分けし、標本箱におさめるように、英語人は膨大なミステリー作例を、作の外観によって分類し、密室探偵小説、ハードボイルド、警察小説、というふうに整理し、理解してきた。一方日本人は、この点は聡明にも外観でなく中心部の骨から分析的に観察し、創作の精神で作群を把握して、構造的に整理収納することに成功した。

かつて行われた、ヴァン・ダインの傑作誘導提案もそうで、ふたつ以上の殺人、閉鎖的な舞台状況や、登場人物たちの前段でのフェアな紹介、中国人や彼らの魔法、あるいは恋愛沙汰の排除など、これもまた外観からアプローチして、作中世界を知的推理ゲームに寄せんとする意図になっていた。

しかしポーの小説の魅力は、ゲーム的であったことではなく、つまりそれがジャンル発生の理由ではなく、作が芯に持っていた最新科学信奉の精神と、この発想が繰り出す、明晰な論理思考の魅力が生命線であった。これが醸す知的な空気が、作中を得も言われぬ魅力で充たし、おびただしい後続者たちを生んだ。ゲーム志向は、その結果現れた魅力ある形態のひとつ、という順番になる。

これは英語、日本語という、言語の構造の差異にも由来する。英文法が先天的に持つ論理的な構造は、明らかに本格ミステリー創作に有利であり、これが科学警察誕生の新時代の空気とよく合致して、探偵小説という新文学を急速に進展させたが、この言語を表記する記号であるところの「表音文字」は、人の口によって行われた発音を受け止めて表記する、受け身の道具にすぎない。一方漢字という「表意文字」は、それ自体が思想や意志を内包しており、人の発音が現れる手前で、これを左右する能動力を持っている。

英語人の作品群分類の方法や、ヴァン・ダインの提言。これに比較して日本語の「本格」の語を思うたび、「受動」と「能動」という、発想の根本的な相違を思わずにはいられない。英語圏の受け身分類発想に作品を生み出す力はないが、「本格」の語は、評論に構造分析の欲動をもたらし、結果として本格作品を生み出す言霊にも似た能動力を発揮する。私自身、過去に幾度もこの強い語に背を押されて作品を書いた。

日本生活文化史

本格ミステリー・ワールド2012　巻頭言

日本生活文化史

日本人という特殊な民族の歴史を、急ぎ足で俯瞰してみる。そうすれば、近代のわが文学史、とりわけミステリー史に大きく影を落とし、随所を風変わりなものに歪めた存在が見えてくる。八世紀、空白の五百年という戦乱の殺伐を終え、日本の為政者たちは、反動として穢《けが》れ忌避に熱中を始める。温暖な海外情勢もあって、死穢《しえ》を怖れた公家政府は、軍と死刑を廃止、都の秩序維持と清掃を行わせるために検非違使《けびいし》を置いた。死穢こそは原因不明の難病や、精神障害の原因と信じられたからだ。検非違使もまた死穢をまとう事態を予想し、これが自身の身に及ばないよう公家たちは、彼らを令外《りょうげ》の官とした。権限を持たされず、身なりが汚れた警察機構には民がしたがわず、ならず者集団たる彼らは、いきおい大衆威圧を日常的態度とするようになる。

強い衛生観念と道徳意識は、徹底励行の果てに、さらなる不道徳を発生させる。動物を殺すことを生業とする職業人の身には多く死穢《しえ》がつくから、特定の地域に集合させて隔離し、一般は彼らと距離を取って生活して、交流も婚姻も拒否した。この不必要な衛生意識の徹底と繊細が、世界に知られるわが同族差別の始まりである。被差別の里に暮らす彼らは、蔑視や差別に抗するため、あるいは差別行為を少なくさせるため、威圧を日常的技術にした。

やがて荘園が発生し、これを警備する武士集団が誕生して、ならず者集団たる検非違使も多くこの新勢力に合流していく。この階層は発展し、次第に大きな権勢を誇るようになり、自身の戦闘力維持のため、私刑としての死刑威圧を独自の法体系の内に整備して、裁判も開くようになる。が、裁く者と検察との対立関係は作られなかった。

武士階層は発展して天下人となり、支配する民を、秩序維持のために上手に威圧することが、為政能力の一部と考えられるようになる。支配者、被支配者の言語は次第に異なったものになり、上位者は日常的に威張りの言辞を用い、下位者は日々土下座行儀を強いられるようになる。

武士階層が、支配形態を完成した江戸幕府においては、被支配層の大きな秩序紊乱者は斬首によって死刑とし、小規模の風紀紊乱者は街角での晒しや、公開での鞭打ちを行使して、威圧の階層化を、公的な制度に整備した。また大衆の快楽依存を牽制するため、より重罪の刑死者の頭部を、遊郭への街道筋に三日間晒すなどの威圧制度も採った。

足下の支配軍事力に対しては、兵の重大な服務違反には切腹をもって殉死させ、その妻の重大服務違反、不倫は死刑と定め、こうした大小の威圧によって、軍の戦闘力低下を防止した。

明治維新後、長期の鎖国による産業の遅れと、これにともなう軍事力の低下から、国土の植民地化を怖れた明治新政府は、近代的な軍の早急な整備の要を痛感し、上意下達の命令系統に盲従が期待できない検非違使由来の士族階級は解体、近代火器に依存した平民軍隊を組織するが、促成栽培的な整備と、命令伝達機能の厳とした維持に、厳しい命令口調と、殴打暴行による威圧を実質上制度化した。

こうした促成軍は、昭和の世界戦争で敗退し、解体させられたが、威圧による兵の確実な服務遂行期待は、代わる経済戦争の時代にも引き継がれ、全体主義的な労働強制、上意下達の指令形態は温存されて、兵自身の判断、思考は軍に似せて封印が要求され、形骸化した威圧の言辞は、より湿ったかたちで存続した。

日本の警察官や教師、医師や弁護士、会社上司などは、戦後もこの伝統的威圧態度を演じる者が多かった。

こうしたわが近代史の把握は、格別偏った観察とは思われない。有史以来の日本民族の生活史は、要するに威圧の歴史と言って言いすぎでなく、いきおい被威圧側の人民は、老若男女を問わず、このように確立した制度的慣習の内部で、自身がいかに威張る資格を得るかといった少年的願望とともにもがいており、いつの時代も大衆はこれをモチヴェーションに出世を願ったと理解しても、明瞭な誤謬には行きあたらない。

颯爽とした的確な指令と、溌剌としてこれを遂行する兵、そして軍は、それとも会社は、他国の追随を許さぬ嚇々たる戦果をあげる——、こうした上位者側の期待の構図は、実のところ表層のことで、長い歴史経過の内で、下層方向の日本人は、実のところこれに千倍する量の湿った心情を育て続けていたというのが実情で、強い威張り言辞と、軍の場合は日常的に殴打暴行を受ける動物的みじめさから、自身もまた弱者威圧や暴行を常時夢想し、上位者の転落を渇望する、面従腹背の屈折した心性を、民族的感性としていく。

強権上位者への強い軽蔑心、強い報復の心性、これを維持するため、むしろ低能力上位者を上方に望み、これに向けてかたちばかりの服従を演技し、労働のモチヴェーションと化した上位者軽蔑を失わないため、有力な上位者を回避する。

真の実力者を作らないため、教育現場においては記憶重視型の学習形態を貫き、全体俯瞰や、思索の能力発育を抑え、中産階層、下方労働用の人材の重点育成を、平等実現の正義と強弁し、それでも高能力を得た者への慢性的嫉妬心を、労働モチヴェーション維持のために確認し合う。これらはすべて旧軍時代に育まれた状態であり、怨嗟感性の、無思慮な継続といえる。

そして自身も威張り行使が制度的に許される下位者を慢性的に探し、見下しのきっかけに使用せんと、表層的な行儀を暴走させ、これを用いた狭視的な威張りを繰り返す。

こうした検非違使以来の被支配型日本感性への到達が、労働人の成長と暗黙の了解がなされ合う。すべてではないが、こうした様子がわが企業内部の偽らざる実態で、面従腹背の上位報復心性が、上位者の失策と失墜を絶えず期待するようになって、週刊誌の不動のテーマとなる。上位者の転落を示す今回の歴史的原発事故も、こういうわが心性と関連する。

資本の損益等、規模の小さな場面においてはこうした日本型もさしたる実害はないが、ものが原発では国が滅ぶ。こうした無思慮な日本型は、これまでは好ましさとして放置されてきたが、今後は極度に深刻な事態と認識して、徹底駆逐が目指されなくてはならない。そもそもこれは、敗戦の時点で破壊清算しておくべき対象であった。

そして文学史に目を転ずれば、実のところこうしたわが特有の心性が、日本近代文学史の各地点を独自的なものに歪め、特徴づけていることが解る。

近代自然主義文学

十九世紀に入り、ダーウィンが進化論を発表して、それまで不文律となしていた神の下《もと》の神話的な世界観を瓦解させ、呼応して登場人物の不必要な美化の不当性とか、高邁と見えるヒトの精神性も、実は遺伝の強い影響下にあると理解するような文学運動を、欧州に発生させた。

しかしこれが日本に輸入された際、日本人大衆はこの輸入品を意図的に誤解釈し、威張り感性を常とする社会上層階層の裏面の姿、すなわち聖人君子として振る舞う仮面の背後で、品のない欲望に身を焼くみじめな実態を告白的に吐露させ、一般読者に公然とこれを覗くことを許した告白文学、というかたちに歪めて、発進させたふしがある。

そうする一方で、これこそは最新にして最高級の新流行文学の形態、と他方の手で持ちあげることを忘れず、舶来品崇拝の新進文士を焚きつけることをした。これもまた、平安以降の被抑圧の時代を堪えぬいた、日本人大衆が得意とする、面従腹背型の政治行為と見える。

文士の側も、実はこうした大衆の思惑をよく見抜いており、しかし成功は欲しいので、こうして近代自然主義文学の系譜の原点、田山花袋の『蒲団』は、大衆迎合的に書かれ、大いなる成功をおさめた。この作の成功は、主人公の権威者の、一種官能的ともとれる思い切った振る舞いと直接的に関係するが、以降この作を持ち上げる評論には、描写文体のみずみずしさをたたえる言辞ばかりが現れるという、珍妙な傾向がともなった。

同時に日本の文壇は、恋愛小説の系譜も輸入し、模倣するが、欧州の創作が状況によっては官能に踏み込むことを横目で見ても、日本の作家たちはツルゲーネフに範をとった安全な初恋の描写に、もっぱら終始した。つまりここでも日本の読者と文壇関係者は、この流儀を道徳上安全な初恋主義に閉じ込めたが、うがった見方をすれば、これは自然主義を性的スキャンダルの器とするための、周到な準備であったともとれる。

このような日本人の婉曲には絶え間のない意図性が疑え、文学者の性的発想が作品描写に現れ、露悪的吐露に向かった場合は著名人の好ましい自己卑下態度として、文学的評価を手段に大いに顕彰するが、万一実行為として露見すれば、こちらは一転、唾棄すべき破廉恥行為なりとの糾弾の段取りが整えられた。いずれに転んでも、文学者という上位者の権威を減じる結果になるから悪くない。かつての武士階級には切腹の恐怖があった。上層の君臨が、安定的で安全なものと心得られては困るという大衆の思惑もある。したたかな大衆の計算ゆえに、花袋の創作は大いに顕彰され、姪のこま子と性的関係を結んだ同じ自然主義作家、島崎藤村は、フランスに追放された。

こうした日本文壇上の諸事件を凝視してきた太宰治は、藤村型のスキャンダルを自己演出し、これを告白すると見せかけて、実は誇張を交えて虚構化し、自然主義の顕彰という美名に隠した日本人大衆の卑しい覗き発想に最適合の餌を与える意図で告白文学を並べて、計算通りの成功をおさめたという解釈も可能になる。大衆は、小説に書かれた内容をすべて事実と受け取る習性がある。彼自身、随筆でこうしたことを述べている。

むろん太宰は、文学史的にはとうに下火になっていた自然主義流派になどは属さず、無頼派と称された。が、こうした反論自体が、真相糊塗のために用意された盾と似て、看板が、常にその下にいる作家の創作の精神の内底を代弁するものではないことを、今稿では述べている。

大江健三郎の方法と似るが、こうした俗世間用のワイドショー的醜聞報道器の底部に敷いた文学意図が、時間経過とともに滲む仕掛けになっており、これが時間差を置いて、太宰を文学者の孤高イメージに高めていることも事実である。

太宰までを巻き込んだ日本式自然主義の系譜は、のちに探偵小説にも敷衍され、さらに大きな花を開かせる。「自然主義探偵小説」ともいうべき作風を考案した松本清張は、日本が高度成長期にさしかかる一時期、巨大な成功をおさめて文壇の寵児となった。花袋に始まった輸入改竄型の日本自然主義は、清張の各作例において、字義通りに体現されたといってよい。

清張の流儀は、自然主義がその原点において宣言した人物美化の否定を、明快に旗頭とするものであった。文芸における人物美化の典型的な例は、探偵小説における名探偵である。これは聖なる物語における神的存在の描写法を系譜的に引くもので、自然主義絶対信奉の日本人大衆が、信仰にも似た思い入れで否定を切望する、典型的な上役であった。

清張の文学活動の目的のひとつは、名探偵という特権階層の完全否定であった。清張はこの存在に、学歴を作れなかった石版印刷工時代、自身の上位に不当に君臨した多くの特権者たちを想定していた。清張流の探偵小説には平凡な警察官が探偵役として登場するのみで、名探偵という頭脳人はただの一度も登場しない。そして名探偵美化の素朴な作風を続ける高木彬光を、清張は公然と冷笑してはばからなかった。

思えば清張の登場まで、日本人読者は、名探偵といういまいましい反自然主義的人物を撃退する機会を持てずにいた。このこと自体興味深い現象であるが、日本人大衆が清張の活動まで、この多く見栄えのよい若輩特権者の追放を我慢できていた理由は、この作例は漫画と同等の低俗な大衆書き物とみなす、強い軽蔑心をよりどころとした。

これもまた日本の文壇に特有の事情で、書店の書籍の七割がミステリー小説関連になっても、あるいはそうなればなおのこと、欧米に見るような、純文学系の小説群と並んで探偵小説も文学上の一形態と認めるような鷹揚さが日本人にはない。日本においては、文芸各ジャンルに必ず順位や上下関係が無言でふられ、作家たちの教養度や人間性にまで身分制が敷かれて、上位と自負したジャンルの関係者は、圧倒的な軽蔑心で他を見下すという習慣がある。

検非違使から明治の軍人にいたる封建時代の身分制度感性を、日本人は小説鑑賞においても清算できていない。その心性の底部に、作中で殺人ばかりを好んで為す探偵小説に、無意識のうちに死穢を見て畏れ、習慣的に差別を試みた形跡もある。かつて首斬り役人や軍人に対しては、その威圧腕力に怯えて死穢差別を引っ込めたように、大衆のこの差別意識は、常に機を見る政治行為であった。

清張の流儀は、展開前段での伏線張りとか、大型の物理トリックといった探偵小説の人工的技法を子供のものと見下し、田山花袋流の自己卑下的好人物を主軸に置いて、彼が金銭欲、出世欲、美人女性へのかなわぬ性欲などに突き動かされ、周囲への優越を渇望しながらも、ついには告白にも似た破綻を演じ、受縛にいたる過程を描くことを不問の流儀とした。

これは日本流自然主義の従順なまでの踏襲で、見方によっては明治に輸入され、改竄されてスタートした日本流自然主義が、下った昭和、清張のこの創作によって、最も胸をすく開花を見せたと言ってもよさそうである。清張作品は爆発的な売れ行きを示し、日本人大衆は手放しでこの形式を賛美して、これこそは少年漫画ふうの低級性をついに脱した、近代探偵小説の文学的凱歌と、声を限りに顕彰することをはばからなかった。

これは日本人大衆が、どのような種類のものであれ、特権的と見える階層にいかに強い怨嗟と嫌悪の情を抱き、内心で転落を渇望し続けたかの証明である。こういうことは、他の輸入文学各流派へのそれぞれの改竄においても、観察ができる。

アメリカに、ハードボイルドという探偵小説の新潮流が起こった。これはアメリカ人ポーの傑作、『モルグ街の殺人』の刺激を受け、イギリスに勃興した探偵小説が、伝統的な幽霊譚にも通じるホラー趣味や幻想趣味を否定せず、その上にトリックや暗号趣味を上乗せして、名探偵によるその頭脳的解明を読ませる小説群であったのに対し、国土が広々とし、列車や地下鉄などの都市機能が未発達の新天地アメリカにおいては、この流儀は充分にはなじまなかった。それとも、なじむ場所が限られた。西海岸での名探偵は、自家用車に乗って移動するほかはなく、目撃者の生じにくい開拓地では、裁判の公平性は期待できないから、いきおい探偵は、頭脳以前に西部劇時代からの伝統である腕力重視の独善的態度をとらざるを得なかった。

こうした私立探偵に、アメリカの作家は男らしさの美学を託して、デュパンやファイロ・ヴァンスとは別種のヒーロー像を構想した。時に腕力にも頼るが、自身の言動は決してはヤクザ式のものには流れず、端正な紳士的態度を維持しながら、しかし威圧を行使したがる悪に対しては決して屈しない、男としての矜持を体現する新大衆文学であった。

ところがこれが日本に輸入されるとたちまち、ハードボイルド小説とはヤクザふうの威張り言辞を存分に吐き散らし、暴力威圧行使の格好よさを体現する男の格闘技小説、とする誤解釈がなされた。日本人にとっての男性的格好よさとは、ヤクザ言葉で相手を威圧し、続く暴力によって相手を黙らせる存在という理解が根強く、それは検非違使、武士、旧軍上官、といった一連の歴史的記憶からであるが、これらが心性の底部を太く流れて、決して消えることがなかった。

すなわち日本型改竄ハードボイルド小説とは、威張り言動と暴力行使妄想の大衆化であり、その読書は安全裏の暴力人化を読者に約束するもので、長い被威圧の歴史が、威圧行使への強い憧れを日本人男性の内部に育てており、表向きは強く否定しながらも、自らがこれを行えるものなら行いたい、という願望が、疑似体験できる小説群であった。

こう見ていくと、海外産の新文学の輸入は、ことごとく誤解、彎曲《わんきょく》の歴史で、日本人大衆の願望に寄せて定着させせられたこれが、偏った思惑によって時に政治的に、時に願望成就的に流布させせられたことが伺《うかが》える。

ここに介在するものは、威張り言辞とともに繰り出される威圧への、強烈な怨嗟と嫌悪の情であるが、この拒否がむずかしいがゆえに、面従腹背の感性が内奥に育ち、上位者のスキャンダル覗きが切に望まれ、同時に威張り言辞による他者威圧行為の疑似体験が必要となる事情で、自然主義や、ハードボイルドの精神の奇妙な改竄は、このような日本史の経緯を観察することで説明が可能となる。

これら大衆型欲動は、文学だけではなく、劇画、週刊誌、NET、TVドラマ、映画などに媒介を移しながら、今日も営々として継続している。

そしてこういう国で多く買われる本は、過去常にこの関連筋に発生している。ジャンル名こそ純文学、戦記もの、ハードボイルド、ミステリー、恋愛小説と名を変えていくが、そうしながら、その内部では可能な限りこの川筋に接近することで、ジャンル外の大量の読者を取り込んできた。露悪的な性告白や、転落経緯の描写、また貧困の惨めさの告白、これらに絡んだ感情的な悲嘆、あるいは号泣などがないなら、読者層の財布の紐はなかなかゆるまず、その意味では日本型の感情を拒絶した、論理遵守の本格ミステリー小説は、最も買われにくい本ともいえる。

本格ものが買われている場合は、これもまた内部世界の日本型自然主義への接近、事件の悲劇性と転落する人物活写、その周辺の者たちの、身につまされる種類の涙とか、作者自身の欠落意識の吐露、あるいは現実的に凋落が観察できる（と読み手が誤認できる）ストーリー等々が存在することが多い。

反自然主義、耽美派、白樺派、余裕派、高踏派、無頼派、プロレタリア派と名称はさまざまに変わっても、被威圧の屈辱体験が長い日本人は、それらの諸思想の微差異に幻惑されることはなく、改竄自然派の告白覗きの快感を、決して手放さなかった。今日この発想が週刊誌やワイドショー、2ちゃんねるの隆盛に受け継がれていることを見ても、この感性がいかに日本人の体質に合い、甘く誘惑したかが解る。

本格ミステリーの使命

さてこう見てくる時、その創作精神が最も誤解少なく国内に入り、定着した数少ないジャンルのひとつが「本格ミステリー」であると解る。このたびの原発事故と、処理のもたつき、汚染資材の全国拡散と、原発由来の発癌の全国平均化画策等々が、述べたような日本型感性に起因するものであるならば、その影響の少ない、すなわち彼らの心性が作りだしたものではない本格のジャンルなら、今回の緊急事態に対して独自の正論も述べられるであろうし、できる貢献も考えられてくる。

そのためには今後、われわれはこのジャンルをさらに発展させ、世界最高水準にまで高めるのがよい。今号が特集する「ばらのまち福山ミステリー文学新人賞」も、台北の「島田荘司推理小説賞」も、『ベテラン新人』発掘プロジェクト」も、すべてこの目的に貢献せんものとして企画した。

現在、国内の本格ミステリーは最大限に発展して、今や本家アングロサクソンの現状況をしのぎつつある。私は現在、前号で紹介したジョン・パグマイア氏とともに、世界の存命作家の代表短編を選出し、可能ならば英米仏をも巻き込んで、「本格ミステリー・アンソロジー」を刊行する計画を話し合っているが、彼によれば、存命作家と限るなら、今日の英米には、それほどに突出した作品は見当たらないのが現状という。

むろんこれは、ハリウッド映画の求めるところに本格の形態がなじまないこと、ハリウッドに吸引され、本格系の作家数が減じていることも理由であろうし、英米人の潜在創作能力が、現状程度でないこともあきらかである。しかし日本人ミステリー作家たちのこれまでの努力の道筋が、誤っていなかったことを語るものでもある。

今日の日本産本格ミステリーは、台湾を入口にして、中国に大量の作品進出をなしつつある。私自身これに協力して、江戸川乱歩を紹介し、最近では高木彬光の著作権所有者を探して紹介し、鮎川哲也を紹介し、笠井潔を紹介した。二階堂黎人はすでに、多くの作が北京で刊行されている。中国の読者に読まれるべき、これまでわが本格を牽引してきた各才能を、今後はもれなく、中国人読者に紹介する計画でいる。そしてやがてはヴェトナムに、タイに、インドにと進出の輪を広げて、西廻りで本家アングロサクソン圏に本格を帰還させるという夢を抱いている。

もしも自分の命があるうちにこの夢が果たせたなら、そして彼らの潜在能力が事実現状程度でないなら、この帰還は彼らを奮い立たせるはずであり、私はその光景を目撃できるであろう。今後関係者は、こうした夢を無言のうちに共有し、ゆるやかな共同体として行動してもらえたら、と願ってもいる。

WHATDUNITの勧め

ミステリー・ストーリーの狭視化

「ミステリー」という小説ジャンルの名称が、殺人の物語のみを示すようになったのはいつからであろう。また何故そのように限定されたのか。

「これはミステリーだ」と称される事象は世の中に数多くある。たとえば自然界の森に、生まれながらにして木の葉そっくりな形状と色彩の羽根を持つ蝶がいる。若い小枝にそっくりな形状と、緑色の全身を持つ虫もいる。あるいは花弁に似た外観の虫たちが、円形に集合し、大型で大輪の花にそっくりな外観を、頻繁に作る習性の種もいる。

蛍という昆虫の尾骶部は、発熱を伴わずに緑色に光る。発光現象自体もミステリアスだが、何万という彼らが一本の大木に集合し、タイミングを合わせて明滅する一帯がある。

これらの現象を、観察者は「ミステリーだ」と評価する。しかしここに、ヒト類の死亡は関係していない。のみならず、ホモサピエンス以外のいかなる生物の自然死も、他殺も、自死も、伴わない。観察者によって選ばれ、口にされている「ミステリー」の語彙は、「このできごとは謎めいている」、あるいは「不思議だ」、それとも「神秘的だ」、といったこの語本来の意味あいで使われているにすぎず、寿命の手前で命を絶たれた生命体への悲劇性の説明も、犠牲者が受けた苦痛への同情も、読み手に計算的に向けられる恐怖感覚も、姿を見せぬ許しがたい行為者の特定への推理も、述べられてはいない。

しかし、どれほど熱心なミステリー小説愛好家も、専門の書き手も、自然がこのように形容される際、その言説に、あるいはこうした世の慣習自体に、異論を唱えることはしない。のみならず、この時の語彙選択が、すっかり正しいと認めてもいる。

思えばこれは奇妙なことである。では殺人ストーリーに限定して使用する「ミステリー」の語は誤用かというと、それを認めることもない。「ミステリー」の語に本来殺害の意味は含まれないので、これは慣習的誤用の範疇とも言えそうだが、そう主張すれば反論に遭うことも予想される。

「ミステリー」として総括される物語群は、小説に限らず、漫画、アニメ、映画、放送劇にも存在する。そして、いまや小説本の最もポピュラーなジャンル名になったように見えている。物語のジャンル名においてのみは、「ミステリー」の語は、その本来的な意味が無視され、殺人とその隠蔽、そしてこれの打破というストーリーに専用のものとして、あえて意味を違えた使用のされ方をしている。殺人小説たる「ミステリー」の作中にミステリー性を探すなら、犯人不明という点にあるばかりだが、犯人の姓名が早い段階で明示される倒叙の形式においてさえ、すなわち作中に「ミステリー」がないケースにおいても、愛好家たちはこの殺人小説を「ミステリー」と呼ぶ。誤用に近いこの使用法に、これほどに多くの人々が固執する背景には、この文芸ジャンル発生時の、特殊な事情が関わっている。

この語がこれだけ一般に膾炙された今なら、殺害され、遺棄された遺体が都市の一角で発見された際、ニュースのアナウンサーも「ミステリーの発生です」と報告してよいであろうし、何万という緑の光がタイミングを合わせて明滅する蛍の樹と同様、不思議が描かれた物語なら、殺人事件が介在しなくともこれを「ミステリー小説」と呼ぶべきであろう。

しかし、殺人事件とこれの探偵役が文中に存在しなければ、それらの書籍はたいていそう呼ばれず、作内部の冒険が載る舞台、すなわち山岳地帯か海洋上か、大空か戦場か、宇宙か深海か、そして読み手に想起させる感情の質、すなわち冒険心の鼓舞か、恐怖心の扇動か、恋愛感情への共感か、等々によって本は分類され、山岳小説と呼ばれたり海洋冒険小説と称されたり、SF小説と呼ばれ、ホラーと呼ばれ、恋愛小説と言われ、ファンタジーと称されて、不思議への興味で読者に読ませる要素があれば、これらも「ミステリー」の範疇と整理発想を持てば、多く異論が唱えられる。

筆者は、こうした文壇の慣習に不平を言うつもりで、今稿を書いてはいない。関係者のこうした感性の背後には、歴史の経過が呼び寄せ、導いたある必然が存在する。これを読み解くことにおいても、「本格」という語彙を冠されて日本でその姿が先鋭化したこの文芸ジャンルの、出生の秘密を理解することができる。そしてこの種の把握もまた、「本格ミステリー」というジャンルの将来に対し、有効であると信じている。

アングロ・サクソンによって発明されたこの文芸が、一八四一年に世に送り出されたアラン・ポーの

『モルグ街の殺人』によって始まったことは、もはや議論の余地はないように思う。この小説が、パリに建つ石造りの建造物の一密室内で起こった殺人事件（と見えるもの）であったがゆえ、これに強い魅力を感じて後方に長蛇の列を作った各作家たちは、すべて自作のストーリー内部に殺人事件を起こして語った。

しかしこれもまた、すでに述べた理由によって、奇妙であると言うことができる。何故なら、行列を構成した後続の作家たちの、少なくとも半数程度は、殺人も死体も扱わない、たとえば蛍のミステリアスな習性を述べる物語を書いてもよかったはずである。あるいは殺人が絡んでも、独自的に発見した「ミステリー」を同時代の読者に感じさせる物語を目指してもよかったはずである。現在は後続類似作に埋没して見えなくなったが、十九世紀の読者たちにとって『モルグ街』の現場は、大輪の花を作る昆虫たちや、青い光で全体が明滅する蛍の大樹と同等の「ミステリー」で包まれていた。したがってポーのこの小説は、まぎれもなく「ミステリー小説」であった。

しかしこの傑作に感銘を受けた後続作家たちは、この創作が傑作となった理由を、広大な草原や街角の路上でなく、窓やドアが釘付け、もしくは明白に施錠された堅牢な一室を現場としたこと、室内に他殺死体が遺棄されていたこと。そして捜査側は、発見した証拠物のすべてを読者に民主的に開示したこと、探偵役が科学者の態度を保ち、冷静で論理的な推理思考を徹底したこと、というふうに抽出した条件で理解した。これらの条件の大半が、新時代の思想と重なっていたことも、読み手の感銘を深くした。よってこれらはルール化され、後続者たちの多くがこの条件網羅を前提と心得て、新型小説の案出を競ったのである。かくして、新文芸は発生した。

後継作家の全員がこうした理解を踏襲し、殺人の物語を書いた理由は、むろん『モルグ街の殺人』がそれほどに魅力的であったからだが、それ以上に重大な事情が存在する。

それは『モルグ街の殺人』が、欧米に発生していた「科学革命」によって、生れ落ちた小説であったということである。ダーウィンの『進化論』が、リアルな平均的人間群像の活写を、近代作家の重大な使命と示唆したように、血液型、指紋、微物の顕微鏡検査といった近代的で科学的な方法が、知的存在に進化して以降の人類を、延々と悩ませ続けてきた殺人事件という厄介ごとの解明に、革命的な有効打をもたらしていたからだ。

十九世紀に登場したスコットランド・ヤードが、こうした科学捜査を標榜し、励行することで、前例経験則や勘に頼る現場刑事の捜査、その結果行われる前科者に対する拷問と、続く冤罪の発生を、飛躍的に減少させた。残る心配は、にもかかわらず刑事たちの職人芸が、拷問によって被疑者に自白を強いていないかの監視である。これが、新しい科学の時代の陪審制裁判であり、これを担う陪審員の重大な任務となった。

陪審制裁判の存在自体が、警察の拷問への抑止効果を発揮したが、刑事裁判を審理する陪審員の思想や態度は重大事項となり、この心得がそのまま、新文芸「ミステリー小説」の創作ルールとなった。すなわち、科学によって事件の存在を立証し、冷静で論理的な科学者の態度によって事件の真相を推理洞察し、被告が真犯人か否かを合理的に決定すること、である。

こうした新時代の到来と、歩調を合わせてスタートした文学ジャンルであるがゆえに、「ミステリー小説」は陪審法廷にも似て、殺人事件を専門的に扱う文芸ジャンルとなり、その内部は、陪審制裁判のありようを鏡に写したドラマに近づいていった。その過程で、証拠発見を目的とする法廷審理的な物語進行が、内部から徐々に「ミステリー」を押し出すかたちになっていった。

　法廷の審理においては、他殺死体が女性であり、その外観がいかに扇情的であろうとも、科学者ならこうした情動に知的な思索が影響を受けてはならない。「ミステリー」もまた、そういう種類の知性たちにとっては、若い女性の遺体という通俗の付属物と見えており、高度な知的論考の純粋性を曇らせる障害物と写った可能性はある。かくして「ミステリー小説」という法廷鏡像から、「ミステリー」はゆっくりと押し出された。

　けれども、高度に知的な脱皮を果たした新時代を象徴し、裁判の心得も語る社会的高価値の故に、この文学が「ミステリー」の語を特権的、独自的に使用することは一般から許容され、意味の変容をとがめる気分を、読者たちから奪ったと考えられる。

鏡像としての本格

　アングロ・サクソンによる本格ミステリーの発生と流行は、このようにポーの『モルグ街の殺人』を写した鏡像としてスタートするが、発生地点における追随者たちのこうした受身態度は、以降のこの文芸を、きわめて特異的なかたちに決定づけたように思われる。すでに述べたような「ミステリー」の語の独自的な使用にも、その特異性が象徴的に滲む。

　『モルグ街』の猟奇的現場の鏡像群としての後続作品には、知的水準の高いものほど、猟奇的な血の色は写らなかった。加えて、十九世紀なかばという黎明の時代にあっての詩美性、幽玄性、光景の謎めきも、知的な読み手の目には、ぼんやりとしか写っていなかった。

　こうした特長は、陪審制裁判の法廷を写す次の段階に入ると、ますます写りにくくなり、科学者たる探偵の視線からは無価値なものとして、漸次斬り落とされ、追放されるようになる。そうして創作の内部は次第に整頓的、数式的なものになり、俯瞰的な傾向を強めた。それが、アングロ・サクソン流の知性というものであった。

　こうした変化は、理由は異なっているが、日本における探偵小説の発生と推移にも、すっかり存在する。欧州と違い、人民の意志とは無関係に江戸期が強制終了し、明治維新が始まった日本だが、そこに科学革命は存在せず、庶民の自意識の目覚めも許されず、最高権威者を自認した庶民自身による陪審制裁判も、日本社会は持つことがなかった。

　すなわちアングロ・サクソン流の発想からなる新文芸「ミステリー」は、日本では発生し得る状況になかった。しかし日本人は、パズル好き、数学好きの知性だけは、世界第一級の水準で有しており、ただこの意味あいで、日本人はアングロ・サクソンに次いで「ミステリー小説」を誕生させ、維持して楽しむ資格を有していたといえる。

　日本人の読書好きは、アングロ・サクソンによって始められたこの新文芸ムーヴメントを、太平洋越しにやはり鏡に映し、江戸ふう見世物小屋の煽情性を購買力にあて込んで発生させ、この猟奇趣味の時代は、科学革命と陪審制裁判の不在ゆえに英米よりも長く続いたが、法廷審理ゲーム発想とは無関係に、もうひとつの海外鏡像たる「近代自然主義文学」の手法を流用して、「社会派」へと脱皮を見せていく。

　背後の事情や、影響を付与する因子は異なっても、よく似た推移は、このように日本にも存在した。さらにもう一歩を踏み込んで語れば、アングロ・サクソンによる推進の流儀は、俯瞰による分類能力と、民主化浸透の決意がエネルギーとなっている。十九世紀にアングロ・サクソンが社会に起こした改革のキーワードは、科学と、民主化であった。したがって、新興のジャンルであるミステリー文芸の創作にも民主化が持ち込まれることは、格別ユニークな選択ではなく、必然であったといえる。

　これに対して日本のフィールドは、模倣によるスタートゆえに、受身発想がさらに徹底するようになり、海外の方法論を適宜鏡に映しながら、その影響や刺激で都度方向を変えている。方向転換が起こるたび、後継者たちは修正を為したリーダーの後方にひたすら行儀よく列を作り、その行儀道徳は、前方のリーダーの作風に対する無批判追随を、必要以上に心がけた。

　民主化推進によるアングロ・サクソンのジャンル展開で、最も画期的な転換点を作った才能は、ヴァン・ダインであったろう。彼は高名な二十則というものを提唱し、これによって新流儀を確立したように後世評価されるが、二十則は単に補助線であり、彼の改革の根幹ではない。彼が演出した変革は、語られずに示された、彼の端正な作品群に黙示されている。

　彼が起こし、後世を縛した変革は、「民主化」の言葉にまことにふさわしいものであった。それはちょうど、文字の進化における「表意」から「表音」への転換に似ている。仏教の進化の過程における、「小乗」から「大乗」への転換にも似ている。人類の文字は、たいてい「表意」から「表音」へというコペルニクス的民主化経過をたどるが、その意味ではこの新文芸の進化の歴史も、似たものとなることは必然であった。

「漢字」は、象形文字に典型を見るように、山の外観を写した絵を整理して山を示す記号とする。エジプトの「ヒエログリフ」も「アルファベット」も、同様の発生事情を持つ。しかしこの方法では文字数が膨大になり、教育が充分に受けられない庶民や、高度な記憶能力を持たない一般人には憶えきれない。そこで文字数が増えきったある時点において、発想に抜本的な大転換をなし、この図形の内包していた意味あいや思想はあっさりと捨て去って、音だけを表現する音符図形として用いることを決断した。

エジプトの絵文字「ヒエログリフ」は、現在遺跡の壁に見えるものはすでに表音転換を完了したものである。漢字は依然表意の位置に留まっているが、これは、早い時代から中国に表記の道具としての紙が存在した事情が大きい。それゆえに記憶力に依存する度合いが低くすみ、膨大な量の漢字が今日まで生き延びた。しかしこれをベースに用いた日本人は、やはりひらがな、カタカナという表音文字に一部を変化させ、混在させて使用している。

「小乗」、「大乗」の仏教も同様で、出家して煩悩の執着を去り、解脱《げだつ》を会得することは釈迦以外には不可能なことなので、平凡な庶民信者各自にまでこれを要求する無理はおかさず、一人の解脱者に向かってただ祈ることで、仏の意思を聞き、幸せを獲得できると教えを修正した、これも民主化発想の産物である。

ミステリー小説の創作において、ヴァン・ダインが起こした変革もまた、同様のものであった。鏡像としてスタートし、鏡像を磨いてきたジャンルゆえ、小説を最も刺激的に輝かせている視覚要素（殺害死体、凶器、名探偵、邸宅等）を鏡像群から抽出し、それらを不問の条件と認識して、天才の霊感を必要としない、すなわち前代未聞の世界を切り拓く先頭者としての着想要求は一時棚上げとして、民主的な執筆法を開発したものに見える。

これが、怪しげな外観の邸宅が大都市の片隅にあり、怪しげな住人たちがここに生息していて、この屋敷内で不可解な事件は起こり、これは必ず殺人でなくてはならず、住人たちの横顔《プロファイル》も、現場の証拠類も、早い段階で民主的に読者に開示され、探偵役が必ず一人、外部から招かれて邸宅内に合流し、彼は特権的な地位を要求せず、すでに読者に開示された材料と、科学者的な合理精神で向き合って推理を行い、結末部で読者を出し抜く解決、すなわち多くにとって意外な犯人を、論理的に指摘する、という条件遵守の物語で、こうした函《ハコ》構造のゲーム形態が、この文芸ジャンルがこれまで進行してきた方向から推して、必然的に到達する完成形であると彼は考えたのであった。

　二十則でこまごま述べられる注意点もまた、ヴァン・ダイン自身のものというより、これまでのインテリ読者たちが嫌ったであろう、あるいは今後も嫌うであろうポイントを、分類整理の俯瞰意識から抽出し、列挙してルール化をもくろんだもので、この中で、原点に位置するポーの「モルグ街」由来から削除された要素がある。知的な推理思索の邪魔になりかねない扇情発想の光景、着衣を乱した女性の遺体などであるが、これ以外にもポーの流儀から導かれかねない中国伝来の魔術の披露、降霊術の儀式、夜の地方伝承に縛された宿命的な男女の愛、などなどである。これらはヴァン・ダイン好みの知的ゲーム読書においては、必要がなかった。

　密室も、大邸宅も、警察による一般への証拠開示も、現場の図示も、もともとはその背後に深い近代思想が存在したのであるが、そうしたいったいっさいはここで忘れ、表音文字のように、迷うことなく用いるべき視覚ピース群と定めて、殺人とその解明のゲーム小説構築に使用しようとする発想に発展させていく。するとこれらピース群は、ゲーマーには駒となり、作家にはプラモデルのキットと化して、最終的には壮麗な屋根を持つ推理ゲームの大伽藍を出現させる。

ヴァン・ダインのこの発想はすっかり正しく、以降佳作出現の歩留まりは大きく上昇し、ジャンルの水準は上がった。またこの助言を受け入れたり、影響を受けて書かれたふうの諸作、あるいは影響はなくとも、たまたま発想を同じくした作例から、各国の歴代ベストワンは現れている。アメリカの『Yの悲劇』、イギリスの『そして誰もいなくなった』、フランスの『黄色い部屋の謎』、日本の『獄門島』、などである。これら諸作の舞台は、厳密に建築構造物の内部でなくとも、広義の意味あいで閉鎖的空間内であり、ゲームとしての殺人のドラマは、この函の内部で終始する。

かくして黄金時代はすみやかに招聘され、フィールドに民主的平等化もはかられて、創作の裾野は拡大した。使用材料の制限は、ベストテン選出という遊びを、フィギュアスケート競技の採点にも似た必然的なものにして、さかんに行われるようになる。しかし先人とは違う材料の使用が許されないなら、新人は先人の達成を乗り越えにくくなり、皮肉なことに正当至極の鋭い発想が、黄金時代の翌日からの衰退の歴史を作ることになる。アメリカにおいては、ハリウッドの台頭も、衰亡を助長した。

日本のフィールドも、「ヴァン・ダイン革命」とも言うべきこの一大事件を遠望していた。しかしあまりに距離を介したから、『獄門島』も、『虚無への供物』も、また『ドグラ・マグラ』も、『グリーン家』ほどにはしっかりした屋根や壁を持っていない。しかし代わりに、非常に有意義な事件が、日本には起こっている。この時甲賀三郎は、いまだに乱歩流儀を卒業できないでいる日本の文壇状況の遅れに危機感を抱き、乱歩流儀を「変格」、ヴァン・ダイン流儀を「本格」とする分類発想の提案を行っている。かくして日本に、いよいよ「本格」という独自的な概念が登場した。

しかしこの時、発明者の甲賀によって、この語を使用する際の定義が示されなかった。甲賀としては

「変格」・「本格」、それぞれに属する作家間で、ほどなく論戦が起こることを予想していた気配がある。この時に甲賀は考えを述べる心づもりでいたようだが、期待に反してこれは起きず、代わりに木々高太郎らの「文学派」が台頭して、「探偵小説は芸術たり得るか」というテーマの論争が発生して、乱歩はこちらに対することになる。このため、のちに重要となる「本格」の語は、この時点では捨て置かれ、定義は不明のままになって、のちに後世人を混乱させることになる。

今日からの視線では、「変格」・「本格」間の論争は、仮に起こってもその内容におおよその見当がつきそうであるし、それほどの実りはもたらさないように予想される。また「変格派」が、喜んでこれに応じそうでもない。彼らは読者に求められるから、稿料のために「変格」を書いていたにすぎなかった。

また太平洋の彼方にヴァン・ダインが現れていた当時の背景を思えば、甲賀の脳裏にあった「本格」のイメージが、おおよそヴァン・ダイン式の理知的な作風、というあたりにあったことは想像が容易である。

WhodunitとHowdunit

とりわけヴァン・ダイン以降、知的ゲーム構築としてのミステリー小説の創作競争は、「Whodunit」と「Howdunit」という発想を軸に、進行してきた。

「Whodunit」は、今さらいうまでもないが「Who done it」が促音化し、単語化したもので、「誰がやったのか」という興味で読者を惹くミステリー小説のことである。多くのミステリー小説の、これが基本形をなしている。

「Howdunit」は、「How done it」が促音化したもので、「どのようにしてやったのか」の意で、こうした興味で惹いて読ませることを意図したミステリー小説をさす。

蛇足を述べておけば、「Who done it」は正しい英語ではない。これは泥酔したアーカンソーの田舎保安官が「誰がやったんだべ」とつぶやくような英語で、正しくは「Who did it」となる。すなわちこれは、「Whodunit」という造語を新設するにあたり、先のような音の連なりが参考にされたということに思われる。

いずれにしても「Whodunit」、「Howdunit」を考えれば、この新興の文芸ジャンルが、受身発想の体質を根深く保ってきたことが了解される。「Whodunit」も「Howdunit」も、現場に転がる死体を見てのち、受身として起こされる捜査官の発想である。死体が眼前あり、しかし殺した犯人が不明なら、誰がやったのかと検察官は考える。現場が誰も踏み込めない場所にあれば、いったいどうやったのであろうと彼は考える。のち、推理のストーリーを脳裏に組み、彼は法廷用の資料を作成する。

これは『モルグ街』の鏡像としてスタートし、法廷審理のゲーム構造を写すことで受身体質を育ててきたこの文芸の側面をよく見せている。刑事捜査も、裁判も、事件発生を待って、受身で起こされる。「ミステリー小説」もそのような方法で書かれ続け、百八十年の間にアイデアは絞りつくされ、鉱山は掘りつくされて、アングロ・サクソン世界の炭鉱は閉山になった。創案した民族にとっては、衰亡もまた想定の範疇だったのであろう。

日本の文壇は、すでに述べた通り、科学革命の不在から江戸の見世物小屋を借り物としてジャンル発生を演出し、これは英米のような歴史的必然の強度を持たなかったので、絶えず行き詰まりの危機を孕みながらジャンルは迷走を続け、その末に自然主義を借り物として、しばしの延命をなした。

それもやがて停滞を見せると、「人物記号化表現」という巧みな方法論を案出してヴァン・ダイン革命を七十年遅れで遂行、再び衰亡を回避してここまできた——、というのが「日本ミステリー」の、これまでの軌跡である。しかしそれもまた今、いっときのエネルギーを失って見えている。発生を鏡像に学び、興隆の模倣を続けたが、日本人は終焉だけは断固拒否している。

「日本ミステリー」という鏡像は、むなしい生い立ちを隠すようにして、もがくような苦しい歴史を作り、あらゆる手を尽くしながら延命を続けている。学び続けた海外に、燦然と輝いて見えた知的文芸ジャンルであるから、日本人にとって「ミステリー」という文芸の滅びは、到底受け入れがたいハルマゲドンだったのであろう。日本の映画世界が、ハリウッドほど強力でなかったことにも助けられた。

アングロ・サクソン世界では生涯を終えた「ミステリー文芸」を、日本でのみは今後も永遠に続けたいと野心を持つなら、模索しつくしてきた鏡像文芸としての方法は卒業し、模倣体質は脱して、日本に独自の戦略を案出する必要がある。筆者の言辞の場合、これは定型的慣用句ではなく、言葉通りの意味である。

それは、ヴァン・ダインの着想した表音体質も、大乗仏教体質も手放し、「Whodunit」、「Howdunit」発想も、これを創作の第一義にはしないことを意味する（この種の発想で、今後創作してはならないという意味ではない）。スタート直後から身に纏い続け、今や体質化した方法論の大半を白紙に戻すなら、それはヴァン・ダインを大きく飛び越え、百八十年過去のポーの『モルグ街』から、あらためてスタートし直す行為に向かう。

重要なことは、リスタートは、「モルグ街の鏡像」からにしてはならないということである。『モルグ街』から「Whodunit」、「Howdunit」発想を抽出し、陪審制の法廷を鏡像化し、ヴァン・ダイン革命を通過して、小説の構成材料をユニット化したアングロ・サクソンによる高効率化プロセス、執筆民主化の過程自体に、今日の衰亡の因子はひそんでいたと認識しなくてはならない。クレヴァーなこの行為は、諸作の水準を持ち上げ、佳作発生の歩留まりを上げながら、同時に創作者の書斎を狭めていく行為でもあった。やがて作家たちは窮屈になり、デスクと壁にはさまれて身動きが取れなくなる。ヴァン・ダイン自身の少ない著作量にも、それは予告的に現れている。

鏡像から出発し、終始鏡像としての受身発想を維持したがため、黄金時代の完成形ミステリーは、ポーの創作とは似ても似つかないものに変貌していた。脂気が抜け、すっきりした大型の外観を得てはいたが、総じてユニット住宅化するようになり、これが乱立した。これは寓話的な皮肉で、ヴァン・ダインの好みは簡易住宅ではなく、重厚なゴシック建造物であった。

リスタートとは、ポーがモルグ街を構想した意図、思惑に密着し、同種の思想から、同レヴェルの、しかしまったく別種の物語の紡ぎ出しを目指すということである。

すなわちわれわれ日本人は、アングロ・サクソンが『モルグ街』の現場から、自身の知性体質に合わせて取捨選択したエレメントとは別の要素を選び取り、別のものを捨て去って、ミステリー文芸の内部構成をやり直すということである。すなわち、新しい基準を作ることになる。

科学と論理発想、フェアプレイ精神は必須だが、恋愛物語も、中国人の魔法も、夜の呪いも、呪術的な詩人ぶりも、時には扇情的な死体も、それが理解できるのならば格別禁止としなくともよい。受身体質を改め、ゲーム発想も、これを至上のものとみなす発想は、改めることを考えてよい（至上とみなさないだけで、大いに行ってよい)。そもそもすべてが先行作例の鏡像である必要はなく、『モルグ街の殺人』そのものでなくてはならない。

ヴァン・ダインの流儀の根幹は、「Whodunit」のゲーム化発想にあった。しかしアメリカ東海岸の上層階層、その特有の洒脱感覚の描写が、彼の作例をプレハブ住宅にはしなかった。しかし原点におけるポーの発想は、「Whodunit」ではなかった。どちらかといえば「Howdunit」に近いが、そのものでもない。そのような分類発想は、そもそも一八四一年の時点では存在していなかった。「Who」でも「How」でもなく、「Where」でも「Why」でもない。『モルグ街』で行われたものは、強いてその種の単語を用いてこれを分類するなら、「What」である。

その証拠に、「モルグ街」でポーが行ったものは、厳密に言えば殺人事件ではなかった。したがって「モルグ街」は、「ヴァン・ダインの二十則」に違反する。この点は、きわめて重要な指摘になる。すなわち「ミステリー史」は、ポーとヴァン・ダイン、ふたつのスタートラインを持っており、後発のヴァン・ダイン方式が終焉したということである。

「Whatdunit」、「ミステリー」の語の持つ発想の根源は、そこにこそ存在する。木の枝についていた木の葉のひとつが、いきなり羽ばたいて飛びはじめる。地上に咲いていた大輪の花が、いきなり炸裂し、花びらのひとつひとつが羽ばたいていずこかへ飛び去っていく。

陽の落ちた南の島、蔦を払いながらジャングルを進んでいけば、月の下に黒々と立ちふさがる一本の巨大な樹。それが全体を緑色に光らせ、直後に闇に没する。巨大な緑の明滅は、数秒間隔で繰り返され、大自然の闇の中で、延々と続いていく。

これまでの体験を集積して脳裏に用意した常識が、現状理解に追いつかず、いったい「何が」ここで進行しているのかが不明である。唖然として立ち尽くさざるを得ない未体験。しかし同時にそれは、記憶にない蠱惑《こわく》的な美を放つ、それが原点の「ミステリー」である。

館内の一室という狭い空間に、必ず死体が転がっている約束事のもと現場に入れば、誰が彼を殺したのか、と立ち尽くす警官は必ず問うてくる、こういう決まりきった謎は、それも「ミステリー」ではあるものの、その名の示す広大な宇宙の、針先の点のような微細な一部にすぎない。

「ミステリー」とは、ここでいったい「何が」起こっているのか不明である、という失見当識内に、最も本来的なかたちで存在する。この感覚をひとつの言葉で示せと言われるなら、それは先に述べたもののうちの最後のひとつ、「What」になる。

先行類例作皆無の中で、ポーは『モルグ街の殺人』をその感覚で描いた。この石造りの一室で、いったい「何が」進行しているのかまるで解らない。見当もつかない。ただ強い恐怖だけがあり、周囲に参考例が皆無だから、事態がこの先どこに向かうものかも不明。暗闇を手探りで進むこうした不安な感覚こそが、彼の目指す創作だった。

密室もののミステリーをもうひとつ、などといった、受身で起こす発想は、彼の脳裏には影もなかった。今日、そのようにも見えてしまうのは、追随した膨大な類似作が、先頭の『モルグ街の殺人』を埋没させたからである。不思議に見える現象も、二度三度と繰り返されれば「ミステリー」は消える。これは大いなる逆説で、先頭者ポーの脳裏にあったものはただひとつ、「Whatdunit」であった。

ポー一人を除き、彼の後方に行列してジャンルを作り、その達成の歩留まりを高効率に磨いていったアングロ・サクソンの才たちが、ただひとつ見落としたもの、それが「Whatdunit」である。したがって閉塞を打破する一本の道は、現在も変わらず、この一語の陰に隠れている。

アングロサクソンの世界戦略とミステリー

本格ミステリー・ワールド2014　巻頭言

アングロサクソン民族、エドガー・アラン・ポーが、アメリカ東海岸で「本格ミステリー」という文芸ジャンルを発生させることになる傑作、『モルグ街の殺人』を完成したのが一八四一年。この年、栄光のアングロサクソンは大平洋の彼方中国において、悪名高いアヘン戦争を起こしていた。

これは時計、望遠鏡等、富裕層向けの輸出品しか持たないイギリスが、中国からの大量の茶、陶磁器、絹等の買い付けで大幅な輸入超過に陥っていたので、南方の統治領インドで栽培したアヘンを、大量に中国に輸出することで均衡化を図ったもので、事なかれの進言を為す国内官僚の意見を排し、時の中国の賢帝、道光帝と林則徐が敢然とこれの排除をはかったので、英国は戦争を仕掛けて勝利し、中国人民を麻薬浸けにした上で香港と賠償金を奪うという、犯罪的な顚末であった。

一八四一年は、難破した土佐の漁師、中浜万次郎が、米捕鯨船、ジョン・ハウランド号に救助されて、先のポーがいたアメリカ東海岸に向かった年にあたる。この時代、「本格ミステリー」文芸はすでにその胎動を開始していた。たまたまの偶然ではあるが、万次郎の祖国日本は、その後アジアで唯一ポーの拓いた「本格ミステリー」を継承して、アングロサクソン世界で衰退の道をたどったこの文学を、消滅から救うことになる。

それから十二年が経過した一八五三年、日本の江戸湾沖、浦賀に、ついにマシュー・ペリー率いるアングロサクソン・アメリカの東インド艦隊、黒船四隻が姿を現して、軍事力を背景に、自国捕鯨船への薪の補給と、難破漂流民の保護を要求するという大事件が起こる。

しかしこれは時代の必然でもあった。欧米先進世界は、長かった中世を脱して、科学と軍事力、造船と航海の技術が飛躍的に向上し、行動のスケールが拡大して、極東の島国も、閉ざしていた扉を無遠慮に叩かれる時代に入っていた。自活自営が可能であった日本も、自身の心得ぬうちに外部世界が変わり、国を閉ざし続けることは許されない時代にさしかかっていた。

アメリカ人と名を変えたばかりのイギリス人による新興国家アメリカは、欧州やロシア等、帝国列強と比較すればまだ序列下位に位置する小国であり、加えてイギリスの植民地という境遇を脱したばかりであるから、国外に植民地を作ることに合法性を主張しがたい事情も持っていた。二度目に日本に来訪した黒船の七隻で、米東インド艦隊は実のところほぼすべてであった。ゆえに日本にとって当時のアメリカは、国交を開始するに手頃な中級白人国家であった。こうした判断から幕府は、アメリカとの外交開始を決断する。

とはいえ当時のアングロサクソン・アメリカは、英国からの移植民が東海岸に拓いた十三州の小国から出発し、大陸を西にと移動し、原住民たるネイティヴ・アメリカンを最大説では六千万人も殺戮、ほぼ絶滅させて太平洋岸に到達していた。原住民との無数の局地戦の開始には、アヘン戦争以上の理不尽な難癖も、大いに用いられていた。

続いてメキシコと戦端を開き、カリフォルニア州を軍事力によって強引に併合、アフリカからは大量の黒人を奴隷として拉致連行して、この安価な労働力によって国力を充実させていく。この奴隷売買で殺戮した黒人の数は、千六百万人に達すると言われる。

さらに過去に目を向ければ、イギリス人はオーストラリア大陸で原住民アボリジニを約百万人殺戮、ここでもほぼ絶滅させている。インドでは千七百万人を殺戮して、英国よりも歴史の長いインド王国を強引に英領とする。そして現地人を奴隷労働させて作物を育て、安く買い上げて欧州で売りさばき、軍費等の国庫予算となして国力をさらに高めた。

大航海時代はスペインとポルトガルによって始まるが、アングロサクソン・イギリスは、十九世紀に入って急速に力をつけ、ポルトガルの植民地を次々に奪うかたちで、東に向けて植民地を増やしていく。

こうした侵略には理由が必要で、彼らは教会を巻き込み、神の意志とする言い訳をまず創作した。そして同時に、人種的に優れている民族が、大きく劣った民族を殺戮支配することは道義的に許される、とするギリシャ学問以来の伝統的な選民思想を用意して、これらを場によって使い分けた。

この人種的優位主張は、白人の植民地支配の根幹をなすもので、「アーリアン学説」を基調としている。「アーリア」とはもともとサンスクリット語で「高貴なる者」を意味し、過去のインドで、支配階層が自らを語る語として用いられていた。「インド・ヨーロッパ語族」の存在を根拠に、この種族が欧州白人種と同根から生じた可能性があるので、イギリス人は自らをアーリア系と主張が可能になる事実を発見して、このとてつもない有益性に着目することになった。以降イギリス人は、この語彙を活用して、自らのインド支配の正当性主張を目論むことになる。これに大きく貢献したのが「人類学」という学問であった。
この学問はヒトラー台頭下のドイツにおいてさらに深められ、人種的に優位なアーリア系のうちでも、とりわけゲルマン系の民族が最も進化が進んだ種族であるとする主張が、さまざまな証拠や学説をもとに展開されて、ヨーロッパのドイツ支配と、ユダヤ人絶滅政策の正当性主張に活用された。

ナチス台頭のこの暴力の時代は、植民地支配という時代の無理が必然的に行き着くところであり、フィナーレのようなものであった。ナチスの絶滅収容所で殺害されたユダヤ人とロマ、また同性愛者の総計は、五百五十万人と推定され、のちにニュルンベルク裁判で、連合国側から人道性を根拠に激しい非難を浴びるが、そういう英米仏蘭もまた、アジア・アフリカ支配の過去にまで視線を伸ばせば、完全な同罪か、より罪が深いと言える。

今日の視線からは、こうした大量殺人に、いかなる正当性も見いだしにくい。しかし当時の白人たちにとっては、事態の正当性がそれらしく見えることこそが最重要であり、これを急拵《ごしら》えの学問が裏打ちする、という構造が明白に存在した。

日本人が大量殺戮の対象にならなかったのは、日本には知的、学問的な厚い蓄積があったゆえとする理解も、大きくはずれてはいないが、正解とは言いがたい。日本がマダガスカルの位置にあれば、軍事防衛対応の開始以前に、やはり大量殺戮されていたであろう。

学問は現実を追って入場し、これを正当化するという役割を担っていたという。これは本格ミステリー文芸において、事件の発生と、これを追って現場に入った探偵によって述べられる解体説明の推理論理、という構造と相似であることには、重大な意味がある。

ホームズの時代

日本の開国から三十数年の歳月が経過した明治期の一八八七年、イギリスの保養地ポーツマス市のサウスシーで、開業眼科医のアーサー・コナン・ドイルが、ポーが拓いた新文芸の創作意図を、忠実に踏襲した科学者を創造する。これがのちに「本格ミステリー」という新文芸の定着を決定づける、「シャーロック・ホームズ」シリーズの処女長編、『緋色の研究』においてあった。

この時点で、悪名高いアヘン戦争からすでに五十年近い時間が経過していたが、ホームズの祖国はこの年、ビルマを英領インド帝国に併合している。さらに東方の植民地オーストラリアでは、殺戮平定が着々と進行中であった。同時にここで金鉱脈が発見され、英本国からゴールドラッシュが起こったので、この大陸を英国人犯罪者の流刑地とする制度を排している。

ホームズものが大きな評判をとり、新大陸のアメリカでもさかんに読まれるようになることと並行して、日本南方のアジア諸地域は、着々とアーリア系人種の植民地と化していった。一八九八年にアメリカ合衆国はハワイ王国を武力で併合し、余勢をかってフィリピンに侵攻、ここを統治していたスペインと戦争をして勝利する。翌九九年には十二万の地上部隊を上陸させてフィリピン人民軍十万人を殺戮、この群島を保護領としている。

この時代に入ると、アジア、アフリカでかろうじて独立を保っていた国は、エチオピア、タイ、日本の三ヶ国のみになる。しかしこうした独立は、実のところ国力のゆえではなく、エチオピアには厄介な風土病があり、タイは英仏の力の狭間に落ち込んでいたという事情があるにすぎない。日本は軍事力は高かったが、たまたま欧州から最遠方に位置するという地理事情に助けられていた。

そして欧州はと言えば、十ヶ国程度の軍事強国に集約されていた。当時の世界地図には国名も国境線も乏しく、きわめてシンプルなものであるが、これは徹底した白人搾取に喘ぐ、過酷なアジア史の開始を意味している。

アングロサクソン人種による植民地支配は苛烈なもので、インドで伝統の糸車を回そうという抵抗運動が起これば、回せないように三万人もの右手を切り落とし、将来が嘱望される有能な青年が国内に現れれば、インドの発展を抑制するために彼の両腕を切り落とす、といった弾圧が行われた。

オーストラリアやタスマニアでは、無抵抗なアボリジニを自由に殺害して罪に問わないとする法制が施行され、イギリス人は草原のスポーツと称して原住民の殺害ハンティングを楽しんだ。彼らの集団を離島に連行して置き去りにし、餓死させたり、飲料水に毒物を入れる虐殺も行われた。アボリジニの娘たちへの暴行も日常的に楽しまれたし、彼女らを大岩の上に追い上げ、銃で脅して岩場に転落させて殺し、酒を飲みながらこれを楽しむというゲームも行われた。

こうした事情は他の白人国家も似たようなもので、列強各国は、現地人の殺害は合法とするかたちに法を整備し、現地人の娘の強姦も非違法とした。混血児が生まれれば白人式の名前をつけ、それが男子なら銃と刀を与えて選民教育をなし、白人と現地民との間に立って、現地民の奴隷労働を監督搾取する地位を与えた。

しかしこうした極限的な理不尽を体験した被植民の民に、今日白人国家に対する怨念は表面上乏しい。

ここにはアーリア系と自称する人種の作り出し、磨き上げてきた学問と文化、そして宗教の力が作用している。

白人種たちは、ショパンやモーツァルトの音楽を持ち、シェイクスピアやゲーテの文学を持ち、ダ・ヴィンチやフェルメールの絵画を持ち、カントやデカルトによる哲学を有し、科学革命を経た学問の、高度な洗練と、膨大な蓄積を有していた。キリスト教という宗教の、高邁な慈悲の精神も体系づけられ、建築学の洗練はすでに完成の域にあり、現地人の眼前で、壮麗な教会と、美しい外観の街を現出せしめた。

現地に開設された学校の教育では、述べたような殺戮の歴史は注意深く隠蔽され、先進白人文化の成果が、彼らを発展させすぎない範囲で与えられ、白人の優位性がよく刷り込まれた。白人支配は、遅れた僻地の民が高度な発展を為すため、必然的に通過すべき試練であるとする自覚を、現地人によくもたらした。ここでも学問は、こうした役割を果たした。

アングロサクソンは、グレイト・ブリテン島に発生し、発展してきた民族ではない。五世紀頃にドイツ北岸から舟航してブリテン島に上陸した民族で、英国の歴史は、植民地の原住民と見下したインド帝国よりも短い。アングロサクソンとはアングリア、すなわちイングランドのサクソン人、の意である。

もとをただせば彼らは、他のアーリア系民族とともに、カスピ海北方に暮らしていた遊牧民族で、紀元前二〇〇〇年頃と一二〇〇年頃の二度人口爆発して、欧州や、インドを含む南アジアに南下した民族と考えられている。固有の領土は持たず、アメリカ大陸の奪取と同様に、先住民族を大量殺戮して土地を奪い、順次自国領としていった歴史を隠し持つ。

したがって植民地獲得競争時代の出現は、造船術、航海術、軍事力という科学の成就とともに、必然的に露出した彼らの平原流儀の血筋の故という理解もできる。そして彼らの積み上げた学問や文化は、自身のこうした野蛮な過去を隠蔽し、略奪を正当化する思惑と矛盾しない。植民地の強奪と、続いてこれを追って土地に入ってくる学問、宗教、文化は、ワンセットとなって、アングロサクソンの世界戦略の一環であったという今日の把握は、それなりに当を得ている。

本格黎明期に書かれたロンドンを舞台の推理活劇、『シャーロック・ホームズ冒険譚』は、今日の視線からすれば、アングロサクソンによるこうした植民地獲得が怒濤の進行を見せていた十九世紀、そのかたわらで営々と書き継がれたリアルタイムの目撃文章群である。当然時代の空気をたっぷりと含み、大英帝国の、合理性を欠く傲慢発想の影響下にある。同時代の創作群の多くが生命力を失っている現在、当時の空気を生々しくたたえたまま魅力が衰えないホームズのシリーズは、奇跡的なまでに貴重であり、アングロサクソンをはじめとする白人の世界戦略と、ミステリー小説との関連を考える上で有益な文献資料である。

アーリア人の学問と文化、宗教は、人類の高度な発展に寄与したことはあきらかであるが、同時に白人の自己中心的な横暴を巧妙に隠蔽し、利点のみを強調して暴力を正当化し、白人の高知性と優位性を印象づけるために組みあげられた、壮大な侵略の道具であるという側面もある。詳細に観察すれば、その細部には強引さや牽強付会が散在し、差別的な発想の残滓を、今日でも見て取ることができる。

そしてこうした特徴は、六十のホームズ物語にもまた同様に見うけられ、物語であるだけにこちらはより誇張されて見え、時に戯画的である。時代の構図の写し鏡としてのこの点にこそ、この物語群の真の価値があるとする見方も、それなりに許されそうである。

ホームズ物語は、他の諸芸術と並んで、植民地の民に新たな知的娯楽をもたらしもしたが、この物語細部を注意深く読んでいけば、同時代に書き継がれたこの物語にこそ、侵略志向の白人に特有の我田引水や、論理のアクロバットが観察される。そして侵略の因果応報が、時に本国に還流した形跡も、忠実に写している。これは傲慢になっていた当時の同国人から作家が無自覚に受けた、直接的な影響にほかならない。すなわち、いかにも正当らしく見える理屈こそが最重要であるという、侵略搾取思想が裏面に隠し持つ浅博さが、この物語にこそ見え隠れして、「本格ミステリー」が、実のところそういうかたちで出発していることに気づけば、この文芸が現在抱えているさまざまな問題点に、有効な回答が可能と思われる。紙幅に制限があるので、ごく一部分になるが、以下でこれを具体的に述べてみる。

ホームズものに見るジョーク【その一】「まだらの紐」

六十のホームズ譚の中で、最も高名な作のひとつであり、ドイル自身自薦の一編に掲げている。しかしこの作ほど一片の真実すら含まず、すみずみまで意図不明の嘘言のみで構成された作もない。十六世紀から始まったアーリア人の東方への覇権、膨張主義の横暴も、この種の子供じみたファンタジーを根拠にしていたかと疑わせる。

物語を要約すると、ベイカー街二二一Bにやってきたホームズへの依頼人は、夜になるといつも口笛が聞こえるという不思議な言葉を遺し、姉が密室で原因不明の死に方をしたと言って、いずれ自分にも死の危険が及ぶと訴える。そこでホームズはワトソンを伴い、依頼人の暮らす、郊外のロイロット邸を訪れることになる。

依頼人の怯えは正しく、彼女の義父ロイロット博士による恐ろしい陰謀が、邸内では進行していた。義父の奸計とは以下のようなものである。

日々の生活費にも事欠くようになった粗暴な没落貴族、ロイロット博士は、死別した妻の連れ子である二人の娘が、嫁ぐまでは妻の裕福な家系から毎月多額の遺産が支給されるという慣習に目をつけ、月々のこの手当が永遠に受け取れるよう、連れ子の娘たち二人を、事故を装って殺害する計画を立てる。自分に責任のないかたちで二人が死ねば、結婚は永遠にできず、遺産の支給は自身が死ぬまで続くからだ。

博士は自室の金庫に、インド産の猛毒蛇「沼毒蛇」を飼っておき、その上に、呼び鈴を装ったつり紐を垂らしておいて、毒蛇にこの紐を這い登らせ、最上部から横の壁の穴に入り込ませ、隣室に眠っている義理の娘を嚙み殺させる。頃合いを見て口笛を吹いて蛇を呼び戻すと、ミルクの匂いで釣って再び吊り紐を這いくだらせ、金庫に戻す。そういう計画であった。

この物語には生物学的真実は何ひとつなく、全体を一編のジョークと呼んでさしつかえがなさそうなものである。まずミルクを喜ぶのは母親がミルクを出す哺乳類だけであり、爬虫類の蛇はミルクを喜ばないから、いかなる場合も、その匂いや外観で蛇を引きつけることはできない。

近年まで、例外的にミルクを飲む蛇がいると言われ、これはナミヘビ科の「ミルクヘビ」で、北アメリカから中米にかけて分布し、物語中の描写の通り、茶、黒、白のまだら状の外観をしている。多く牛小屋に住み付き、牛のミルクを飲んでいるところを目撃されたと伝えられる。

ところが近年、これは見間違いで、実際には牛の餌を狙って牛小屋に住みついているネズミなどの小動物を狙っていたのが真相と判明した。百歩を譲り、例外的にミルクを飲むヘビが世界中のどこかにいたとしても、大好物とまでは思われないので、匂いだけでとんで来るというほどの吸引力は、ミルクにはないと考えられる。

また天井からぶら下がった紐を上下する運動能力は、蛇にはないということが動物学者たちによって証言された。したがって、吊り紐を伝い登って壁の上方にうがたれた穴にもぐり込むという行動は蛇にはできず、同じく金庫上のミルクに向かって紐を伝い下ることもできない。そもそも空中に下がる紐に飛びつく能力はない。

また蛇は、振動は感知できるものの、一般的な意味での耳がないので、隣室で人間が吹く口笛のようなささいな音を聞くことはできないと、動物学者は証言している。作者は、蛇を犬と混同している。

さらには「沼毒蛇」という名のついた毒蛇はインドにはおらず、原作の描写に最も近い外観の蛇は、先の「ミルクヘビ」と思われるが、これは無毒で、現在はペットとして珍重されている。補足すれば、ミルクはいっさい飲まない。

しかしこれほどまでに事実を無視したこの物語は、それゆえにもっと深い意味を背後に隠した、暗喩的な物語である可能性がある。これについてのちに述べる。

ホームズもののジョーク【その二】「這う人」

この物語こそは、全ストーリー中最も非現実的で、意味不明なワトソンの饒舌である。もはや生物学や医学の常識からは完全に遊離して、ギャグとも呼ぶべきファンタジーである。その無防備さには驚くほどのものがあり、酒場での与太話も、もう少しは科学的な整合性を用意すると思われる。

それゆえに先の「まだらの紐」と並び、この不可解な物語は、それ以上に深い暗喩的意味あいをもって存在していることが疑われ、もしもそうでないならば、この話がホームズ譚に紛れ込んでいる意味が不明となる。そしてこうした疑いと、続くこれの解明は、英国が最大の膨張主義を持って君臨した時代に書かれた六十のホームズものに、まったく別種の意味合いを与えるほどのものになる。

常識的にはこれは、一八八六年に発表され、一世を風靡した、同じロンドンを舞台のホラーSF、『ジキル博士とハイド氏』の、一種のパロディ小説と見るべきであろう。ジギル博士は経口の薬品、すなわち薬を呑むことでハイド氏に変身するが、「這う人」のプレスベリー教授は猿の血清を注射するという、より医学的な方法によって変身する。この方が人体への作用は高効率であると知る、医師作家の主張と考えられる。

いかにも馬鹿げて見えるこのストーリーのあらすじを述べるなら、若い女性に恋をした老プレスベリー教授が、若返りのためにヒマラヤ生息のコノハ猿の血清を自らに注射したら、突然彼は前屈みで歩きだし、老人にもかかわらず猿そっくりに勢いよく壁をよじ登るようになって、体臭も猿そっくりになり、愛犬に吼えられ、嚙みつかれてしまったという話である。

この件をワトソンは、医学者らしく常識的に解釈する。すなわち老教授の前屈みは老いによる「腰セン痛」であり、類人猿的な動きは、恋愛の発狂による一時的自己催眠である。

この事件への解釈は、これ以上に合理的なものはないと思われるが、もしもあるとするならば、以下に述べるものこそが唯一と考えられる。

ホームズもののジョーク【その三】『四つの署名』

シャーロック・ホームズに関する理解が進んできた今、彼の栄光と挫折の理由は、実のところ大英帝国の国策そのものにある。すなわち十九世紀に異様なまでに突出したこの国の覇権主義、とりわけその利権と、直接的に結びついたものであったと理解すべきである。その意味において、ホームズは英国に現れなくてはならなかった。かの国の首都にこそ、集約的なまでにそれが混在したからだ。悪徳利権のひとつは国がらみの窃盗と呼び得るまでのアジア搾取、もうひとつは麻薬である。

この長編は、当事者たちイギリス人にはむろんのこと、英国国家にも何らの所有権がない宝石群を、インドから勝手にロンドンに持ち帰って奪い合う者たちの話である。植民地支配の発想を反映し、この財宝をインドのしかるべき所有者に返還すべきでは、とする主張は、ラストまで現れることがない。

処女長編『緋色の研究』において、同居生活を開始しようとするシャーロック・ホームズとジョン・H・ワトソンは、互いの欠点を述べ合って、初対面の挨拶をかわす。ホームズは強いタバコを吸うこと、ヴァイオリンをかき鳴らすこと、ワトソンは、ブルドッグの子犬を飼っていることを告白する。

奇妙なことに、この子犬はその後消息が不明になる。以降の物語に、ただの一度も登場してこない。何故なのかワトソンも、子犬の失踪についてはひと言も言及しない。何らかの事情があったように思われる。

もう一点、『緋色の研究』と、『四つの署名』でのワトソンの記述の矛盾に関して、研究者が百年間悩んでいる点がある。『緋色の研究』でワトソンは、アフガン戦争従軍中にジェザイル銃で肩を撃たれ、骨は砕け、弾丸は鎖骨下動脈をかすめる大怪我であったと述べる。ところが『四つの署名』事件にいたると、ジェザイル弾は足に移動して、歩けないわけではないのだが、季節の変わり目には必ずうずくと述べる。

被弾箇所はどっちだったのであろうか。両方撃たれたのなら、何故ワトソンはそう書かなかったのか。またうっかり書き間違えたのなら、何故校閲は指摘しなかったのか。もっとも二ヶ所なら、出血とショックで、ワトソン氏は命を落としていた可能性が高くなるが。

修正のチャンスはいくらもあったのに、作者の意志によって未だ遺されているこの矛盾した記述は、なにがしか意図的なものであったことが疑える。ではそれはなんであるのか。この点についても、以下に推察を試みる。

ホームズは初対面時、狡猾な政治民族、アングロサクソンらしさを遺憾なく発揮して、自身の最大の欠点を隠していた。シリーズが『四つの署名』にいたると、この名探偵は、日に三回も麻薬の皮下注射をするという悪癖を持っていたことが判明する。たびたびこれを目撃し、医師として激しく失望したワトソンは、彼にこのような皮肉を言う。

「今日はどっちなんだい。モルヒネ？　それともコカイン？」

するとホームズは、しゃあしゃあとこう答える。

「コカインさ、七％溶液だよ、君もやってみる？」

この会話こそは、極東の地でアヘン戦争を起こしていたイギリスの悪行の、深刻な本国還流を物語るものである。当時から麻薬は医療にも使用されており、違法とは見なされていなかったが、その危険は充分に知られていた。

コカインやモルヒネは、量が増えると妄想がひどくなったり、凶暴な発作が現れたりもする。この作用に大きな個人差はなく、推理能力の高さや道徳観、人格の高低とも無関係に、万人に共通である。日に三度の注射というまでの極端な摂取を続ければ、高名なホームズにも、のちのいずれかの時点で、必ず入院を要する激しい発作や、錯乱が起こっていたと推察される。

そうならこの介護と、医療上の処置を施した人物は、医師ワトソン以外には考えられない。その際に彼は、親友づき合いを考え直すほどの、深刻な精神的打撃を被ったと思われるが、当時の英国人のたしなみからすれば、これを表沙汰にすることがなかったのは当然である。しかし彼の遺したおびただしい文章群のうちには、必ずその際の痕跡が見い出せるように思われる。

真相解明

ワトソンはたびたびホームズと別れて暮らしており、その多くは自身の結婚に由来すると彼の筆は語っているが、それはヴィクトリア朝時代の紳士の嗜《たしな》みであって、彼の抑《おさ》えた筆は、実のところ相当に深刻な出来ごとが背後にあったことを滲《にじ》ませている。

推理するに、連日の麻薬注射によって、ある日ホームズは、ついにきわめて深刻な発作を起こした。その経緯は、以下のようなものになったはずである。

ある夜居間から、戦争が始まったような轟音が聞こえてきて、急いで自室から飛び出てきたワトソンは唖然とし、立ちすくむ。ロウブを着込んだ巨大な動物が、マントのように裾をはためかせながら、部屋中を俊敏に跳ね廻っていたからだ。

ガラス製の実験器具や灰皿、煙草入れを、恐ろしい音とともに床に蹴落とし、粉々に粉砕しながら、暖炉の上、テーブルの上と縦横に跳び廻るそれは、凶暴な悪鬼のようで、到底この世のものとは思えなかった。

大猿に似たそれは、時には壁を伝って天井まで駈け上がり、耳を打つ甲高い叫び声をあげながら、暖炉の火掻き棒を振り廻して、オレンジの炎をあげる石炭を、床いっぱいにぶちまける。石炭はペルシャ絨毯の上でそれぞれ小さな炎を発し、くすぶりはじめる。

怪物の外観は、終始類人猿を思わせる前傾姿勢をとり、怪鳥のような叫び声、そして野獣に似た唸り声は到底人間のものとは思われず、凶暴な大猿が、外部から部屋に侵入したとワトソンに確信させた。モルグ街の再現だ、と彼は思ったはずである。

懸命にフロアを駈け巡り、全力で吠えたて、果敢にも噛みついたワトソンのブルドッグを勢いよく窓際まで跳ねとばし、怪物は持ち前の細身ながら鋼の筋肉を極限まで活用して、悪鬼のように部屋中を踊り狂う。ブルドッグは必死で起きあがり、全速力で階段を駈け下ってベイカー街の往来へと逃走した。そしてもう二度と、怖ろしい二人の人間の棲み家に戻ってくることはなかった。

階下から駈けつけたハドソン夫人は、世界が終わっていくような騒ぎに悲鳴をあげ、ワトソンは戦場でも感じることがなかった絶望に身を震わせる。部屋中にたち籠めた悪臭の一部は劇薬でもあったから、今や住人の生命を脅かす危険な事態が生じていることはあきらかだ。

茫然と立ち尽くしていたワトソンだったが、炎がついにカーテンに引火し、大きく燃え上がった炎が天井板を焦がしはじめるので、ついに大猿に飛びかかる。間近にして見れば、それは薬物によって人格を破壊され、変わり果てたシャーロック・ホームズその人であった。しかしボクシングの達人ホームズは、極限的に手強く、ワトソンが必死に組みついても、容易に行動を制することはできない。しかしワトソンは、数限りなく殴られながらもなんとか親友を床に押さえ込み、ハドソン夫人と二人がかりで厳重に縛りあげて、精神病院にと運び込む。

しかし命がけの死闘により、ワトソンはガラス片によって左足の腿に深い傷を負ってしまい、当分歩行がかなわぬ身となる。ひと月程度治療に専念し、ようやく傷が癒えて松葉杖の助けで歩けるようになると、ワトソンは親友の様子を見に病院に通う。そうした道々、彼はここまで精神に異常をきたした親友とのつき合いに、深刻に限界を感じはじめた。

長期入院となり、ベッドに拘束されたかつての名探偵は、見る影もなく痩せ衰え、親友に向かって終日妄想を口にする。その内容はというと、病棟下の芝生の庭から夜ごと口笛が聞こえ、そのたび、足もとの白いシーツに毒蛇がぼとんと落ちてきて、自分に向かってくる、というものだった。毒蛇は、毎回口笛に呼ばれて動いている、この背後にはモリアーティがいると、名探偵は繰り返し自分の理解を口にする。蛇は白いシーツのしわであり、口笛は幻聴である。麻薬中毒患者に典型的な症状であった。

その頃ワトソンは、読者やストランドマガジンの編集者から、次回原稿に関して矢の催促を受けていた。要求に悩まされながらもワトソンは、辛抱強く親友の妄言を聞き続けていたが、もはや限界に達したことを悟る。ホームズとの親友づき合いも、彼との冒険を原稿化する、作家の仕事にもである。

もはや外国にでも逃亡するしかない、そう決めかけた瞬間、逆説的に彼は、歴史的な名案を得たのであった。自分が巻き込まれた親友のこの悲劇、そして病床で弱々しく語られる麻薬患者の奇天烈な妄想、その幻覚と幻聴を、一遍の新たな物語に転化することである。これにより周囲のすべて、すなわち編集者も読者も自分自身も、親友の名声さえも、すべてに最上の発展を与えることができるのだ。

ワトソンは猛然と空想を開始し、かくしてホームズ自身の発狂の顛末をプレスベリーという架空の教授の動物変身怪奇譚に、ホームズが連日見ている毒蛇の幻覚、口笛の幻聴を、ロイロットという極悪人による義理の娘の巧妙な殺害計画にと、ワトソンはそれぞれ巧みに虚構化し、文章化して、大勢の読者たちの喝采を受けるとともに、親友と二人、栄光の文壇にと立ち返ったのであった。かくしてワトソンは、「まだらの紐」という、動物学的にはいくぶん難があるが、歴史的な名作を手にしたのである。

こう推理すれば、ホームズの物語は、背後に隠蔽されているらしい秘密の部分にまで、非常によく辻褄が合うことが解る。ホームズ物語とは、大英帝国の傲りが、一人の天才にもたらした壮大な挫折の物語であり、これはもはや作家の良心が、意図的に後世に遺した、アーリア人の贖罪とも言うべき暗喩表現にほかならない。

そしてここに、アングロサクソンによる「本格ミステリー」という特殊な文芸の、出生の秘密がひそんでいる。本格ミステリーとは本来こういうものであったという理解も、持っておいてマイナスではない。

世界語「HONKAKU」

科学と本格ミステリー

われわれ日本のミステリー作家は、「本格」という語彙を無造作に使っているが、この語が秘めた特殊な能力の恩恵に関しては、たいてい無自覚である。

これまでに何度か述べてきたことであるが、この語は一九二〇年代、日本の推理文壇に現れた甲賀三郎が提唱したグループ名である。甲賀はこうした用語の発明者として天分があり、のちに登場する松本清張の作風を総括するグループ名、「推理」もまた、彼の発明になる。

しかし甲賀は、「本格」の語の定義も、使用上のルールも、また続く「推理」の語の定義も書き遺してはいず、これらの語が日本のミステリー史において重要なものに育つにつれ、多くの混乱を招くことになった。当時の周辺事情としては、説明の不在もゆえのないことではなく、相応の理由があった。無論自身の発明した語句が、それほどに重要になっていくとは彼自身考えていなかったということ、「本格」の語は、「変格」の語の提唱の、いうなれば副産物として傍らに生まれ落ちたものであるから、それほど重大にはとらえていなかったこともある。

だがそれら以上に、論客としても鳴らしていた甲賀は、間もなく「変格」対「本格」の論争が持ちあがることを予想しており、その際にこの語の定義や、説明を行う用意をしていたふしがある。ところが彼の期待に反し、論戦は現れなかった。定義の不在は、この事情によるところが大きい。

議論の不発は、突き詰めればわが大正デモクラシーの時代の、科学革命の不在と、これを通過しての新市民要請の空気不在に、大きく関係している。


十九世紀、欧州は「科学」という画期的な力を発見し、輝ける一時代を作っている。重量を持つ物体が、何故人の手を離れれば足もとの地面に落ちるのか。その理由は、地下の悪魔が引っ張っているゆえである。こうした常識は、それまでは議論不問のものとしてあったが、万有引力を発見した「科学」が、これを次第に覆した。

太陽は、何をどのような方法で燃やし、かくも長い歳月、昼の光と、生命を育む熱を地上に送り続けているのか。薪も石炭もなく、酸素も乏しいと考えられる天空の高みで、何故煙も出さず、長時間燃え続けていられるのか。この疑問に回答を与えられる存在は、神と教会だけであった。しかし十九世紀から二十世紀初頭、ラジウムと核融合理論の発見は、この現象に神の力を必要としない説明を、人類にもたらした。

このようにして「科学」は、長い長い間君臨した教会の権力に対抗し得る、歴史上初の民の力の発生として人類に意識されはじめ、欧州の地に、政治イデオロギーによる革命をも凌ぐ、別権威の意識変革を起こした。この力の獲得により、市民総体は王や為政者の権力をゆっくりと凌ぎはじめ、民こそが社会の最高権威者という自覚を得て、自身の力の社会還元の義務も、契約書にしたためて示すようになった。

これまで社会を律し、時に縛してもいた神的な霊力、怨霊や亡霊の祟りに対しても、民は恐怖心を棄て、果敢な抵抗を始めた。この挑戦が、直接的に新文芸、「本格ミステリー」の胎動につながった。一八四一年、アメリカの作家エドガー・アラン・ポーは、ドアも窓もロックされた「モルグ街」の石造りの室内で、全身を激しく傷つけられて惨殺される女性を描いた。人間離れのした殺し方であったが、ポーはこの犯人を、壁を抜けて侵入した悪霊とはせず、当時最新の科学を活用する民主警察に、床の微細な毛を発見させ、これら推理の材料を、特権意識を持たずに市民、すなわち読者に開示する姿を示して、時代人の喝采を浴びた。

「科学」によって始まる新時代は、亡霊や怨霊の加害に直面しても、怯えることはせず、科学精神をもって冷静で論理的な推論を行い、合理的な事態把握を経由して、事態を現実的地平に戻すことを求めていた。そしてこういう態度こそは、「科学」の新時代に期待される新市民の姿であるとした。

この思想から、新興の文芸「本格ミステリー」は、十九世紀のキャピトルを認じていたロンドンに、シャーロック・ホームズという少壮の新市民を出現させた。彼はロンドンおよびその周辺の泥土の外観、色彩を観察し、記憶して、犯罪現場に臨場した人物が、ロンドン周辺のどの地方からかを判断した。またロンドンで手に入るすべての煙草の灰を観察記憶して、部屋にいた人物がどのような価格帯の煙草を吸い、すなわちどの階層に属しているかをすみやかに洞察して、これらを論理的な推論による事態把握の、有効な材料とすることをもくろんだ。

さらには、数リットルの液体に混入した一滴の血液も見逃さずに検出する試薬を開発せんとして、ベイカー街の自室で実験に没頭もする。霊的な神秘現象、すなわちこの新文芸のタイトル名として遺る、旧時代の由来を語るふうの神秘事象を眼前にしても、これが科学発想を超越する霊力の出現かなどと一瞬たりとも疑わず、科学的整合性を持つ、説明可能の現象であると確信して、解明のための思索を開始する。

この人物の行動を「探偵」とした命名は、実のところ作家の思惑からはかなり遅れたものであり、送り手側の意識においては、彼の仕事ぶりこそはあきらかに科学者のものであって、「犯罪推理学」という学問の創設と定着をもくろむ求道者の姿であった。そしてこうした態度こそは、右に述べた科学の新時代における社会要請であり、理想的新市民の姿であった。

「本格」のミステリーは、実のところ「科学」の発見とその一般への浸透、そして続く市民意識の革命という激動の時代への、無言の合意とともにでなくては、その誕生の真意に沿うものとはならない。この文芸の発生は、新時代を生きる新市民たるの宣言を、自動的に内包しており、その書物を購入し、読書することは、新市民たるの自らを確認する行為であった。

したがってこのような読書は、容疑者の自白に頼らず、科学を用いた新市民警察を宣言してスタートしたスコットランド・ヤード、そして彼らが事実自白強要の拷問を行っていないか、最高権威者としてこれを法廷で監視する陪審制裁判への、参加手引書でもあり得た。このように欧州での「本格ミステリー」は、大きな社会的価値を有していた。

わが国内事情

ところがこの新文化が飛来した大正デモクラシー下の東京に、不幸なことに科学革命は未だ起こってはいなかった。ゆえに自白強要の拷問放棄を宣言する科学警察も、警察の特権的暴力行使の有無を監視する陪審制裁判もわが国には存在せず、ゆえに期待される新市民のイメージも、これを要請する空気も巷には皆無で、したがって「本格ミステリー」を切望する新市民の姿も、その誇りも、街には影もなかった。

欧州型の「本格ミステリー」開始の前提は、東京においては未整備であり、ゆえに出発できる状況にはなかったと言える。この様子をたとえ話にするなら、オーロラが天空を彩る未知の極地への憧れが高まり、ディーゼル・エンジンという最新科学の強力船ならそれが可能という判断になって、欧州の極地探検船はさかんに出発していた。美観の未踏地への憧れでは人後に落ちないわが民も、遅れじと出航準備を進めるが、科学未到達のわが探検船は、いまだ風力と手漕ぎ動力でしかなく、しかし極地への憧れには抗しがたいものがあるので、旧動力で無理な出航を決行した、といった構図になるだろうか。

わが手漕ぎ船の船長は、創始者の米人の名を無理にわが文字でなぞった江戸川乱歩であり、旧動力を強力な推進力に高めるために頼ったものは、江戸見世物小屋の持っていた猟奇興味、裸女や一寸法師等への本能的な興味や、恐怖心であった。

この素朴な趣向は、ジャンルの創始者ポーや、ホームズ譚に一部垣間見える英国趣味でもあるから、まるきりの的外れでもないのだが、乗り越えるべき前近代としてあえて掲げた欧米作家へのほとんど誤解であり、ゆえに表現文体にはいささかみすぼらしい側面がつきまとって、これは長くわが恥部として作用して、劣等感にも育った。

しかし科学革命や、新市民自身の誇りとは無縁のわが大衆は、こうした見世物小屋懐古願望を委細かまわず加速させていって、黎明期のジャンルを背負う乱歩のやむを得ない創作アイデアの枯渇や、彼の気のよい迎合性格も加わって、この大衆要求に盲従的になった。これが遅れてジャンルに登壇した先の甲賀三郎の不安につながった。

価値ある歴史経緯をともなって台頭した新市民文芸が、日本では催奇的乱歩趣味一色に染まって、辺境のガラパゴス的文芸に堕してしまうことに、彼は強い危機感を抱いた。そこで甲賀は、乱歩選択のお化け屋敷流儀を「変格」作風と命名し、歴史経緯に忠実な欧米型の科学的、理知的な作風を「本格」作風と呼んで区別し、日本のジャンルが乱歩流一辺倒に傾かないように交通整理をもくろんだ。これが「本格ミステリー」という分類用語の登場であり、日本の「本格ミステリー」ジャンルの誕生につながった。わが輸入の新文芸は、新造語の発生と同時に、ここにようやく本格的な出生をなしたと言ってよい。

先述したように、甲賀にはこうした用語の発明でまれな才があり、「ミステリー」とか「探偵小説」、「冒険小説」、あるいは「近代自然主義文芸」、等々の文芸用語とは根本的に由来が異なる、外国語の翻訳でない語彙がここに誕生した。「変格」の語に誘導され、ついでに生まれ落ちた語彙とはいえ、これは完全な日本人のオリジナルであり、欧米に同意味の用語は存在しない。

しかし甲賀はこの高価値の用語、「本格」の発案提唱に、今日の視線からは、それほどのカタルシスは得ていなかったように見える。それはすでに述べたように、この語の使用上のルールを書き遺していない、つまりはその必要性を感じていなかったことからもうかがえるが、それはおそらくこの語彙が、格別の高級性を擁しない、ごく平易な日常語であったからと思われる。甲賀の思いの比重は、むしろ「変格」の方によりあって、「本格」はこの語の誕生にともなって存在させざるを得なかった、機械的な対語と推察される。

甲賀による定義の不在は、これも述べたように甲賀が想定し、その際に定義を述べようと用意していた論戦が、彼の想定通りに現れなかった事情による。この議論は、「本格」対「変格」の、おそらくは存在意義を巡る論争となるはずであった。ところが争いを嫌う乱歩の、指摘への即座の首肯態度によって乱歩グループの自己弁護気分が高まらず、論争は不発に終わった。そしてもうひとつの理由として、この時期にちょうどタイミングを合わせるようにして、より重大な論争が発生したことによる。それは木々高太郎と甲賀との間に起こった、「探偵小説は芸術（文学）たり得るか」の論戦であった。

この論争はあるいは時代の、必然的通過点であったかもしれない。今日の視線からは、そのようにも了解ができる。当時の読者間の予想に反し、議論は白熱して五ヶ月間続き、探偵小説は芸術たり得るの木々と、本来的に通俗のものと見做す甲賀との対立に、乱歩もまた木々派に与《くみ》して参加し、「変格」対「本格」の論争など、予定調和を感じさせる無用のものにしてしまった。

かくして甲賀の為すべき用語説明は空中に消え、のちの世に最重要語彙となるこの語の提唱は、使用法不明のまま、平成新本格の時代に合流してしまう。そしてここにいたるまでに、都度混乱を生むことにもなる。

この重要な語彙が混乱を招いたもうひとつの要因は、出現したタイミングにもある。甲賀は乱歩に遅れ、一九二〇年代の東京に登場するが、彼と同時代の海外重要作家は、あきらかにアメリカのヴァン・ダインであった。述べたようにヴァン・ダインは、独善的な創作上の提案によって、ポーが創始した新文芸のジャンルに、表意文字から表音文字への移行にも似た転換、あるいは小乗仏教から大乗仏教への転換にも似た、コペルニクス的改革を与えた人物であるが、彼の提案からは、ポー、ドイルの時代には執筆上、必要不可欠の要素として数えられていた新市民誕生の根拠、「最新科学への信奉」が、用済みのものとして削除されていた。

ヴァン・ダインは、二千冊ものの探偵小説読書の体験から、陪審制裁判の法廷審理にも似た、推理思索を軸とするフェアプレイ的材料開示のゲームに内部を近づけることが、このジャンルの読書を最も楽しいものにする、と助言していた。ために、甲賀の発明になるこの日本語の使用ルールが、もしもヴァン・ダイン提案を狭く指すのであれば、ジャンル創始者ポーの判断は軽視されなくてはならず、その不遜不行儀の印象から了解への迷いが関係者に生じて、語の定義への言及を、気重なものにした。

時代の不運はさらに重なり、乱歩流の変格作風人気が、純文自然主義方向からの強い軽蔑視線を呼び、ジャンルの書き手は戦争をはさんで長い不遇の時代を余儀なくされるのであるが、戦後これを払拭して颯爽と登場した恩人、自然主義探偵小説作風の松本清張の流儀が、「本格」の流儀にうまく重ならないという戸惑いがあった。

清張自身、「本格」たるの考え方に関心がなく、「本格」の語に高級な意味と永続性を持たせたいなら、周辺者はジャンルの救世主たる清張の流儀に、うまくこの語を重ね合わせる必要があった。それは同時代人には議論不問の使命であったから、この工夫をしばし試みたのち、この政治工作はあきらめ、「本格」

議論をタブー化し、棚上げにすることを選択した。この時代がまた長いものになり、本格たるの議論の材料を、当事者たちに忘却させた。この長い議論不在の時代が、「本格」の使用原理不明という症状をよりこじれさせた。

しかし長い観察の目をもってすれば、日本のミステリー作家たちにとって、この語の存在は非常な幸運となっている。甲賀の関心がより重くかかっていたと考えられる「変格」の語はほどなく消えていき、対語の「本格」だけが遺って流通定着していくが、この語が存在していなければ、日本の「本格ミステリー」ジャンルは、現在のようには活気をもって存在していない可能性が高い。続いて以下で、この点を傍証してみる。

「本格」に潜在する強い支援力

本格ミステリーの歴史は、アメリカのエドガー・アラン・ポーによって誕生し、イギリスのアーサー・コナン・ドイルによって定着した。そして同じくイギリスのアガサ・クリスティーによって女性にも関心が広げられ、アメリカのディクソン・カーによって好事家のマニア的な人気を不動にし、同じくアメリカのヴァン・ダインによってコペルニクス的な転換を経て、書き手の参加垣根が押し下げられ、黄金時代への道が拓かれた。これに応えたアメリカのエラリー・クイーンがすみやかに黄金時代を築きあげ、この新興文芸は完成屹立した、こういう流れで把握ができる。

本格のミステリーは、その発生以降、アングロサクソン英米が、大西洋をはさんで傑作の提出を競い合い、ついに黄金時代にいたった。ところが現在、英米のジャンルは失速し、開店休業の状況にある。

本格ミステリー創作を継承し、ジャンルを延命させて状況を救った者は、太平洋を隔てた日本民族であった。日本人がいなければ、本格ミステリーは滅んでいた可能性が高い。ポーが存在しなければ本格ミステリーは発生していず、ドイルがいなければその定着はなく、ヴァン・ダインの存在がなくては本格ミステリーは第二のスタートを切れず、創作の高効率化による裾野の広がりはなかった。続くエラリー・クイーンのフィニッシュ・ストロークがなければ、黄金時代の完成はない。

しかしヴァン・ダインのコード網羅発想の提案は、黄金時代への目覚ましい加速にはなったが、同時に「科学」の放擲と建設資材の限定化という側面も持ってしまい、パーティの翌日、進化の止まったジャンルから傑作の出現率は低下して、ジャンルは急速にしぼんでしまう。この時、もし東方に日本がいなければ、ニューヨークのエラリー・クイーンは「最後の一葉」になっていた。

日本という国の本格創作事情も、英米と大きく変わるところはない。何故日本でのみ本格ジャンルが命脈を保てたのか。のみならず、英米の功績にさらに営々と発展の実績を積み足すことができたのかと言えば、日本には「本格」という語彙が存在したゆえ、と言うほかない。

ヴァン・ダイン・コード

ある作が「本格」のミステリーたり得るためには、どのような条件を持つべきか、の議論は長く続く命題であり、すでに語り尽くされて、筆者個人には結論が出ている。これはおそらく甲賀の思惑を超えており、その先に到達すべき場所として存在する。

発案当時の甲賀の脳裏にあった「本格」は、「変格」とは異なる英米流の理知的な作風。たとえて言うと現在アメリカに登場しているヴァン・ダインの作風のようなもの、といった程度の素朴なものであったと考えられる。無論当時としては、そのくらいで充分であった。では「変格」でなく、理知的な作風で、ヴァン・ダインふうの流儀とは、具体的にどのような内容の創作になるのか、どのような創作上の条件をともなうものかを、二十一世紀の今は、考察の要がある。現在日本の「本格」創作者は、英米からそのバトンを引き継いだ唯一の立場であり、来るべきアジア本格の時代を牽引し、時には指導性を発揮すべき使命を負っている。

網羅すべしと有言無言でヴァン・ダインが主張したコードを試しに述べてみると、以下のようなものになるであろう。


一に怪しげな館など、閉鎖的、限定的な舞台で展開が終始するのがよい。これは館に限らず、孤島でもよい。

二に、ここに怪しげな住人たちが集合しており、彼らの横顔《プロファイル》は、物語の早い段階で読者に示されるのがよい。作者は地の文では嘘をついてはならず、解決に必要な材料は、前もって読者にすべて開示されなくてはならない。

三に不可解な事件（殺人が望ましい）が発生し、名探偵役の人物が外来する。警察が彼にともなっていてもかまわないが、僻地の山荘などなら、来なくともよい。

四、探偵役は、現場の検証や、登場人物の聞き込みなどの調査を開始し、読者がすでに心得ている材料だけを用いて推理を行なう。
五、登場人物のうちに、魔術を使いそうな中国人を出してはならず、登場人物間の恋愛沙汰は禁止ではないものの、そのような情緒的事件の描写に、多大な筆を費やしてはならない。
六、中盤でさらにひとつ、殺人事件が起こることが望ましい。
七、終盤にいたり探偵は、読者を出し抜くかたちで、意外な犯人を指摘しなくてはならない。

ほかにもあるものの、事件環境に関わらず不変のものは、こうしたものになるであろう。

一の閉鎖状況は、事件推理に関わる材料や、関係者の思惑を不要に増さないための配慮で、事件を純粋に推理のゲームとするための判断と考えられる。

二の諫めも、推理ゲームの材料や、構造細部を整備する配慮ととれる。

三も同様で、推理ゲームの徹底化には、どの程度リアリティを考慮すべきか、という問題である。犯罪現場には警察官がつきものだが、彼らが特権意識を発揮しすぎれば、推理材料の隠蔽が起こりかねない。

四は、ゲームは、徹底したフェアプレイ精神にのっとるべきであり、姑息な隠蔽は推理ゲームの質を落とす、の助言である。

五も同様で、純粋な論理思考の妨げになる曖昧で情緒的な要素は、すべて排除すべしと断言されている。

六は、推理モティヴェーションを持続をさせるため、新たな刺激を与えて中だるみを防ぐためと考えられる。

七は、この推理ゲームの、最も望ましい結部の姿といえる。
ここにある発想は、突き詰めていけば、推理の論理思索こそが他を圧して重要であり、すべてのパーツは、この唯一の目的に奉仕するべきであって、ために物語の書き手は、この構造の完成によく貢献する要素と、それほどでない要素を見極め、厳しく取捨選択を行うのがよいという主張になっている。物語は、法廷における審理論戦にも似て、高度に知的な頭脳のゲームとなすべきである、そういう断固とした提言である。

この理解でよいなら、ヴァン・ダインを視野に見て甲賀が口にした「本格」とは、「論理」の別名であると断じてよさそうである。すなわち、ヴァン・ダインと甲賀による「本格たれ」の主張は、「徹底して論理的であれ」、という主張と同一と見做すことが自然に思われる。

論理思考の舞台は、夾雑物を排して狭く取られ、ゲームの芯は殺人に置いて、その刺激でよく作業を持続させる。書き手によって地の文でつかれる嘘や、登場人物の情報隠匿、中国人の操る魔術も、恋愛好きの女性の非論理的言動も、この知的なゲームを低級にし、濁らせる要素と断じられている。

二十一世紀の新時代、この問題において今われわれがつけ加えて考えるべき事柄はもう一点、ポーの時点にはあった「最新科学信奉」というコードを、ここで復活させるべきか否か、という争点である。

これはきわめて重要な論点ではあるが、今稿の目的からは外れるので今回は語らず、いよいよ見えてきた「本格」の姿にひそむさらに重要な問題点について、以下で述べておくことにする。

EQMMプロジェクト

ここまでの考察が正しいと仮定する時、「本格ミステリー」というジャンル名は、これが論理思考を軸として語られるべき文芸であるという主張になり、とするならこのジャンルの書き手は、論理思考を得意とする知的水準の高い者たちである、という一種の宣言が内包されていることに気づかされる。

このような不遜な宣言を、当事者自らがジャンル名に埋めた文芸は、ほかには見当たらない。文学も、自らが筆にする文字群は学問であると主張しているように見えるが、これは当事者たちによって宣言されたものではなく、周辺の論評が、ゆるやかな外郭的評価に定着したものである。

「本格」というジャンル名が一種の言霊となり、これの潜在力が、欧米では滅んだこの文芸を、極東の地に受け継いで継続発展させる原動力になった――、こうした理解は、これまでも控え目に語られることはあったが、本稿の考察から、「本格」の語には、より具体的な支援の力があったことが、明瞭に突きとめられてくる。

すなわち、一定量以上に論理的な思索力を有する者たちによって書かれる文芸とする了解は、このジャンルの書き手に、まれな誇りをもたらしたということである。この知性ジャンルの一角に自らが位置するという誇りが、たとえ自著が読者に多く買われなくとも、書き続けるモティヴェーションとなってきた構図が推測でき、それがジャンルを延命させる力になったという推論は成立する。

ジャンルが持続するには、営利事業主たる出版社の支えが要るので、書物が多く売れる必要はあるが、自著がよく買われる少数のスター作家たちだけではジャンルは維持されない。その底辺を支える無数の書き手の存在が不可欠となるが、底辺の人口が多いということは、たとえ自著が売れなくともジャンルを離れなかった書き手が大勢いた、ということである。

その理由が、自らがこの知的能力を語る「本格」ジャンルの一員だという誇りにあったことが、今回の推論からついに洞察されてくる。ジャンルの底辺から動かなかった声なき大勢の作家たちの誇りによって、欧米で滅んだこのジャンルは延命、維持されてきたという結論になる。

ここで翻って海外を眺めれば、英語圏にこの好ましい構造が見当たらない。まずは先述の通り、この語が日本語に独自のものであるがゆえに、これに該当する英語が存在していない。

現在「Locked Room」とか、「The Impossible Crime」の語が、「本格」に近いかたちで用いられるが、とりわけ前者は具合がよくない。密室ものが、すべからく優れた本格志向の作例とは限らない。非常に論理的で優れた物語に、密室が現れない例は無数にあるし、密室興味が中心軸になっているものの、きわめて凡作という例もあり得る。これは密室ものに、古式ゆかしく好ましい作例がたまたま多くあったという、英語圏の好事家たちの漠然としたノスタルジーによっている。

また「The Impossible Crime」は、かなり作の方向を限定して、追及困難な大規模殺人事件を、傾向的に示しそうな大仰な気配がある。

英語圏には、サイコパスもの、シリアルキラーもの、誘拐もの、密室もの、私立探偵ものに警察小説、数多くの種類があるが、これらはすべて外観からの分類であって、書き手の知力を宣言する要素はない。したがってこれらそれぞれからブーミングが去り、作家の収入が減少すると、他ジャンルに移ることを留める力がない。そうしてジャンルは滅ぶ。

一方日本の「本格」もの周辺の事情は、これとは根本的に異なっていて、一定量以上に論理思索の印象が高いなら、その犯罪小説が誘拐ものであっても、連続殺人ものであっても、変質者の犯行を扱っていても、密室があってもなくても、警察小説であろうと私立探偵ものであろうと、それは「本格」である。「本格」の語は、各小説世界にまたがって冠のように輝き、小説群の知的な一部分を示し続ける。こうした構造が、英語圏にない。

英語圏の探偵小説失速の現状を観察する時、この好ましい日本の構造を英語圏に持ち込むことが、海外の状況救済につながるということを、次第に考えるようになった。「Tsunami」という日本語が英語に入り、「津波」を示す語彙がほぼこれひとつに統一されたように、「Honkaku」の語も英語圏に輸出し、定着させ得るなら、述べたようなこの語の潜在的な作家支援力、そしてジャンルに誇りを誘導する好ましい循環もまた、英語圏に現れるはずである。

そこで現在、友人となったニューヨーク在住の英国人仏文翻訳家で、ミステリー評論家のジョン・パグマイア氏、「エラリー・クイーン・ミステリー・マガジン」のジャネット・ハッチングス編集長、そして日本の本格ミステリーに造詣の深い英語人研究家たち複数とチームを組んで、日本を代表する傑作本格短編を、次々に英訳して「EQMM」誌に掲載していく「EQMMプロジェクト」の立ちあげを考えるようになった。

日本の本格もSFも、質は高いと欧米環境を知って比較できる者は語るが、欧米ではまったく認知されていない。過去、日本の傑作を欧米に紹介する作業を、日本の関係者は怠ってきたからである。今回のわれわれの方法は、私が仲間や編集者の推薦を考慮しながら日本代表作候補を決定し、詳しい梗概を作成して英語人研究家に送る。彼らがそれを英文化してパグマイヤー氏に送る。最終判断権はパグマイヤー氏と、「ＥＱＭＭ」誌のハッチングス編集長に持ってもらう。

現在、すでにいくつかの上質短編が「ＥＱＭＭ」誌に掲載されたが、これらの数が増して短編集一冊分の束《つか》に届けば、パグマイヤー氏の設立した出版社、「Locked Room International」でアンソロジーとして世に出し、そのタイトルを「ＨＯＮＫＡＫＵ」とする計画でいる。

大正デモクラシーのもと、劣等感いっぱいでスタートを切ったわが「本格ミステリー」だが、今や欧米の衰退を救済するほどの潜在力を秘めるにいたった。加えてアジアの同志たちを牽引する使命も、ゆっくりと担いはじめている。こうした現状に、国内の各作家たちは必要なだけの自信を持ち、さらに謙虚な精進を心がけて、日本の「本格」の世界的発展と、これによって世界救済を考えるような、大型の発想を得て欲しいと願っている。

「HONKAKU」船出の時

本格ミステリー・ワールド2016　巻頭言

前号、「世界語　HONKAKU」で紹介した日本の「本格」、海外進出への胎動であるが、その後の一年間で具体的になった動きを、今回はご報告したい。まずは読者も興味がおありと思うので、今稿は例外的に論文口調を薄めて、プロジェクトがメンバーを充実させながらここまでにいたった道のりを、随筆ふうに綴ってみることにする。

私がアメリカに暮らしていた時期、その目標のひとつが日本の「本格」傑作群を、英米に紹介したいということであった。ほかの創作ジャンルでは旗色が悪くとも、こと「本格ミステリー」の創作では、日本は充分に世界最高レヴェルであるという自負を持っていたからだが、アメリカ社会を見渡しても、日本産のアニメが家庭内に浸透しつつあったし、大型の書店に行けば、「Japanese MANGA」のコーナーができていた。格別西海岸においては日本車がすでにフリーウェイを埋めていたし、新世紀が開ける前までは、家電販売のモールは日本製品で埋まっていたから、そういう目標も決して不遜なものではないと信じた。

とはいえ、帰国してそんな夢を話せば、笑いのタネにしかならず、誰もがこちらが本気とは考えなかった。前号でもお話した通り、そのためには翻訳でない日本語、「HONKAKU」の語彙と概念を英語に入れるのがよいと考えたが、これはアメリカ人にも無理と判定された。

LAに暮らしながら私は、アメリカでスターを目ざす日本人演劇学生たちと週一度お茶会を持っていたのだが、この時に得た情報が『ハリウッド・サーティフィケイト』や、『聖林輪舞』になった。彼らはハリウッドにほど近いTheater of Artsという演劇学校の学生たちで、彼らを教えていた教師がロス・マッケンジーだった。彼はニューヨークの舞台演劇で脚本を書き、演出をやり、俳優もこなしていて、兄は名のある作家だった。

彼が日本に行って阪神淡路大震災被害者に向けたチャリティー演劇を行い、その時に神戸で見つけて連れ帰った夫人が、シカ・マッケンジーという女優兼演出家だった。夫妻と親しくなり、彼らの高度な英語力を知ったので、自分は『占星術殺人事件』の英訳を二人に依頼した。出版社のあても多少はあったからだ。

シカが下訳を行い、ロスがそれを完璧な英語にする連携作業で、英語版『占星術殺人事件』がほぼ姿を現してきた頃、文化庁の現代日本文学翻訳・普及事業のプロジェクトが祖国で立ちあがり、幸運にもまさにその作が輸出図書に指名された。こうして『The Tokyo Zodiac Murders』(以下『TTZM』)は、北米輸出作品群の先頭を切ることができた。

その後まもなく、福山文学館の学芸員たちの努力によって実現した、故郷福山市での「島田荘司展」や「福山ミステリー文学新人賞」から、これを見学にきた台湾の出版社、皇冠出版チーフ・エディターの尽力によって、台北で「島田荘司推理小説賞」設定の計画が立ちあがった。これも引き金のひとつになり、親日台湾に、漫画やアニメに続いて「本格ミステリー」諸作の大量流入が始まって、たちまち奔流のようなブームになった。

「本格ミステリー」作品の繁体字化と、その流入の活性状況が、中国の小説好きや出版社に、ようやく日本の本格ジャンルへの関心を持たせた。当時中国大陸進出の壁は、北米同様に厚く高く、日本からの直接的な売り込みは、大半不発に終わっていた。中国と台湾との関係は知られる通りスムーズではないが、台湾に上陸することで、大陸への道が開かれたことはあきらかである。

しかし中台間、読者同士の垣根と言うならこれはないに等しく、簡体字読者も繁体字の読書に抵抗はないと語る。ただし中国は、エンターテインメント文学は欧文ふうに横書きと、中央政府が指導を決定的にしており、縦書きで小説を読むことには強い違和感があるが、と多くの中国人読者、出版人はつけ加えた。そのため、諸作の縦書き繁体字は、横書きの簡体字に直される必要があった。

台湾を経由しての「本格ミステリー」の中国への流れは、こちらもまさしく怒濤の勢いになっていき、新文学の息吹が大陸に注ぎ込まれる展開になった。するとここに、注目すべき現象が現れたので特に記しておくと、中国人読者は今、乱歩も清張も、太宰治も島田荘司も、同時に出遭い、並列で楽しんでいる。したがってこの新天地においては、「本格ミステリー」も当然文学であり、探偵小説が純文学より一段下という常識は発生していない。

付言すれば、この点は英米も同様である。日本に密着して探偵小説を楽しんできた台湾にのみ、日本流儀のこの誤常識が存在する。いずれにしてもこれは、日台の局地的現象であることを、今後の展開上、日本人にも心得てもらうのがよい。これまでこのわが常識が、とりわけ北米への日本文学進出のブレーキになってきた。あきらかに米国人に受け入れられやすいこのジャンルが、母国民による低俗の誤認識ゆえに最後尾に廻され続け、ために日本の小説群はごくわずかしか太平洋を渡っていない。そして日本文学は茶の湯のように希少で高尚なものと位置づけられてしまって、大学の日本学の講義には登場しても、庶民の書棚には侵入していない。

ともあれこうしたアジアの現象は、アニメ同様日本の「新本格」潮流に興味を抱く、中国人高知性層を出現させることになった。これがフェイ・ウー氏、ブライアン・スクーピン氏、ウォン・ホーリン氏である。この人たちが、ニューヨークに居を据え、ジョン・ディクソン・カー時代の香りを留める探偵小説を熱愛し、フランスの本格作家ポール・アルテ氏の親友で、彼の作品を熱心に英訳していた英国人文筆家、ジョン・パグマイア氏と文通して、日本の新本格の美点を伝え続けてくれていた。

とりわけ現在オランダのヒルフェルスム市に住む香港系オランダ人のウォン・ホーリン氏は、特筆すべき経歴を持っている。彼はライデン大学院人文学研究科、日本学専攻の修士論文で「初期新本格」をテーマに選び、新本格発祥の地である京都大学に留学した。この時期の彼は当然ミステリー研に所属し、綾辻行人氏と若干の交流も持った。彼はその以前に九州大学にも留学経験があるから、日本語、英語、オランダ語を母国語並みに読み、書き、話す驚異的な語学の才で、現在本格の海外輸出プロジェクトには、欠くことのできない人材となっている。

彼の場合は中国語の人ではないので、中国の本格ブームとは無関係にアニメ「名探偵コナン」の影響で日本のミステリーに興味を持ち、拙作『ＴＴＺＭ』と法月綸太郎氏の「都市伝説パズル」を英文で読んで「本格」に本気となり、日本のミステリー・フィクションを中心にした英文ブログを運営管理していたら、パグマイア氏がこれにNYから書き込みをしてくれ、文通が始まった。

若い彼らの進言で、パグマイア氏は次第に日本の新本格に興味を抱くようになり、ロス&シカ・マッケンジー訳ですでにアメリカで刊行されていた拙作、『TTZM』を取り寄せて読み、感心してこちらに連絡をくれた。

セントラル・パークにほど近い、ニューヨークのパグマイア邸を訪れてみると、高層ビルの二階、三階を占有する広大な住まいで、玄関のガラスドアを開き、ゆるく湾曲する木製の階段を上がると、カーペットの敷き詰められたパグマイア邸の廊下沿いのバスルームや小部屋は鏡ばり、ダイニングに通されれば、その奥の厨房脇には執事用の小部屋まであった。まさしくヴァン・ダイン小説の舞台装置そのままの、今は過ぎ去った、英国上層階級ふうの舞台装置に彼は住み暮らしていた。

メゾネット形式の階段を上がればそこは広々とした書斎で、大きなガラス窓からは葉を落とした並木と、彼方のセントラル・パークの立ち木がわずかに望める。四畳半のこたつで、背を丸めてヴァン・ダインやクイーンを読みふけってきたわれわれ日本のファンとは、作中世界に対する思い入れが根本から違うであろうことを、彼の住まいで思い知った。

この気持ちのよい書斎は同時に、ポール・アルテの英訳本を出してくれる出版社が東海岸に見つからないことに業を煮やした彼が、自ら立ち上げた出版社、「Locked Room International」(以下「LRI」)の編集局でもある。

彼の夫人は中国系アメリカ人で、おそらくそのことがフェイ・ウー氏などを夫妻に引き寄せる理由になったのであろうが、夫人は近所にある名門、コロンビア大の卒業生であり、パグマイア氏の有能なビジネス・パートナーでもある。夫妻は中国と日本の観光旅行の途上、東京に立ち寄ったことがあり、そのおりには会って食事をした。

もう少し彼のことを話せば、彼はロンドンに生まれ、IBMの法務担当として半生を送り、退職してのちは得意のフランス語を生かして、フランスの本格系探偵小説の英訳を始めた。そしてミステリー小説の評論活動も、趣味で開始した。

英国での学生時代にはラグビーに興じ、成人してのちはブリティッシュ・ライトウェイト・スポーツカーで山道を走るのを趣味にした。ミステリー好きといい、自分とずいぶん共通項が多くあったものであるが、ある日彼は愛車トライアンフで崖から転落し、当然命を落としていてもよかったのだが、奇跡的に大樹に引っかかり、九死に一生を得た。

ボンド映画ばりの派手な体験で、これは到底自分はかなわない。死んでいれば自分と出遭うこともなかったし、新本格の英米進出に協力してもらえる幸運もなかった。いささか驚き、しばしの絶句のあと、自分はこのように感想を言った。それはミステリーの神様があなたを助けたのだ、あなたには重大な使命がある。聞いて彼は笑ったが、自分はなかば以上本気でこれを言ったのであり、今もそう信じている。

彼は英国人としての高いプライドは持っているが、夫人が優秀な中国人であることも手伝い、東洋人の頭脳力の高さはよく心得ていて、決して傲慢な人物ではない。東洋文化に敬意を有し、自分で書くことはしないのだが、彼のミステリー好きはまぎれもない本物である。謙虚で客観的で、人好きのする魅力的な人物でもある。「HONKAKU」の語の英語圏浸透の夢を話したら賛同してくれ、「HONKAKU」の語を是非英語に入れよう、自分は今後大いに使用するし、このタイトルでいずれアンソロジーを作ろう、とも言ってくれた。

そして彼は『ＴＴＺＭ』を自身のＬＲＩで再刊したいと提案してくれて、こちらも大いに賛成だったから、われわれは準備にかかっていた。作中の誤字の修正等を彼がしてくれ、私の方は挿入の図面を東京から送るなどしていたら、思いがけずイギリスの大手出版社プーシキンが、これを出版したいと声をかけてくれた。英国の有力新聞ガーディアン紙の「歴代不可能犯罪ミステリーベストテン」企画で、『ＴＴＺＭ』がなんとジョン・ディクソン・カーの名作、『三つの棺』に継いで二位に入るという大事件があったのだが、これに刺激されたものに思われた。

しかし私の方は、パグマイア氏との友情を最優先にしたく、この思いに揺るぎはなかった。ジャンルの英米進出という積年の夢と比較すれば、拙作一作の売り上げ等は小事というべきで、そこで友人との約束は反故にできないからと理由を述べて断った。するとプーシキンの女性編集者は大変熱心で、それでは北米はＬＲＩにおまかせするので、わが社は英国、カナダ、オーストラリア、ニュージーランドで売らせて欲しいと言った。この望外の熱意は、ガーディアンという格式ある大新聞への、英国人の深い信頼を語っていた。

自分は納得し、この経緯をパグマイア氏に伝えると、それはいけないと彼は言った。プーシキンはワールドワイドなので、断るのはよくない、自分が引き下がろうと言ってくれた。自分は書物のどこかにＬＲＩの文字が一ヶ所入ればそれで満足なのでと言い、母国のプーシキン社に電話をしてくれて、多くの問題を処理し、上梓に向けて最大限の協力をしてくれた。こうして夏の終わりに、プーシキン版『ＴＴＺＭ』が無事ロンドンで刊行された。

プーシキンは、第二弾として『斜め屋敷の犯罪』にも興味を持ってくれているが、もしもプーシキンが刊行しない場合、自分がＬＲＩで刊行したいと言ってくれている。

『ＴＴＺＭ』が自分の手を離れたので、代わりに即刻彼が取りかかったのが、綾辻行人氏の『十角館の殺人』だった。ホーリン氏などから伝え聞いて、パグマイア氏はこの名作の評判も重要性もよく心得ていた。そこでさっそく自分が講談社や講談社ライツに連絡を取り、出版了承を取りつけた。

英訳タイトルは『The Decagon House Murders』（以下「ＴＤＨＭ」）とし、表紙の絵は、パグマイア氏がネット世界を探索して理想的なものを見つけ出した。ただしこれは十角ではなく、八角館くらいだろうし、画家が見つからないから違法かもと、彼は心配していた。画像をパリのポール・アルテ氏にメイル送したら、彼が月を合成してくれた。ずいぶんとまた豪華なデザイン・スタッフであるが、それだけのことはあって、実に見事な表紙に仕上がっている。

そしてパグマイア氏に乞われるので、自分は巻頭用に長い解説文を書いた。今読み返せば、自分がこの稿で語ろうとしている内容を、この一文はすでによく語っているし、読者も興味がおありと思うので、以下で全文を引用しておく。

一応書き上げ、最近親しくしている松川良宏氏に見せたら、すでに英訳刊行されている日本の探偵小説群のタイトルも、解説文中で正確に伝え示しておくのがアメリカの読者には親切と思うと言ってくれ、自身の調査資料をすっかり提供してくれた。おかげで充実した内容となり、こうした彼のサポートにも感謝している。

こうして仕上がった私の解説文も加え、作をすっかり英訳してくれた人が、先述したウォン・ホーリン氏であった。彼も松川氏も、今号にエッセーを寄稿してくれている。まことによい人材がそばにいてくれたものと感謝すると同時に、驚きもする。述べたように、パグマイア氏に思わず自分が言った、ミステリーの神がすぐそばにいたようにも思われてくる。

上梓された『ＴＤＨＭ』は大変好評を持って米国関係者に迎えられ、アメリカを代表する新聞、ワシントン・ポストに書評とともに紹介された。

パグマイア氏の人脈に負うところも大きいのであろうが、ことがここにいたり、わが「本格」も潮待ちの時をすごして、いよいよ船出の時を迎えたかという感慨は湧く。そのように言っても、思いあがりにすぎるという批判は、おそらくもうないであろう。

「十角館の殺人」という実験

島田荘司

日本のミステリー界には、「HONKAKU MYSTERY」という独特の分類名が存在しています。一九二〇年代、英語圏のミステリー黄金時代を誘導したヴァン・ダイン提案による最もエキサイティングな探偵小説の条件、そのうちの最重要の要素、「推理論理の徹底」を為し、しかも文芸でありながら、構造が大なり小なりゲームに接近している作例を、こう呼んでいます。

英語圏のミステリー・ファンのために、日本の「HONKAKU MYSTERY」の小史を、英訳がある作を中心に紹介してみます。最初期の短編に、密室殺人を扱った江戸川乱歩の「Ｄ坂の殺人事件（The Case of the Murder on D. Hill)」(1925)、「心理試験(The Psychological Test)」(1925)、「陰獣(Beast in the Shadows)」(1928)、などがあります。

二次大戦以前の日本の「HONKAKU MYSTERY」は短編が主流でしたが、長編も書かれています。代表的なものに、ヴァン・ダインの影響を強く受けた浜尾四郎の長編『殺人鬼』(1932)(未英訳)や、F・W・クロフツとイーデン・フィルポッツの影響を受けた蒼井雄の長編、『船富家の惨劇』(1936)(未英訳)があります。

戦後は、まず高木彬光や横溝正史らが、終戦直後に優れた長編本格探偵小説を書いています。江戸川乱歩の推薦で世に出た高木彬光のデビュー長編、『刺青殺人事件(The Tattoo Murder Case)』(1948)や、横溝正史の『犬神家の一族(The Inugami Clan)』(1951)は、この時期の日本を代表するHONKAKU MYSTERY novelsといえます。

一九五〇年から江戸川乱歩は、エラリー・クイーンと文通を開始します。そして一九五二年には、江戸川乱歩と高木彬光は、アメリカ探偵作家クラブ(Mystery Writers of America)の海外会員になっています。

横溝正史は、日本では『獄門島』が代表作と考えられていますが、英訳は『犬神家の一族』一編しかないために、この作の名を挙げました。

一九五〇年代後半、日本の推理文壇を激震が襲います。松本清張が登場し、自然主義的リアリズムを重視した探偵小説を続々と発表して大人気を博したため、日本では一夜にしてそのタイプの探偵小説が圧倒的な主流となり、「HONKAKU」を駆逐します。この作風を、日本の文壇は「社会派(social school)」と呼び、その自然主義文学的な視線を、探偵小説の進歩とみなしました。

英訳されているこの時期の清張の長編に、『点と線（Points and Lines）』（1958）、『砂の器（Inspector Imanishi Investigates）』（1961）、『霧の旗（Pro Bono）』（1961）、などがあります。

一九七七年にエラリー・クイーン（フレデリック・ダネイ）が来日した際、松本清張はダネイと対談します。そこで清張は、探偵小説執筆における最重要の要素は、犯行に至る犯人の動機や、その際の心理描写だと述べています。これは傾聴に値する一意見ではあるものの、ヴァン・ダインの考えとは大いに異なっており、清張は若い名探偵の天才的な推理論理や、時に芝居がかったその披瀝時の物腰、クローズド・サークルなど、HONKAKUものが好む諸要素を重要とは考えず、アンリアルとして、むしろ嫌悪していました。

清張の登場以降、編集者たちは昔ながらのHONKAKUもの、すなわち英米黄金期ふうの探偵小説を出版することに積極的でなくなり、日本はそれからの約三十年間、「HONKAKU冬の時代」をすごすことになります。本書の第一章において、登場人物たちによって行われる「社会派批判」は、この時期の日本の出版界を覆った極端な反応に対し、不服を申し立てたものです。

この試練の時代、それでも抵抗して本格ミステリーを書き続けた作家たちの代表格に、鮎川哲也と土屋隆夫がいます。土屋隆夫は短編一作のみが英訳されていますが、鮎川哲也の英訳はいまだありません。

そんな「冬の時代」を終わらせたものが、拙作『占星術殺人事件（The Tokyo Zodiac Murders）』（1981）と、『斜め屋敷の犯罪』（1982）（Murder in the Crooked Mansion・未英訳）でした。これらは清張呪縛の厚い氷を解かしはしましたが、あとに続く作家たちは容易には出ませんでした。

そして一九八七年、待望久しかった本格系の作家がようやく現れ、これが本書、綾辻行人による『十角館の殺人』です。この作の登場に大きな意義を感じた私は、推薦文を書き、全面的に彼のデビューの後押しをします。

このような曲折はあったものの、英米で開店休業の状況に陥った探偵小説も、日本でのみは命脈と、隆盛を保つことができました。その理由は、まさにこの「HONKAKU」という日本語にあります。この語は、論理性の印象が強い作品を示すと同時に、それを専門的に生み出す作家たちに、論理思索を得意とする、一定量以上に知的水準が高い作家たちである、とする誇りをもたらしたからです。これが日本の作家たちに、収入の大小に関わらず、HONKAKU作品を書き続ける力を与えました。

同種の構造を、英米の作家たちのフィールドに持ち込めるならば、『TTZN』や『十角館』がそうしたように、黄金時代に戻る振り子は停止の呪縛から解き放たれ、動きを開始すると私は信じています。


今回ご紹介する綾辻行人の『十角館の殺人』は、日本の本格界を、革新的な新発想で包むことになった画期的な作例として、多くの日本人に記憶されています。

この作の意義を説明するには、続いて西欧のミステリー史を最低限、俯瞰する必要があります。探偵小説という新文芸は、欧米社会を隅々まで一変させた、「科学革命」の洗礼によって生まれ落ちました。アラン・ポーが、密室に侵入した悪霊が、若い女性を人間離れのした腕力で惨殺した怪事件から、科学の冷静な力を借りて意表をつく真相を引き出し、続くドイルが、ホームズという少壮の科学者が、「犯罪推理学」という新学問ジャンルを創設せんと奮闘する姿を描いて世界中に読者を作り、ジャンルを不動のものとします。

そしてポーから八十数年が経過した一九二八年のアメリカで、ヴァン・ダインがジャンルに第二のスタートを切らせます。これが当作に見るような、殺人とその解明を、館など閉鎖的な舞台でことが終始する、スポーツとも似たゲームとする提案でした。偶然にも同年、イギリスにおいてもロナルド・ノックスが、探偵小説執筆上の禁を並べた、「十戒」を提唱します。

ヴァン・ダインの時代、ポー、ドイルのおびただしい追随者たちの作例を読み終えたマニアたちは、黎明期とは読書の心構えが変化しており、作中で起ることをしっかりと予測してページを開くようになっていましたから、描き手もこれに合わせて方針を転換し、整理する必要がありました。

怪しげな住人たちの紹介と、初期段階での彼らのプロファイルのフェアな提示。殺人劇の舞台は狭く取られるのがよく、作家は地の文では決して嘘をついてはならず、推理ゲームの重要材料は読者に隠さず開示して、純粋な推理思索の情熱を妨げる中国ふうの魔術（ロナルド・ノックスの発言）や、通俗的な恋愛の要素などはきびしく排除されなくてはならない、といったルールが、この段階でアメリカのヴァン・ダインと、イギリスのロナルド・ノックスによって提案されます。

当人たちは否定しているようですが、ディクソン・カーやエラリー・クイーンは、こうした提案を受け入れてゴシック・ロマン寄りの傑作ミステリーを効率よく輩出し、すみやかに黄金時代を導きます。

しかしこの創作方法は、創作に使用する材料を制限する側面も持っていたため、黄金時代の翌日から進歩が止まった印象も現れます。またポー、ドイルが深く信奉した最新科学発想がここで棄て去られたため、二十一世紀がついに到達したさまざまに画期的な科学成果から、ミステリー小説は取り残されるかたちにもなりました。

綾辻行人の方法は、ヴァン・ダインによって再出発した第二のミステリーの考え方を、さらに大胆に、さらに遠慮なく押し進めた実験であったということが、今日の視線からは言えるでしょう。それゆえ、彼の作風は「新本格」と呼ばれ、多くの追随者を生みます。

一九八七年から、一九九〇年代初頭にかけてという短い期間に、歌野晶午、二階堂黎人、また綾辻と同じ京都大学ミステリ研から、法月綸太郎、我孫子武丸、麻耶雄嵩といった多数の本格系新人作家が、いっせいに登場します。彼らの推薦文も、私がせっせと書きました。この動きに呼応するようにして、別ルートからも有栖川有栖、北村薫、今邑彩、芦辺拓といった新鋭がデビューし、彼らは合流して、新本格派と呼ばれる一大潮流を形成します。この現象は、「本格冬の時代」に雌伏を余儀なくされていた本格志向の才の、満を持した爆発を思わせました。

芦辺拓は長編『紅楼夢の殺人(Murder in the Red Chamber)』が英訳され、法月綸太郎は短編「都市伝説パズル(An Urban Legend Puzzle)」と、「緑の扉は危険(The Lure of the Green Door)」の二編が英訳されて、『EQMM』誌に紹介されています。拙作「Pの密室(The Locked House of Pythagoras)」(1999)も、同様に同誌に現れました。

『十角館の殺人』は、ヴァン・ダインにならい、館を舞台に殺人とその解明のゲームが終始しますが、犯人を隠蔽するために彼は、ヴァン・ダインが持っていた文芸的要素、すなわち米上流階層の雰囲気の活写とか、彼らの小粋なジョーク感覚、プライド高い女性たちへの把握視線、ワインと洒脱な会話による食卓をサーヴする、執事族に特有の慇懃な物腰。最新科学への信奉とあわせて、文芸であるためのこうした筆力への思い入れも、彼はためらわずうち捨ててしまいます。そして徹底してゲームに接近します。

結果、彼の登場人物たちは、まるで機械のように、定型的構文により、必要なだけの意思を疎通します。その様子を伝える文体も、洒脱感覚や美文意識には関心を示さず、ただ説明に徹します。英米型の探偵小説に馴れた者たちには、それはまるで設計図をむき出しで見るような、唖然とする体験でした。喜怒哀楽を持つ人間であることをも棄て去り、電気信号の交錯によって関わり合う、ゲームの中枢部とも似た光景。こうした抽象的舞台劇は、犯人隠蔽のため、作者綾辻行人が探り当てた独自的な方法で、京都大学のミステリ研究会が伝統的に行っていた、犯人当てゲームの流れを汲むものでした。このゲームは決して聴衆に印刷物は配布せず、朗読だけで犯人当てを挑みます。瞬時に空中に消える言葉のみによるこの緊迫したやり取りにおいて、文章の流麗さや、会話の小粋さなどは、評価の対象になりません。

綾辻氏案出のこの方法は、「人物記号化表現」と呼ばれ、この習作が彼のデビュー作であったために、意図した抽象性が表現力の未熟とか、単純に能力の稚拙と誤認されて激しい批判を呼びましたが、彼としては理由のあることでした。そしてまもなく登場するコンピューターゲーム内のＢｏｔの動きが、彼の作風による予告となっていたことが衆目を驚かせて、この作を名作の群れに押し入れることになります。また、まもなく世界を席巻する日本発のアニメも、綾辻流の内部世界を肯定する太い補助線となりました。

今回、この不思議な仕掛けが醸す体験を、英語圏の読者にも紹介できることを、かつてこの作を世に紹介した者として、嬉しく思います。

前段では長編小説の海外輸出について述べたが、自分は今回のプロジェクトのメインをむしろ短編の英米紹介においている。その媒体としては、ミステリー雑誌の老舗、「Ellery Queen Mystery Magazine」への掲載が理想的と考えている。

この雑誌へもルートができて、それは幸運にもパグマイア氏が現在の編集長、ジャネット・ハッチングス女史の友人であることから実現した。一点瑣末を述べると、先の『ＴＤＨＭ』巻頭解説文に、拙作短編のＥＱＭＭ紹介は「Ｐの密室（The Locked House of Pythagoras)」一作のように言っているが、こののち「発狂する重役（The Executive Who Lost His Mind)」も、「疾走する死者（The Running Dead)」も、既掲載のリストに加わった。続いて二階堂黎人氏の「霧の悪魔」も掲載せんとして、先のホーリン氏が英訳を終えたところである。

このプロジェクトにおいて自分は、有名無名を問わず、また老若も国籍も問わず、自身が世界に通用すると信じるアジアの傑作短編を厳選してパグマイア氏に提示しようと意気込んでいたのだが、ＮＹのカフェで彼と話し合い、それは第二次のプロジェクトとして先に送るのがよいと考え直した。

何故なら『ＴＤＨＭ』巻頭解説でも述べている通り、日本ミステリー史のビッグネーム、横溝正史氏でさえ、短編はまだ一作も英米に紹介されていない。高木彬光氏も鮎川哲也氏もまだである。これは異常というべきで、過去先人たちは、こうした仕事に熱心でなかった。

江戸川乱歩氏、松本清張氏の紹介作品はなかなかに数多いが、大阪圭吉氏も、中井英夫氏もまだで、今月甲賀三郎氏の「蜘蛛」がようやくウォン・ホーリン氏の英訳で掲載される。これらビッグネームの代表短編をひと通り紹介してのちに、自身が考える世界レヴェルの突出作を、英米のマニアに問うのが順序というものであろう。

したがってこれからの当方は、まずこれらビッグネームたちの代表短編を選定し、ウォン氏やパグマイア氏に提示することになる。それらがひととおりすめば、新本格台頭以降の傑作発見に取りかかる。自身の創作や賞選考、映像制作への協力、講演依頼等に追われて近頃はきわめて忙しいのだが、好機を前にしてこれを見すごすことはできないから、なんとか時間を捻出するほかはないと覚悟を決めている。

日本人にとってのエラリー・クイーン

本格ミステリー・ワールド2017　巻頭言

「本格ミステリー」と呼ばれる新興の文学は、これまでにたびたび述べた通り、十九世紀に欧州を中心に起った「科学革命」を根拠にしている。ためにこの小説群の構造は、他の文学ジャンルの諸作とは、目的が根本的に異なっている。それとも物語展開の性質に大きな相違がある。それは「謎→解決」の構造を読み手との相互了解とした上で、導かれた解答の説明が、異論をさしはさませないほどに唯一無二のものであり、その結論の説得性は、可能性が最も高い、とか、思索の材料群から解はこの道筋周辺となる蓋然性が高い、といった程度の推論でなく、揺らぐことのない絶対的解明としての格が求められる。こういう目的をその構造に持たせた文学は、他に例がない。

「本格ミステリー」が何故そのような目的意識を持ったかを知りたいなら、当時の「科学革命」というものが、数千年の時を生き延びてきた人類の積年の疑問に対し、誰一人解答を思いつけなかったばかりか、近い空想さえ思わせなかった事実を考えてみればよい。そしてついに示された解答が、それゆえ激しく意表を衝きながらも、猛烈な説得力を発揮したという史実による。本格のミステリーという新文芸ジャンルは、科学という新たな道具によるこうした解答の驚きと、民を茫然自失とさせたまでの強烈な感動とによって起動した。すなわちこの世には、こういう種類の感動のさせ方があったのだと、多くの文筆家たちに気づきをもたらした。

　科学という新思潮の為した衝撃は、ガリラヤで為されたキリストの奇跡によって新宗教が開始された史実にも似る、文明史上の第二の転換点であった。ガリラヤの奇跡は無理でも、このような構造に学んだ驚きなら自分にも演出可能かもしれないと、作家たちは次第に考えるようになった。

　人類の積年の疑問とは、太陽は何を燃やし、あれほどに長時間燃えていられるのか、というものがそのひとつである。石炭や木材の燃焼にしては煙が出ていないし、太陽の周囲には燃焼現象に不可欠の酸素が存在していない。事物は、手を離すと何故足もとに落下するのか。地表は弧を描くらしいのに、何故すべての事物の落ちる向きが必ず足のつま先の方角なのか、そういう素朴な問いもそうである。

　過去、これらの問いに対して解答を与えられる者は教会だけであり、答えは常に以下のように教条的であった。太陽光こそはわれわれへの神の最大の恵みであり、感謝以外の追究感性は不遜である。物体の落下は、地下の悪魔が引っ張っているゆえであり、こうした悪魔の実在は、時に大規模な疫病の流行や、大飢饉が引き起こされる事実から見て疑いようがない。ゆえにわれわれは、社会にまぎれて暮らし、悪魔と性的な交わりを持った上で、この手引きをしている魔女を探し出し、焼き殺さなくてはならない――。

　本格ミステリーという新興の文学が、唯一無二の絶対的解答をその着地の地点で持とうとするのは、こうした従来的な常識道徳のうさん臭さを、小気味よく粉砕して登場した核融合の理論や、万有引力の法則の提示が、社会にもたらした暴力的なまでに孤高の印象を、その発生の理由としているからにほかならない。「科学」のもたらしたこれらの解答こそが、反論など夢想もさせぬ、唯一無二のものであった。

科学の登場は圧倒的革命事で、欧州社会を根底から変革、変貌させた。事実のみが発生させ得る至高の風圧により、教会は指導者としての立ち位置を、最前線から一歩後方へと引き、国王もまた二歩を退いた。民衆各人が社会で労働を行う理由もまた、以前のように道徳のみに依拠しない合理的な理屈が必要となり、これが契約論となって経済活動への理解も進み、こういう時代に期待される新市民の姿として、合理的発想と論理を言動の核とする名探偵という科学のヒーローを登場させて、彼が、あるいは彼女が、この新文学の中心人物としての君臨を許された。

ゆえにデュパンは論理科学の学徒であり、シャーロック・ホームズは、同居人の迷惑を顧みない科学実験の信奉者であった。彼は一リットルの水に混入した一滴の血液も見逃さない試薬の発見に熱中し、ロンドンで入手可能の煙草や葉巻の灰の色や形態をすべて記憶し、ロンドン近郊のすべての土壌の色や特徴を心得て、現場来訪者の居住地、また犠牲者と歓談していた人物の社会的階層や裕福度を心得ようとした。彼は探偵である以前に、「推理科学」という新しい学問の発生定着を目指して奮闘する少壮の科学者であった。

こうした経緯から、本格ミステリー小説の結末で導かれる結論もまた、他のあらゆる可能性を寄せつけないほどに揺るぎのない科学成果であることが求められた。太陽が何をどのようにして燃やしているのか、ものが足もとに落ちる理由は何か、等の疑問に対する科学者の解答と同等に、犯罪に対する科学捜査の結論もまた、科学が繰り出す冷徹な論理に裏打ちされた、衆目が唖然として立ち尽くすほどの意表の衝き方と感動が期待されたからである。一八四一年発表の『モルグ街の殺人』も、シャーロック・ホームズのシリーズも、こうした時代の精神への理解が消えぬうちに書かれていることが、聖書とも似て、百年単位の時空を超えていく生命力の理由になったと思われる。

ただしこのような事情は、長い本格ミステリーの歴史経過の内部で、本格ミステリーと呼ぶ文芸に、ある縛りを持たせた。唯一無二で、反論を呼ばない解答であるということは、その問いと解が数学的明快さ、すなわち単純さを持ち、有機的な集合社会における複雑で流動的な難問は避けさせる傾向を呼んだ可能性はある。時代がヴァン・ダイン・メソッドを通過して、捜査官が科学者から警察寄りの専門職に移行するに及んで、謎が殺人事件単体に特化しはじめ、現場の様相は数学公式的な定型性を安全と考えるゲーム傾向が現れはじめた。

現実の殺人事件は、関わってみればすぐに解ることだが、目撃者がほとんどいない。いても二十メートル彼方の闇の中とか、階下で殺人を為し、パニックになって階段を駈けあがってきた人相の変わった被疑者を、十歳の子供が数秒目撃したのみ、といったケースが大半である。証拠の類いは膨大で、警察官たちは自身の単純なストーリーに都合の悪い事実はすべて隠してしまって法廷に出さない。こうしたケースでの解を、いっさいの反論を許さない唯一無二の結論として完成させることはきわめてむずかしい。「後期クイーン問題」というものも、こうした事情とどこかで関係していそうである。

ために、紙の上に人工的に起こされる殺人事件において、各作家たちが前述の期待に応えるため、ある種の型を発達させていったことは、ジャンルにおけるやむを得ない事情ととらえるべきかもしれない。前例定型依存の発想は、職人発想以外の創作法を知らない日本人において、格別著しいように観察している。先年までの孤島や吹雪の山荘という閉鎖的状況、館と密室至上主義、外来する名探偵と意外な犯人の指摘というコード網羅を目指したい体質。その以前の贈収賄と銀座クラブへの無条件的接近の傾向、そして刑という捜査専門職による、頭脳よりも足に頼る捜査がより上級という社会派発想。さらにその以前はと言えば、江戸流のお化け屋敷の見せる奇形趣味と扇情発想に大挙して足並みを揃えがち、といったわが集合主義傾向は、創作論模索の以前に、学校行儀絶対主義のテンション気質をよく見せていた。量産を目指すモノ作りには理想的でも、一品制作のアートには少々危険なこういう類型志向に危機感を抱いて改善の要請をすると、流儀以外の作が探し出されて示され、日本人もまったく群れてはいないと無理な強弁が目論まれた上、当然しごくの道徳を不可解にも攻撃する大馬鹿者か、精神障害者にでも対するような、村追放のバッシングが全力で組織された。

日本人のスキー・スクールは型から入り、まずは「デモ」と呼ばれる型を体得しているか否かの試験から始まるそうであるが、型を理解していることをよく示さないと級も取れず、インストラクターの資格も取れないと聞く。ゆえに型から教えてもらわないと日本人は技の習得ができず、入門時に迷子になってしまう。江戸以降、日本人はあらゆるジャンルにおいてこの傾向を持ち、自由に対しては恐怖さえ抱くようになった。

日本の本格作家はエラリー・クイーンという作家のスタイルを、スキーのデモのように定型規範と了解しており、多くがこの作風の模倣から入り、自らも国名シリーズを真似して書くことに疑問も羞恥も感じないのが常である。アメリカにもエラリー・クイーンの崇拝者は多いはずだが、自らも国名シリーズを書いたという新人作家の例は、私は聞いたことがない。むろんあるかもしれないが、その場合は、何らかの創作上の営為、すなわち裏事情を存在させているよう思われる。

島田荘司の作風への好感から創作をスタートした伊坂幸太郎氏や綾辻行人氏が、たちまち別種の流儀を探り当てて大きく成長したように、エラリー・クイーンから入っても、別種の作風に到達完成することが、創作者なら必要な経緯に思われる。もっともこれは、島田荘司が外国人である中国においては、模倣的な作風を継続維持する新人もいると聞くから、クイーンが外国人であることが関係している。

日本にも、エラリー・クイーン流儀から終生離れないことを公言しながら大きくなった有栖川有栖氏がいるので、例外的な彼の事情を観察してみることは、日本の本格創作のシーンには意義があると思われる。するど、彼の流儀の根底にも、クイーンからの将来の離脱を意図してある集積回路が埋められていることに気づかれて、興味深い。彼の代表作のひとつ、『孤島パズル』の英訳版巻頭に付した解説の小論にそのあたりのことが詳しいから、以下に引用してご紹介する。

創作はあらん限り自由であるべきだし、スキーも自由奔放なフォームから好タイムを叩き出せば、才能は新たなスタイルを完成提案していく。しかし怪我をしたり、周囲に迷惑をかけないためには、最低限のポイント遵守の要はあろう。本格創作も同様で、遵守すべきポイントを最小限に整理し、これをよく守った上での自由さ、奔放さという話になる。

モアイ島パズルの背景

島田荘司

ニューヨークの友人、ジョン・パグマイア氏の要請で、綾辻行人の『十角館の殺人』に続き、少し遅れて

日本のミステリー文壇に登場したもう一冊の名作、有栖川有栖の『孤島パズル』について、解説を加えてみたいと思う。

「本格」という、日本独自のジャンル名称については、前作紹介のおりに解説したが、この呼び名が登場した一九二〇年代から大戦をはさんで長い時間が経過し、松本清張の「社会派」全盛の時代も一段落した一九八一年に拙作『占星術殺人事件』が登場し、一九八七年に『十角館の殺人』も現れて、時代が本格の時代へとはっきりと回帰を始めて以降の日本のミステリーシーンを、「新本格」の時代と呼ぶ。本格復権の時代という意味合いが込められるが、この時代の到来をいよいよ決定的にした重要な作品のひとつが、一九八九年登場のこの『孤島パズル』である。

日本で「本格」の語が定着にいたる過程に興味深いエピソードがあるので、この機会にこれも述べておくと、一九四〇年代、いわゆるミステリー黄金時代ののちに登場したイギリスの作家たち、マイクル・イネス、マージェリー・アリンガム、ニコラス・ブレイクらイギリスの作家たちの作風を、江戸川乱歩が自身の評論集「幻影城」の中で、「イギリス新本格派の諸作」と呼んでいる。これが「新本格」の語が日本に現れた嚆《こう》矢《し》である。しかしこの時は、外国作家たちに対するものでもあったし、呼称が定着することはなかった。

一九六〇年代に入り、日本の読売新聞社が「新本格推理小説全集」と銘打った推理小説叢書を刊行している。この時に同書の責任監修と解説に立った松本清張は、社会派以降の日本の推理小説の形骸化を反省する文脈のうちで、「ネオ本格」の語を用いる。しかしこちらの語も、定着は見なかった。おそらく、新時代を切り拓くほどに「本格」の概念を思想柱と成した作が当時、当全集中を含めて現れていなかったゆえに思われる。「新本格」の語彙定着を見るには、日本の年号が昭和から平成にと切り替わる、一九九〇年代の到来を待たなくてはならなかった。

開拓前進を目指したこの「新本格」の時代、ムーヴメント最前線に登場するルートは、ふた筋あったように今日の視線から、振り返ることができる。ひとつは講談社の著名な編集者、宇山日出臣の主宰する講談社ノベルスへのデビュー。これは私が背後にいて、作品の出来具合や完成度を彼と二人で協議し、刊行を決定すれば、巻末とか帯に私が推薦文を書いた。

もうひとつは東京創元社からのルートで、こちらは創元社の当時は編集者、のちの社長、戸川安宣が中心になって行い、背後にアドヴァイザーとして、本格作家の鮎川哲也が控えていた。こちらはのちに、新人賞「鮎川哲也賞」に発展して、毎年一人の才を世に送り出す登龍門となるが、当作の書き手、有栖川有栖は、こちらのルートから本格文壇にデビューした。

綾辻行人のデビューは一九八七年の『十角館の殺人』、有栖川有栖は一九八八年の『月光ゲーム』による。後者は講談社の江戸川乱歩賞に投じられていたが、一次選考も通らなかったため、講談社でなく東京創元社からの刊行となった。

一九九〇年には鮎川賞がスタートし、会場のホテルに北村薫、芦辺拓、そして綾辻、有栖川が一堂に会して親しく交流した。一団の交流は続くが、綾辻行人によれば、彼と有栖川有栖との交際は、以降十年間ほどは特になかった。

現在二人は非常に仲がよいが、それは一九九九年から関西系のテレビ番組で、「安楽椅子探偵」シリーズという犯人当てのドラマの原案を、共同で案出するようになってからで、二人は住まいが京都と大阪でもともと近かったから、以降頻繁に電話し合うような間柄になった。

ちなみに、このふたつのルートから登場し、今日著名になっている作家たちの名前をそれぞれ挙げると、東京創元社のルートからは、有栖川有栖以外に北村薫、芦辺拓、二階堂黎人の名前が挙がる。もっとも二階堂黎人は東京創元社からはデビューせず、講談社勢に合流してスタートを切ることになる。面白いことに、有栖川有栖と逆のかたちになる。

講談社のルートからは、法月綸太郎、歌野晶午、麻耶雄嵩、西澤保彦、京極夏彦、森博嗣らの名前が挙がることになる。「新本格」という名称は、当初は講談社系の新人作家のみに、いわば商標登録ふうに使用されており、示す内容は乱歩時代と変わるところはなかったが、次第に東京創元系の新人にも流用されるようになって、ジャンル名として定着していった。

有栖川有栖は、新本格の新人作家たちのご多分に洩れず、大学ミステリー研の出身である。が、この時代の先頭を切った綾辻、法月ら京都大学のミステリー研ではなく、同じ京都ではあるが、同志社大のミステリー研出身になる。

「新本格」ムーヴメントを、何故大学のミステリー研出身者などアマチュアのみが専門的に支える成り行きになったのかは、あるいは将来への教訓を含む、重要な問題かもしれない。実際この時代を切り拓いた者たちのうちに、老若を問わず既成作家の名は一人も見いだせない。異常と呼ぶ気になるなら充分な異常事態で、このミステリーへの謎解きを以下で試みれば、心ならずもイソップ寓話になってしまう。

江戸川乱歩が、欧米に興ったポー、ドイル式の探偵小説群を日本に輸入し、国産作家も募って新ジャンル化するにあたり、これらを産み落とした科学革命の背景がまだ日本には影もなかったので、江戸時代のお化け屋敷の奇形見せ物の趣向を借用した。イギリスの例で言うなら、エレファントマンに見るような不道徳志向で、ポー、ドイルの創作にもこの傾向が若干垣間見えたからであるが、これが功を奏して日本の探偵小説ジャンルは立場を獲得する。しかしこれを契機に乱歩フォロワーたちの暴走が始まり、江戸の戯作小説群に見られたポルノ小説的な趣向までをも取り込んでいく勇み足を、誰も抑えられなかった。

この種の趣味を、ドイルは乗り越えるべき前近代として計算的に提示していた。しかし乱歩グループには、この衝撃性そのものに作を依存する考え違いが見られた。さらには、江戸大衆文化というキーワードへの狭視が、性的な関心までをも取り入れてよいとする愚かな拡大解釈を生んだことは、ジャンル理解として致命的であった。ポー、ドイルは、科学革命の知性アピールに、前近代の衝撃性をジャンプボードとして用いたが、乱歩は東京における科学革命の不在ゆえに江戸文化という前近代を借用しながら、肝心の、これを乗り越える行為を忘れた。結果、乱歩フォロワー・グループの作に、江戸大衆文化そのものの俗性ばかりが肥大し、本来の計画が見失われていく誤りの構造に、当時の作家は誰一人気づけなかった。ために日本の探偵作家たちは、純文作家たちから激しい軽蔑の憂き目を見るにいたる。ただし文学界からの軽蔑の根拠もまた、右に述べた構造を看破して冷笑したものではなく、単に性的な通俗性を、行儀道徳の見地から見下したものにすぎなかった。

かくして探偵小説は文学以前の低級のもの、とする常識は確然と日本の文壇、および読書好きに定着していくが、続く松本清張による社会派の登場がこれを救った。彼は乱歩時代の購買部数は落とさないまま、探偵小説を文学の定評にまで高めて見せ、ジャンルの作家たちに名誉を回復する。以降、清張作風の遵守は、探偵文壇における議論不問の行儀常識となり、社会派信奉は津波のように文壇を舐め尽くして、一夜にして風景を一変させた。プロ作家たちはなり振りを忘れた全力疾走で新思潮に合流し、本格流儀など乱歩流儀の範疇に押し込めて、厳に接近を控えた。この時点での、「本格」の語の使用原理不在がこれを許した。そうした上で清張信奉者たちは、まるで共産圏の文壇のように、乱歩流儀と本格流儀の作家たちを、嬉々として文壇から追放した。

本格流儀と乱歩流儀とはまったくの別物であったのだが、この簡単な真実を見抜ける探偵も当時の文壇にはなく、あるいはあっても危険な発言は控えた。ために愚行はここでも続いて、このあたりの議論はいっさいがタブーに入った。戦前、売れない本格系の作家たちも、ジャンルの開拓者であり、リーダーとしての乱歩との交流は密に生じたし、乱歩も初期においては本格寄りの傑作短編を書き、自身も読者としてはこれを好んでいた。ゆえにこの誤った混同は、一見自然に見えてしまった。

こうした纏綿《てんめん》の事情が、竜巻に似た勢いでフィールドを疾走して随所に爪跡を残し、日本の探偵文壇から本格の書き手を根絶した。のみならず、接近する行為も極限的な危険として固く封印したから、拙作『占星術殺人事件』や『斜め屋敷の犯罪』の登場で時代の潮目が変わっても、本格物語を構想し、また挑戦のできる書き手は、こうした文壇常識を未だ心得ない、大学のミステリー研のアマチュアのみとなった。

以上が怪事件の謎解きになる。分別あるプロは、本格再起風潮に対し、身を固くして、これは自滅への悪魔の囁きかと警戒する以外の対処を知らず、ひたすら拙作への攻撃を無難と心得て、これに保身を託した。こうして台頭隆起した新本格の時代、因果応報の習いに似て、社会派作家たちが替わって職を失う展開となった。

しかしこうした一連の戯画を、喜劇的な寓話として振り返ることができている層は、驚くことに今日にいたるも、まだようやくちらほら姿を現しはじめている段階にすぎない。大衆は、未だに充分な洞察視力を回復しておらず、声を失ったままでいる。清張社会派の時代とは、かくも恐ろしい時代であった。

さて当作の作家、有栖川有栖の紹介に戻るが、こういう経緯で登場したアマチュア出身の彼は、創作活動を開始するにあたり、はっきりとした執筆上のポリシーを持っていた。それは「エラリー・クイーンの後継者たらん」という決意である。彼は出発時からこの意志を周囲に語り、今も維持している。したがって今から有栖川の創作方法を語らんと試みるなら、必然的に彼の師であるアメリカの巨人の創作流儀についても分析的に語る必要が生じて、かなりの大仕事になる。

エラリー・クイーン・ファンクラブの会員である綾辻行人は、有栖川有栖のこの宣言を伝え聞いて彼のデビュー作、『月光ゲーム』を読んだ。この時点でははて、と首を傾げたが、二作目にあたる当『孤島パズル』を読んで、これならばと納得したという。

この推理劇の舞台は、嘉敷島という名の、九州と台湾との間の海に浮かぶ絶海の孤島で、九州と島とを結ぶ定期船などはない。島のかたちは馬蹄形で、周囲を湾曲した丘陵が囲う入り江としての内海を持つ。ここは波が静かである上に、若干の砂浜があって水泳に適し、人間嫌いたちを運んでくる船が着く、簡素な桟橋もある。

馬蹄のふたつの角《ツノ》の先端部にはおのおの一軒ずつの建築物があり、島には四台の自転車がある。もしも両家を行き来したいなら、人間はこの自転車を使って馬蹄のUの字の上を走ることになるが、ふたつの家の間を隔てる狭い海を、ボートを使うか、泳いで渡るかすれば、それよりも短い時間での往復が可能になる。この時、船を使えば小さからぬ物体も濡らさずに運べるが、泳ぐなら紙一枚乾いたままで運ぶのは困難になる。この事実はのちに重要な推理の材料となる。加えて馬蹄のUの字の上を移動する場合、島にはハブと呼ばれる猛毒の蛇が多数棲息しているから、厳重に注意の要がある。

この離れ小島はある資産家の私有物であったが、現在彼は故人となっている。資産家は、五億円と伝えられる宝石を島のどこかに隠したと伝えられ、無数の植物に隠れて島の随所に立つ、二十五体の木彫りのモアイ像の顔の向きに、隠蔽場所を示すキーが隠されているらしい。

英都大学推理小説研究会のメンバーがこの資産家の姪であった関係で、推理研の有志三人が、この島に宝探しに出かける幸運を得る。島に上陸した三人の若者男女を出迎えたのは、怪しげな島の住人や訪問客で、合流した推理研の若者を含めたこの集団は、まもなく殺人事件に巻き込まれる運命にある。こうして推理研の部長たる若い素人探偵は、犯人探しと宝物探し、二件のパズルに否も応もなく挑戦を要求される。

推理小説好きなら、誰もが興味をそそられる、露骨なまでに魅力的な設定となっている。当作は、ヴァン・ダインの館ミステリーに、海賊宝島の要素を加えて煮込んだスープで、これらの小説をかつて一度でも面白く読んだ者なら、当作の魅力からの逃亡は困難であろう。こうした見事な舞台装置を着想、具現化した点だけで、有栖川の手柄はすでにあきらかである。

欧米に興った科学革命が誘導する、「推理」という科学を用いた新文学の台頭、日本人が犯したこれへの誤謬《ごびゅう》の悲劇についてはすでに語ったが、アメリカにおいても、この科学の文学は、皮肉なことにアメリカの作家、ヴァン・ダインのまれな才覚によって、思いがけず終焉を迎えた小史を持っている。

それは彼が、この文学の好評によって類例作の洪水を経験したのち、「狭くとった舞台上での、フェアプレイの推理ゲーム」という形態に、最も歩留まり高く傑作招聘の可能性を見て、創作をこの領域に誘導したという判断による。この選択はとりあえず正しく、ジャンルはたちまち黄金時代を迎えたが、結果として彼の選択は、「科学信奉」というスタート時の重要なコードの一本を書き手に捨てさせた上、ゲーム構築の材料を大きく制限してしまった。使用材料が同じであれば初代の建築家が最大の栄誉を得る。これに加えてハリウッドという別の科学の台頭が、ジャンルに黄金時代の翌週からの衰退をもたらして、探偵小説は徐々に開店休業の看板を必要としはじめた。

日本の学生作家たちは、この教訓を含む海の彼方の小史を心得た上で、材料制限の危険性を重々承知しながらも、さらに勇敢に事態を進めて、美味なる極上の部分を自身の鍋に抽出した。それが九〇年代の新本格創作であったと説明して、ほぼ誤りでない。

そして当『孤島パズル』がそうした典型例であるということが、このストレートで魅力的な舞台設定によって、了解してもらえるであろう。舞台は、警察を含めた外界からの干渉が届きようのない絶海の孤島というごく狭い舞台。推理研の若者たちが上陸と当時に、彼らの視界が届く範囲に見え隠れする怪しげな人物たちが、嘘を含まぬ文章でフェアに紹介される。船で現場に外来すれば、素人探偵は読者も心得た材料だけを用いて宝探しと犯罪捜査を行い、最終的に殺人犯を特定するという、重大な任務を開始する。

さらなる説明上の必要から、戯れにこの舞台装置を使い、もしも島田荘司や綾辻行人ならどのような創作を展開しそうであるかを空想してみると、島田荘司の場合、島の特殊な条件や材料を用いて理解不能のミステリー現象を起こそうとしそうである。そしてこの現象は、ポーやドイルに見たような幽霊現象の方向にあるものを、より好ましいと考えるかもしれない。綾辻行人は、この島の住人たちに、叙述のトリックを仕掛けるかもしれない。

有栖川が師と仰ぐエラリー・クイーンならどうか。彼ならば、思いがけない場所、たとえば壁に収納式になったベッドから、思いがけない事物と一緒に死体を出現させるかもしれない。事物は果物の種などごく日常的なもので、意表は衝くが、心霊現象や恐怖とは無関係である。

では有栖川有栖はどうするか。ただ射殺死体を登場させるだけである。彼の場合、霊的な現象も、意表を衝く日常的な不可解性も、死体が奇妙な事物を伴う疑問も、叙述のトリックも必要とはしない。彼が必要とするものは、この死体を作り出した人間を特定するための、冷静で緻密なロジック、そしてこれを開始させる手がかりの魅力的なありようである。この作品で言えば、それは島の道に落ちていた一枚の地図に印された自転車のタイヤ痕で、ありふれたこれが、最大限に重大な手がかりであると探偵は明言する。

研究家によれば、エラリー・クイーン作品の最大級の美点は、フェアプレイ精神であると言う。そしてこれを証明し、強調する手段としての「読者への挑戦」であるとする。有栖川有栖ならこの点に同意した上で、冷静で緻密なロジックがより以上の価値を持つと主張するように思われる。この点こそ彼がエラリー・クイーンから学んだ最大のものであり、継承し、磨きを加えていきたいと考える、探偵小説表現の最良の部分であるからだ。そして彼は、これに続く第二の美点として、さりげなく置かれながら、とてつもなく重大と次第に解る手がかりの美しさであると看做している。

不可解な現象を必要としない作風は、事件が解明、すなわち犯人が特定された際に、読者の驚きをさして大きなものにはしないかもしれない。事実当作のパズルにおいても、犯人の名を聞いても仰天する読者はおそらくいないであろう。ここにあるものは冷静で知的な驚きであり、この特定までのロジックを構築し得た作者の頭脳に対する、静かな感心であろう。しかし彼はこの数理的で端正なプロセスを、展開上の外連《けれん》よりも重大と考えている。

このような把握から、有栖川有栖の小説を構成する、もう一点の重大な要素に気づかされてくる。それは名探偵という存在の質である。探偵小説の探偵には大きくわけて二種類があり、ひとつは劇的なヒーローとしての探偵、もうひとつは、たまたま真相を読者に説明する使命を託された、登場人物の一人としての探偵である。

ヒーローとしての探偵の典型は、かのシャーロック・ホームズであるが、ひとたびテレビや映画に出演すれば、どのような探偵たちも、ほぼ全員、機械的にこのヒーローの型に変化してしまうように筆者の目からは見える。視覚のドラマにおいては、機械のように無表情で無口で、アクションの乏しい、思索するだけの主役は許されないという単純な事情による。ドラマの探偵は、ほぼ例外なく活動的で、気の利いたジョークをしきりに口にし、捜査時に饒舌であり、時に奇矯な振る舞いに及んで、周囲の人々の倍も注目されて関心を引く。

一方活字世界の探偵には、謎解きの使命を担う静かな登場人物としての探偵が、少なからず存在を許されている。表情も口数も少なく、決して大きく目立つことをせず、周囲を振り廻す失敗もしなければ、奇矯な振る舞いなど微塵もなく、ただ淡々と必要なだけの謎解き言動を行う人物である。何故であるかは興味深いことであるが、日本の探偵小説の内部には、この種の探偵が多いように見受けられる。英米においても、高名な「思考機械」を筆頭に、この種の探偵が少なからず存在している。ただし欧米においては、述べたようにもしもドラマに引き出されるなら、彼らどの控えめな探偵も、すべてヒーローの型に変身するように思われる。

見受けるとか、考えられると書くのは、このような指摘に対しては、おそらく例外なく作者自身からの反論が戻ると予想するからであるが、この種の探偵の代表格が、当作の探偵、江神二郎であるように筆者は感じている。その大きな根拠は、まず第一に先に述べた理由からで、有栖川は、この緻密な謎解き物語の結末部分での驚きを、大きくすることに興味を持っていない。外連味《けれん》を伴わぬ殺害死体が静かに現れ、巧みな手がかりを導入に、端正で数理的考察のロジックが、淡々と積み上げられていく。

そして主人公によってついに犯人が、日常会話的口調で示されると、読者は静かに感動し、感心する。この行為のどのプロセスにおいても、探偵は決して奇矯な振る舞いなどは見せず、天から降ってくる神の啓示に打たれて道に倒れ込んだりはしない。このような探偵は、作者に決してヒーローとしての振る舞いは期待されていないと推察するのが自然であるように筆者は考える。彼はただ、唯一無二の推理の道筋を、読者にしっかりと示す役割を果たし続けただけで、それ以外にはどのような常人離れも演じないからだ。

第二の理由として、有栖川の師の創作上の特徴はどうかと観察する時、クイーン探偵譚に見るエラリーも、やはり奇矯な人物ではない。さらに決定的なことには彼は、ワトソン役を必要としていない。この点は重要である。多くの探偵役がワトソンを必要とする理由は、突き詰めれば探偵がヒーローとなるためである。つまりワトソンが自身の凡庸な印象を強調し、ホームズの天才的な能力に驚いてみせ、感嘆を通して都度彼を讃えて、ヒーローに押し上げるのである。

エラリー・クイーンの探偵譚が持つ多くの美点は、日米のさまざまな論者が指摘している通り、フェアプレイの精神であり、意表を衝く巧妙な手がかりの美しさであり、これらを材料にして展開する知的で冷静な推理のロジックである。結末の驚きを大きくすることには強い関心は持たず、ジョークの冴えなどは二の次で、それ以上に静かで理知的な興奮を好む。こういう性質のドラマには、ヒーローを志向してついにぎやかに振る舞いがちな探偵は、いささか迷惑な存在に違いない。

こうした考察からも、ヒーローとしての探偵、登場人物の一人としての謎解き係、これらに優劣はなく、表現媒体の性格が要求してくる要素に思われる。映像のドラマに、活字の媒体のように頻繁にページを戻って証拠物の特徴を確認するような自由はないから、緻密なロジック展開には限界が生じる。謎解き役に徹した探偵は、活字の印された紙の束のゆえに存在を許され、冷静な魅力を発揮する、特有の知性に思われる。

さて、では有栖川の場合はどうか。エラリー・クイーンの方法を踏襲する彼が、エラリーと別の方法を採るようには思われない。やはり彼の探偵、当作においてはそれは江神二郎だが、彼は登場人物の一人としてロジックを披瀝する役割を担う人物と考えるべきが筋のように思う。しかし彼には、エラリーとは大きく異なる条件がひとつ、明瞭に付加されている。それが筆記者、ワトソン役としての有栖川有栖の存在である。つまり師のエラリーと同様、筆名と同じ登場人物を作中に用意しながらも、師がこの名を探偵役にあてているのに反し、学生《スチューデント》の彼はワトソン役にこの名をあてた。ここに彼の、控えめな主張と個性があるように見受ける。すなわち彼は、エラリー・クイーンと同質の方法を採りながらも、探偵役にはヒーローとしての活躍ぶりをも願っているということに思われる。

この考察が正しいなら、当作以降の彼の物語において、探偵役は徐々にヒーローとしての行動を示し始めるはずであり、あるいはこれが、有栖川有栖のあらかじめ想定している師匠からの卒業方法であるのかもしれない。

［第二部］

島田荘司選
ばらのまち福山ミステリー文学新人賞
選評と梗概

第一回から第九回までの「島田荘司選　ばらのまち福山ミステリー文学新人賞」の梗概と選評です。(平成二十九年末に書籍化された受賞作・優秀作のみ)
　該当作品につきましてはトリック、真相についてふれていますので未読の方はご注意ください。

［第一回受賞作］

玻璃の家

松本寛大

二〇〇九年三月刊行　講談社

梗概

マサチューセッツ州の小都市、コーバン。

十一歳の少年コーディ・シェイファーは、幽霊屋敷を探索していた。十七世紀に建造されたという名門リリブリッジ家の邸宅だ。

第二次世界大戦前、当時のあるじであったクロフォードがガラス工業で富を築いたことと、母屋に美しいアトリウムが隣接していたことから、ひところはガラス屋敷と呼ばれた建物である。

しかし、いまやアトリウムのガラスはすべて打ち壊され、巨大な生物のあばら骨の様相を見せていた。それだけではない。母屋の窓という窓がすべてレンガでふさがれている。

クロフォードの狂気のなせるわざだ。

あるとき、クロフォードは突然会社を売却、妻子とともに隠遁した。彼は閉鎖した屋敷でオカルトの研究にのめり込んだという。クロフォード夫妻らが乗り合わせていた列車の脱線事故と、その翌日に起こった彼の双生児の弟の射殺事件がきっかけと噂されているが、定かではない。

クロフォードはのちに邸宅の屋根から飛び降りて死亡。ふたりいた子供たちもあとを継ぐことはなく、リリブリッジ家は絶えた。それ以来幽霊屋敷の噂が流れるようになり、六十年代には屋敷に入り込んだヒッピーのLSD中毒死という話まである。

いまは無人のはずのその館で、コーディは誰かのたてた物音を聞いて立ち止まる。様子をうかがうと、コート姿の人物が足下に横たわった人間にガソリンをかけて、燃やそうとしているところだった。

その場を離れようとして犯人に気づかれてしまうコーディだったが、なんとか無事に逃げおおせる。

「犯人の顔を見たんだね。法廷で証言できるね」

通報を受けてやってきた警察官にそのようにたずねられて、コーディは口ごもってしまった。

彼は数ヶ月前、交通事故にあって人生が一変していた。命に関わるような外傷はなかったのだが、脳に障害を負ってしまったのだ。

それは、「相貌失認《そうぼうしつにん》」という名で呼ばれている。

人間の顔を認知することができないという、症例の少ない障害である。顔に関してのみ、目で見た情報と記憶とを一致させることができないのだ。

コーディには他人の顔はむろん、鏡で自分の顔を見ることも不快だ。外国の文字を見ても意味を読み取れないようなもので、彼にとって人の顔はまったく意味をなさない。

そもそも、彼がいわくつきの館を探索しようと考えたのは、クロフォードが窓をレンガでふさいだ理由に思い当たるふしがあったからだった。クロフォードも自分と同じ障害に悩まされ、他人や自分の顔から遠ざかろうと隠遁したのではないだろうか？　だとすると、クロフォードの末路は自分の末路ではないのか？　そう考えると、いてもたってもいられなくなり、屋敷に足を向けたのだ。

「じゃあ君は犯人を見たのに、それが誰だかわからないっていうのかい」

警察官が言った。

その通りだった。コーディは、他人の顔をいっさい見分けることができない目撃者なのだ。


警察の捜査は遅々として進まなかった。

ガソリンで焼かれた死体には背中に刺されたあとがあった。歯や骨から推察して、被害者はおそらく六十歳以上の男性。わかったことはそのくらいだ。物証は少なく、ほかに目撃者もあらわれない。捜査の進展はコーディの目撃証言にかかっていたが、彼には自分の母親の顔すら見分けられない。

コーバン市警のバロット警部補は、大学の研究室をたずねることにした。心理学者に助力を願うためだ。事件にあたることになったのは、日本人留学生のトーマ・セラ。目撃証言を専門に研究している若手の心理学者だ。

資料を読み込み、コーディに会うトーマ。彼から詳しい話を聞き、あらためて屋敷を捜索する。

そうした捜査の過程で、トーマは気にかかる点を見つける。コーディの証言に、犯人の表情について言及した箇所があったのだ。

どうやらコーディには、不完全ながら表情の認知機能は残っているらしい。

一方、警察は、ヒッピー事件の生き残りの証言をたどるうち、身元不明の被害者の正体を知るに至る。

事件の関係者は限られていた。動機らしきものも見つかり、当初の想定よりも早く、警察は犯人と思われる人物にたどりつくことができた。

だが、決め手がない。

被疑者のアリバイはあやふやだったが、「犯行が可能である」というだけでは逮捕はできない。無理に自白を引き出しても無駄だ。証拠不足の逮捕は、予備審問の段階で被疑者が釈放されるケースが多い。それどころか、不当逮捕だとして裁判を起こされて、州が多額の賠償金を支払った例もある。警察は犯人の目星がついていながら、核心に迫ることができずにいた。

バロット警部補はあらためてトーマに手助けをしてほしいと持ちかける。コーディが見た人物を同定するラインナップ（面通し）の場を設け、犯人を揺さぶるのだ。


警察署の一室に、被疑者を含む人々が集められた。

「コーディ。あの中に知っている顔があるかい？」

前代未聞の、「顔のわからない目撃者」によるラインナップがはじまった。

クロフォード・リリブリッジの先祖は魔女裁判で判事をつとめたという。このラインナップは一歩間違えれば現代の魔女裁判にもなりかねない、危険な賭でもあった。

トーマは刑事とともに複雑に入り組んだ事件を解きほぐしていく。十七世紀の魔女裁判の謎、戦前のリリブリッジ家殺人事件の謎、六十年代のヒッピー怪死事件の謎、そして二十一世紀に起こった事件の謎。四つの時代にまたがる謎を検証し、論理的に犯人を追い詰めていく。

選評

島田荘司

玻璃の家

一読、この作はもう充分に傑作の領域にあると感じて、このような高度で緻密な本格ミステリー作が、福ミスのような地方の小賞に投じられてきたことに感謝した。本賞受賞作は、この作以外にはないであろう。

ストーリーは、きわめて精密な作られ方をしており、使われている専門領域の知識、情報も確かなもので、これらを縦横に駆使しながら終始思考していく体質は、本格の二十一世紀の型をよく示して未来的であった。

文体も、経験を感じさせる風合いがあり、アメリカ、マサチューセッツ州の小都市を舞台に、英語人ばかりが行動する内部にも違和感がない。専門家らしい説得力のある判断を都度主人公にさせながら、冷静で沈着に運ぶ筆も、安定的で着実な推進感があり、新人離れがしている。本格ミステリーのフィールドに、異色の才が登場した。

福ミスを開設して当方が求めた、理想に近い作品に出遭うことができ、賞もよいスタートが切れたし、福山市も、また一回目の刊行担当である講談社も、幸運であったと思う。

ただし、作品がこれだけ玄人の領域にあると、かえって未達成部分や弱点、修正するべき点がよく見える。それはすなわち、完成が高度であるがゆえに生じた、磨きをかけたい気分というものである。

まずは、この作風では量産がきかないであろうことを心配する。充分に立派なデビュー作であるが、それゆえ専門領域にあるこれだけのアイデアが、はたして今後も続々とあるものか。もしも二作目が長く出ないようなら、そうした新人を即戦力と呼び得るか否かは議論となる。

あまりに思いきりよく専門領域に徹してしまったから、知的レヴェルの高い読者ばかりを想定しているようなところがあり、読み手を選びそうな気配もある。選考委員や編集者なら積極的に作に入ることをするが、自身で金を払う読者は強制されているわけではなく、読むことに親切ではない。ジャンルの将来のためには多くの読者に読まれる方がよいから、作の水準は落とさず、一般的なミステリー読者をも巻き込めるような体温を、作に与える方がよさそうだ。

知的にすぎるまでの筆の運び方ゆえに、文章がやや冷えて感じられる。これは同じく最終候補に残った「罪人いずくにか」と好対照で、「罪人——」が怒りという爆発で熱く突進する内燃機関車なら、「玻璃の家」は、磁場の発生を巧みに用い、静かに強力に推進回転を得る、常温ＥＶに似ている。

登場人物たちの描写もまた冷静で、作者が対象とのつきあいを楽しんだり、はめをはずしたりしないので、日本人には馴染みの薄い英語名もあって、登場各人の区別がややつきにくい。基本的にこの文章の精神は、学者の報告文に近いものである。すると、これだけ込み入った構成に、読み手がしっかりと分け入れない可能性があって、作の上手さが多数にうまく伝わらない危険がある。

むろんそれゆえに、読者がすみやかに先廻りできないことも期待できるが、その種の隠蔽の方法はもう新しくなく、新世紀の本格にはふさわしくない。もう少し登場人物の人柄や、横顔の描写に筆を裂く小説型の手法を強めてもよいであろうし、各人を区別し、際立たせる工夫もあってよい。

幽霊屋敷の構造もそうで、ある人物の屋敷への侵入経路が、後半、真相解明に重要なピースとなったことが明かされる。しかしこうした推理の際に、建物の全体図がやや浮かびにくい。図で示しておくことも検討してよいであろう。

また全登場人物のリストを、冒頭に置くことも検討してよいと思う。「相貌失認《そうぼうしつにん》」という、人相を把握できない珍しい脳の障害を得た目撃者、コーディ少年が、心理学者とともにいかにしてこの障害を乗り越え、犯行者を発見していくか、というプロセスが背骨になっているので、最後に少年が人物を特定する瞬間、人物と目が合い、障害を超越した特殊な顔面要素が相手に生じて彼が気づく――、といった劇的なアイデアが読みたい気分はきた。

そうなら、幽霊屋敷内で死体にガソリンをかけて燃やしている怪人物をコーディ少年が目撃した際、鎧戸を閉めることに失敗して大きな音をたててしまう。すると彼方の怪人物は必ずこちらを見るはずで、この際も人物と目が合い、その時の「相貌失認」患者の視界を、専門的にも齟齬のない表現で文字化しておいて、結部のシーンと呼応させる趣向を読みたい気はした。

同じく、サリー・リアリーに救われた際、彼女との対面の瞬間の「相貌失認」患者の視界も、専門家による説明に興味が湧く。先の怪人物の顔面との比較はどう表現されるか。

これらの視界は、後の展開の重大なキーとなる。映像ならばもっとそうであろう。現状では、この最大級のキーが描かれない。この判断も、作をいささか冷やしている。きわめてむずかしいことだが、これらの表現がもしもうまくいくなら、強烈な伏線となって、結末のショックは増すと思われる。

証人の少年が、魔女裁判中の被告のように、人相は理解できないが、「感情の表出としての表情」は読めるのであれば、ラインナップで揃えられた人々に、何らかの行為を仕掛け、それを少年に見せる、という演出発想は必要ではないのか。またこういう方法の効果はどうなのか、気になった。

「相貌失認」という障害に特定的な心理学的スキルが探偵の判断に使用されるが、このかたわらで補助線を成すものは、高額になる診療費に対する配慮など、いわば江戸川乱歩の「心理試験」的な要素である。そうならこれは専門領域の知識は要しないので、読者も推理に参加できる。これらも含め、主人公トーマが得た重要と思われる材料は、リストにして堂々と読み手に示しておいてはどうかと感じる。こうした大胆な仕掛けによっても、より読者を内部に誘い込めるであろう。

トーマの賦験中に少年が描いた絵を、読者に示す趣向も雰囲気作りに悪くない。

同様に、真相としての「特殊事情」を暗喩する伏線は、もう少し作中に撒いておきたい気もした。これが少ない現状は、ややリアリティを欠きそうでもある。顔が映らないようにガラスと鏡をはずす、銀食器も同様であった、ということなら、顔が映りそうな対象は、日常生活中、まだまだほかにある。自家用車のルームミラーは、水たまりの氷結は、銀メッキされた金属の事物は。授乳の際の乳母をはじめとする使用人たちの言動はどうか。真相露見の危険性は、鏡像のみではないかもしれない。

昔語りの挿話が定期的に入ってくるが、これと真相追究の部分とのつながりが、もっかのところ、充分には太くない。人物の系譜的なつながり説明のほかに、「相貌失認」という病の特徴を用いた関連が作れれば、さらによいと感じる。患者が唯一読める、柔和な表情と反抗的な表情、慈悲と告発、こうした要素、あるいはそれ以外でもよいが、これらがコーディの気づきのきっかけになるなど、直接的な関与があればさらに読み手の興奮を誘うであろう。

主軸部分の描写よりも、挿入部分の昔語り描写文は、やや定型依存的でクオリティが下がって感じられる。会話文も、英語には見あたりにくい日本語固有の構文や、時として江戸時代ふうの発言までが混じる感があり、注意してそうした表現には手を入れたうえで、できることなら、ここは微妙に文体を変えられるなどすればベストであろう。

自分に富をもたらしたガラスが、最後に自分を追い詰める、この皮肉な構造にも、短く上手な言及ができたらよいと思った。

後記。その後作者とともに改善の方策をよく話し合い、その過程で、解決部分のラインナップにおいて、ある劇的な仕掛けを思いついてもらえたので、着地部分に華ができた。それによってこの作は、ほぼ完全な仕上がりになったと今感じている。

［第一回優秀作］

少女たちの羅針盤

水生大海

二〇〇九年七月刊行　原書房

梗概

名前に東・西・南・北の文字を含む、十六歳の女子高生四人による小劇団『羅針盤』。彗星のように現れ、しかしひとりの死によって活動は停止された。

そして四年後、ネット配信の短編映画『edge』の撮影が、崖ぎわの館で始まろうとしていた。ブレイクのチャンスと燃える女優・舞利亜に、監督の芽咲が意味ありげに話しかけてくる。君、昔、羅針盤の一員だったよね、と。それは、舞利亜にとって忘れかけていた、いや、忘れたい過去だった。……舞利亜こそがそのひとりを殺した犯人なのだから。

舞利亜とは誰なのか。殺された「あの子」とは誰を指すのか。過去と現在が交差しながら、物語は進んでいく。

――四年前。楠田瑠美は、橘学院演劇部顧問・渡見の圧制に切れて、演劇部を飛び出した。賛同したのは、同級生のバタこと北畠梨里子、来栖かなめのふたり。さらに、別の高校に通う江藤蘭が加わり、自分たちの舞台を作ろうと旗を揚げる。羅針盤の誕生だった。

しかし高校生の財力や集客力では、劇場デビューは難しい。かなめの姉で、親が離婚したため、今は別居している子役出身の女優・広瀬なつめが協力してくれるが、他の劇団の主宰からは甘いと笑われてしまう。

そんな四人が思いついたのは、ストリートライブだった。紆余曲折の末、なんとか客を集めることもできた。だが、瑠美は鼻を明かしたかった顧問の渡見からバカにされ、いじめられっ子だったかなめも中学時代の同級生から嫌がらせを受け、順風満帆とはいかない。バタも、蘭も、それぞれに問題を抱えていた。それでも励ましの声があり、周囲のストリート奏者にも助けられ、四人はなんとか歩を進めていくのだった。

さて一方の現在では、恋人役の男優・倭駆も到着し、撮影が始まった。しかし映画の台本は舞利亜の知らぬうちに変更され、ヒロインのはずの舞利亜は復讐される殺人者の役になっていた。新たな台本では、自身が四年前に思っていたことと同じ呪詛の言葉がつづられていて、舞利亜は不安な気分に陥っていく。過去の犯罪が暴かれていくかのような撮影現場に、脚本も担当する芽咲監督、スタッフたち、共演者の倭さえ、みなが怪しく思えてくる舞利亜だった。

撮影終了後、舞利亜のもとに脅迫状が届いた。総てを知っていると。

物語は再び四年前に戻り、県内の小劇団が集うステージバトルがきっかけとなった四人の軋みを描いていく。突っ走るもの、気持ちが行き違っていく仲間、母親との確執に悩むものがいて、羅針盤で作っているブログも荒らされる。ステージバトルでは観客を沸かせることができたが、主催者との間にトラブルが起きてしまう。

関係を修復しようとする四人に急展開が訪れる。やがてひとりの死を原因として、羅針盤は活動を終えた。

現在。舞利亜は脅迫状の誘いにより、無人の撮影現場に戻ってきた。誰が罠をしかけたのかを見極めるために。

はたして舞利亜の正体は——。

選評

少女たちの羅針盤

島田荘司

ネット配信の、短編ホラー映画に主演すべくやってきたヒロインが、数年前に起こったある女子高生の死亡事件に関与していたらしく、ロケの中途、姿のない存在に責任を追及され、脅迫され、追い詰められる。

こうした構成自体は一種の定型であり、ほぼ器《うつわ》化しているのだが、俯瞰した際、これもまた本格ミステリーとしての上等な仕掛けである。本格ミステリーであるか否か、という視点で眺めれば、当作はこうした既存の型に、ある程度寄りかかってかたちを整えた本格の作例であることが解る。

時間を戻し、当事者たちが役者志望の女子高生であった回想の時代、展開される青春のドラマにこそこの作者の真骨頂があり、女子高生たちに特有の心理や、反応や対処、また少女らしい闘いや挫折を手際よく描いて見せる筆に、作者の資質と自負心があるように見受けられた。

この部分は、述べたように、器に入れ込んだ独立体という安堵感から、作者の筆はミステリー構成を忘れて集中し、存分に暴れている。少女たちの夢、頑張り、闘い、喜びや悲しみ、何より親や教師の側が、自らの保身を行儀の理屈に押し込め、安心して要求してくる姿や、こうした理不尽に対する娘らしい憤りを代弁する筆は、的確であり、冴えてもいる。

ただ、損得を遠慮なく前面に出しての都度のとげとげしい不平や、娘らの行動心理の裏面事情を説明する筆が、逐一過剰なまでに繰り出されるから、登場人物の一人がいみじくも言った、「うざい」という印象が、前半は来がちだった。

読み手の気持ちをいっときも休ませぬこの神経戦的とげとげしさは、高度経済成長時代の男性社会型の威張りに無自覚に影響されていて、パフォーマーたちの躍動の喜びが書き忘れられる。こうした空気は国際的でなく、改善提案を含まないから未来的でもなく、まことにサムライ日本型の戦闘性である。本格ミステリーとしての刑事事件進行の語りとか、夢に向かう彼女らのドラマの説明に、このこまめさがブレーキをかけ、進行を足踏みさせるようなもどかしさが、前段にはあった。

しかし後段に向かうにつれ、そうした筆も徐々に減じて適量になり、ドラマ進行の速度とよく嚙み合うようになった。事件説明の要請が多々現れ、自然にバランスがとれてきたゆえであろう。結果、進行に自然な勢いがついて、少女らの心の描写の的確さが、こちらによく伝わるようになった。

結部にいたって、本格としてのトリック構造は、ヒロインの存在自体をも巻き込んで設計されていたことが判明して、心地よいショックが来る。追い詰められ、パニックに陥ったヒロインが見せる女性的な保身行動の醜さも、奇妙に安定した心地よささえ味わわせて、作者のこの方向での資質を伝える。

この人はすでに自身の文体を持っていて、書ける人である。同方向のアイデアももっと持ちそうだから、即戦力というなら、この人であるのかもしれない。何らかのかたちで、世に出てもらうのがよいかと思う。

当作品自体も、前半の女性世界のとげとげしさを多少刈り込み、適量楽しさを書き加えるなら、商品としても充分に成立するであろう。

古風なタイトル、「罪人いずくにか」は、一考の余地がある。また「崖の上のポニョ」で注目の福山、鞆の浦などは、短編映画『edge』の撮影現場になかなかふさわしい。


後記。このように書いて半年が経ち、改善されてきた原稿を読んだら、まったく変わっていたから驚いた。とげとげしさや不自然さはかげをひそめ、女子高生の日常を的確に切り取る、巧みな表現が前段を埋めていた。また少女たちの躍動感も増して、パフォーマンスのすえ、彼女たちがついに浴びる拍手も、感動的である。これにともない、復讐劇の緊張感も増したように感じた。

着地も適切になり、「玻瑠の家」とはまったく違った作風とアプローチによって傑作の領域に手を届かせたこの作は、福ミスから世に出せる、もうひとつの才と呼べるレヴェルになった。新タイトル「少女たちの羅針盤」も、物語の内部を上手に示した。

［第二回受賞作］

伽羅の橋…………………………………………叶紙器

二〇一〇年三月刊行　光文社

梗概

平成六年、梅雨の頃。老人保健施設の職員、四条典座は認知症の老人、安土マサヲと出会い、その凄惨な過去を知る。

昭和二十年八月十四日。終戦の前日、大阪を最大の空襲が襲った日。マサヲは夫と子供二人を殺し、首を刎ねたという。そして刎ねた子供たちの首を抱え、笑いながら自宅付近を彷徨い、保護されていた。穏やかそうな老婆、マサヲが何故そんなことをしたのか。典座は調査を始めた。そして次々に不可解な事実を知ることになる。

午後一時五分、マサヲは、京橋駅のホームで目撃されていた。しかしその四十分後、生まれて間もない三男の満男と、首だけになった長男と次男を抱え、彼女は桃谷を彷徨っていたらしい。

京橋駅に彼女の姿があったと同時刻、京橋駅から五㎞離れた桃谷にあるマサヲの長屋は、大量の焼夷弾によって、誰も立ち入ることなどできない猛火の密室となっていた。

そしてその時、京橋から桃谷にかけての一帯もまた猛烈な火の海と化しており、列車は不通となり、直線距離の移動などは不可能だった。

いったいどうやってマサヲは五㎞を移動した？　列車も使わず、京橋から桃谷にかけては歩くこともままならず、そんな状況下、わずか四十分間で。

そして千五百度をゆうに超える地獄の釜の底。マサヲは三人を殺し、その首を刎ねたというのか。

この一件でマサヲは精神を病み、戦後五十年間のほとんどを、精神病院に入退院を繰り返すことで生きてきた。

典座は、マサヲの住んでいた家を探し出す。するとそこには、死んだはずの夫と戦後になってから延々ととり交わした、二百通もの不思議な手紙があった。

マサヲの三男、満男と連絡を取り、典座はより詳細な事実を求める。マサヲが殺したとされるのは、長男、次男と、夫の全雄の三人。三人とも首を切り離されていたが、全雄だけは両手首をも切り離され、焼け残った防火水槽の底から首とともに見つかっている。

その後、長男、次男の首を抱えて彷徨うマサヲは保護された。何故夫の首だけは持ち去らず、しかも手首まで切り落としたのか。何故三男の満男だけは、殺さずに抱えていたのか。どうやって三人を殺し、何を使って首を刎ねたのか。そして胴体は結局三人とも見つからなかったが、処分した方法も解らずじまいだった。

発見当時、マサヲの所持していた品で凶器となりそうなものは、刃渡り五センチに満たない肥後の守、ひとつきりだった。

典座は関係者から、こんな話を聞き出す。空襲が激しくなるにつれ、全雄は、子供らを折檻するようになっていた。防火水槽の水に無理に子供らの顔を浸けたり、身体ごと中に押し込んだりというものだった。激しい空襲の日、駆けつけた自宅の軒先で、マサヲはこの光景を見たのではないか。その時二人の子供たちがすでに折檻死させられていたとしたら、逆上したマサヲは夫を殺すのではないか――。首を抱えて彷徨ったのは、そうした凶行で精神がおかしくなったから――。人々はそう推察し、マサヲは殺人者とみなされて、京橋駅での目撃、四十分間での二地点の移動など、細かい疑問点については置き去りにされていた。

まもなく典座は、【大阪大空襲】という本に出遭う。それは八月十四日、東という憲兵の空襲下の体験記だった。猫間川暗渠という下水道が、川に捨水される地点で彼は軍用バイクを乗り捨てた。しかし、それが一瞬にして消えたという。

暗渠とは地下を流れる川だ。そして典座は、これがマサヲの事件と、時間も場所も重なっていることに気づく。暗渠は、京橋―桃谷間を地下でつないでいた。

猫間川暗渠とは、猫間川という川が、大正の末頃に暗渠化されたものだった。そして終戦当時には、この中を人が通れていたことも解った。

しかしあの空襲の日、たとえこの暗渠内を人が通れても、安全であったというだけで、距離が変わるわけではない。ここを通っても、四十分という短時間で移動ができるわけではないのだ。

憲兵のバイクか――？　典座は気づく。しかし暗渠の内径は、高さ一三六〇㎜、幅九一〇㎜。東がなくしたという軍用バイクは、全長二六〇〇㎜、全幅一八〇〇㎜、全高一四六〇㎜と大型で、幅・高さともに暗渠内は走れなかった。

死者と交わした二百通もの不思議な手紙。猫間川暗渠。消えたバイク。犯行のあった長屋の構造。材料は集まり、典座は核心に向かう。しかしすべての謎が解けるには、「阪神淡路大地震」という未曾有の大災害が必要だった。

大阪の町に大火災が発生し、それは五十年前の地獄絵の再現だった。再開発地区に取り残された廃ビルの屋上に、マサヲの幼い二人の孫たちが取り残された。

自らの命を捨て、二人の子供を助けようとマサヲは決意する。そして、驚くべき行動を開始する。その意表を衝く姿に、人々はついに、五十年前のあの大空襲の日、この地で起こった不思議な事件の、真の姿を知ることになる。

選評

島田荘司

伽羅の橋

「伽羅の橋」は、不思議な読書であった。前半は退屈し、読みながら何度も舟を漕ぐありさまだった。章内に、数字振りがされてなく、非常に長い章も、一気読みせよということらしかった。

漢字が多すぎるうえ、古風で読めないものもある。そうかと思えば、「大丈夫」などの一般的な語彙はヒラかれたままだ。登場人物の名前も、中心人物以外の者たちの名にまで非常にむずかしい漢字が当てられていて、その意図が不明だった。

劇的な内容を扱うのに、文章は奇妙に冷えていて、読み手を引き込む優しさ、親切さに乏しく、そっけなかったり、時に的確さを欠いていたり、そうかと思えば興奮がすぎて大げさになっていたり、かと思えば妙に描写が冗長になり、にもかかわらず必要な説明が落ちていたりした。

これらは新人にありがちな傾向で、つまるところ、文章書きの基本的な技術が習得されていないゆえに思われた。これらが、この作品のでき自体、まだ習作の段階にあるのではという不安な予感を、こちらに抱かせた。

ところが退屈に堪えて読み進めた後半、目を見張ることになった。数限りなく小説を読んできたこちらも、これまでに体験したことのない種類のダイナミックさを目撃し、目が覚めた。そしてこれまでの流すような読み方をあらため、居住まいを正すような気分になって、真剣に活字を追うことになった。

選評において、この種の書き方はこれまで避けてきたが、当作においては書かずにいられない。拙作『都市のトパーズ』や『ひらけ！勝鬨橋』、「大根奇聞」、これらの仕事によって蒔いてきた種が、自分の知らぬ場所で芽を吹き、育ち、足音を忍ばせて戻ってきていた。その孤独なDNAが、天の鉄槌によるようにして炎上し、滅びかかる大都会を、人知れず疾走する姿を見て、これは過去のあれら諸作の開花に思われて、背筋が痺れるような感動を味わった。

命も名誉も体裁も、考えられるすべてをうち捨て、ただ他者の命のために突進するその姿に、膝を抱くようにして片隅を生きてきた、この書き手のこれまでの寡黙な日々を見た。世界のどこかには、こんなとんでもないことを構想してくれる人間がいたということに感謝したし、これほどに人を信じる魂がこの国にいたこと、そして小説の影響力というものはこれほどに強いものだったかなど、さまざまな思いに襲われて、これらが感動を深くした。これまで小説を書いてきて、ほとんどはじめて、報われたという気分を得た。

そうして次に、これほどに大きな、優れた着想が、これほどに退屈な前半を持ったことについて考えた。これがいったい、いかなる理由によるものかということが、非常に重大な問題になった。

文章力の不手際という点はさておき、まずは、冒頭に大看板が不足しているのでは、と思った。この物語は、複雑で壮大な内部を持つが、四条典座が、施設で向き合った老婆マサヲの着ている冤罪を晴らす、という単純な構造を背骨としている。このストーリーをしっかりと楽しむには、読者と典座が、これから始まる物語において、何を追跡し、何を解明していかなくてはならないのかといった理解を、前提として正確に持たないと、複雑な展開を理解しにくい。

この説明が冒頭段階で不足気味で、この説得が弱いため、続く二章、三章で典座が行っている行動の意味が読み手に伝わりにくい。それゆえ、こちらの気分が作中に強く引き込まれない。

さらには書き手の迷いと、いささかの混乱も作用していそうである。マサヲがかけられている冤罪は、大空襲下の猛火の中における、息子二人の殺害という疑惑なのか、夫全雄の息子殺しを目撃しての、報復的夫殺しなのか。この点がはっきりしない。書き手の態度が毅然としないと、読み手は道に迷ってしまう。

後段、孫を助けに向かうマサヲに、息子満男は、殺人癖のある母親が、孫を殺しに向かっている、だからとめて欲しい、と誤解を口にする。そうならマサヲが世間から着ている濡れ衣は、発狂による子殺しということになる。しかし梗概に作者は、マサヲは夫殺しの冤罪を着たふうだ、と書いている。わが子を殺した夫を見て、マサヲが逆上して夫を殺した、そう世間に判断されたという。

加えて、マサヲが冤罪に落ちた理由が、いささかぼんやりしている。子殺しの動機については、夫のわが子虐待の方が強調されており、母親マサヲの方には動機が存在していない。子供二人の生首を抱え、現場付近を笑いながら彷徨っていたことのみが子殺しの疑惑になったらしいが、そうなら彼女の狂気をよほど生々しく描写しておかないと、読み手の共感は期待できないであろう。

また作者は、彷徨う際に夫の首だけは抱えていなかったことが、夫殺しの疑惑につながったと考えているふうだが、これはどちらともいえない。子供の生首を抱えていたから、マサヲは子殺しの濡れ衣を着ている。そうなら夫の生首を抱えていても、夫殺しの疑惑はかぶる。むしろよりかぶるともいえそうである。

事件の日、マサヲは京橋駅で姿を目撃されている。この目撃が周囲に確認され、世間に膾炙されるなら、マサヲは現場に遅れることになりそうで、子殺し、夫殺しがむずかしくなる。この点をしっかりと調査すれば、マサヲの冤罪立証には効果がありそうである。しかしこの重大な点が、いささか放置気味に見えている。

この物語の向かう方向から言えば、過去の事件を調査してきた典座が、ついに冤罪を立証しきれずにいた時、まるで神の示唆のように阪神淡路大震災が勃発して、この猛火の下、意表を衝くマサヲの決死の行動が、瞬時に、無言で自身の冤罪を語る、とすることが理想であろう。そうなら物語の切れがあがり、後半の感動はさらに増すから、これがゴールともなろう。

けれども当作では、残念ながらこれが目指されていず、また空襲下における彼女の、意表を衝く大胆にして未聞の行為も、続くミステリー現象をあまり大きくしていず、少々歯がゆい思いを味わった。「伽羅の橋」というタイトルのもとになった、子殺しと、その後の改心が、香りのよい橋をかけさせたという盗人の逸話も、この小説の背骨の投影形ではない。むしろ世間の誤解の方の投影形で、そうならこの話はミスディレクションなのだが、そういう扱いにもなっていず、むしろ感動の象徴と単純に考えられていて、ここにも作者の混乱がある。考えすぎて倒錯を起こし、この種の逆立ちした作者の迷いが連続して作を覆い、明快な背骨の貫きをむずかしくしていた。しかしこうしたことが可能な限り改善されるなら、この作品は十年に一度というほどの傑作となり得る。

この作者は、いうなれば下手糞なボクサーであった。ジャブの繰り出し方も、フットワークも、どうかすればグラブの付け方さえよく知らない。しかし、目の覚めるような右ストレートだけを持っていた。そのとてつもない破壊力は、歴代のどんな名ボクサーも、一発でマットに沈めるほどのものだった。このストレートに惚れ込んで、ほかのいっさいを自分がやっていいとさえ、今自分は思っている。

福ミスは、二年目においてもこのような優れた着想の作品を得ることができ、幸運であった。受賞作はこれ以外にはあるまい。

後記。右に述べたような問題点は、その後の丹念な修正作業で、ことごとくクリアされた。これによって、この作はまれに見る傑作となり得たように感じている。

［第三回受賞作］

鬼畜の家

深木章子

二〇一一年四月刊行　原書房

梗概

人けの少ない深夜の港。崖から転落した一台の乗用車には、十三年前に急死した開業医、北川秀彦の未亡人郁江と、高校中退後、引きこもりを続ける長男秀一郎が乗っていた。二人はともに車内から海中に脱出したものと見られたが、遂にその死体があがることはなかった。

偽装事故、もしくは親子心中を疑う保険会社は、二人の特別失踪宣告がなされた後も、保険金一億円の支払いに応じない。

実は北川家には、過剰なまでに不幸の連鎖が存在していた。二女の由紀名は小学校すら卒業していない重度の引きこもりであり、唯一まともであった長女亜矢名は、この事故の直前、大学入学を目前にして自宅マンションのベランダから転落し、不慮の死を遂げていたのである。

もと警察官の私立探偵、榊原は、一人残された由紀名のために、保険会社との交渉を引き受けるが、榊原との面会に応じた由紀名の話は、驚愕に値するものだった。

「あたしの家は鬼畜の家でした」

由紀名の言葉の通り、「鬼畜の家」の実態が明らかにされていく。

睡眠薬で眠らされた夫・秀彦に、塩化カリウムを注射して殺害し、夫の友人の木島医師を抱き込んで偽装工作を図る、妻で看護師の郁江。

父親の死後六歳で農家の養女となり、養父との秘密の関係から性に目覚める二女の由紀名。

その養父との関係をネタに由紀名を脅迫し、養父母に対する放火殺人を実行させる実母郁江。

郁江が、厄介者の由紀名の殺害を企図して細工を施したベランダから、それと知らずに誤って転落死を遂げる長女亜矢名。

息子とひとつのベッドに寝て、蛭のように貼りつく郁江から逃れられず、次第に精神を病んでいく長男秀一郎。

偽装事故により、由紀名を殺害するための予行演習中、誤って岸壁から転落死を遂げる郁江と秀一郎。

そして新たな死亡事件が発生するたび、遺族の手に入る高額の金。

依頼人由紀名の了解を取り、事実関係の調査を榊原は独自に開始するが、関係者の事情聴取を続けるほどに、隠された事実と、新たな疑念とが浮かびあがる。

秀一郎の父親は秀彦なのか、それとも舅なのか？　姑の死因は何だったのか？　秀一郎が愛した女は妹由紀名だったのか？　亜矢名の死は、妻子ある獣医師、田中哲との恋愛に敗れた末の自殺だったのか？

そして自動車転落事故の夜、隣人が目撃した人物は、死んだはずの秀一郎だったのか？

収集した断片的なピースによって推理を進めるうち、榊原はやがてジグソーパズルの中央に、「鬼畜」の顔が浮かびあがってくることに気づく。

選評

島田荘司

鬼畜の家

名人職人の華麗な柱時計

日本の物造りを長く支えてきた団塊の世代が先年大挙して退職し、老人予備軍としての余暇生活に入った。彼らは優秀な人材を多く含んだが、後進を育てることはあまり得手ではなく、某楽器メーカーは、ピアノが鳴らなくなるのではという心配をしていた。

大部隊の彼らは、物造り以外の局面でもよくリーダーシップを発揮し、日本社会の各局面を表裏で支えてきた。外交の第一線に立っていた者もいるし、専門技術によって特殊な機械を操作、人のしない体験を積んだ人も多い。

東京は今、四人に一人が老人という時代の門口に立っている。間もなく団塊の世代が老人グループに合流すれば、そういう時代が現実になる。そして二〇四〇年前後には、日本人全体の四十一パーセントが老人になるという予想もある。

老人とは、六十五歳以上の国民のことで、老人半数時代は、世界に先駆けてまず日本に起こる。しかもこれら老人のうち、六十〜七十代の大半は、医者とは無縁の健康体をもって暮らしている。こういう時代になれば、もはや老人のイメージも概念も、地球規模で変わらざるを得ない。彼らは単に経験を多く積んだ国民なのであって、作業不能を宣告された者はわずかである。そういう人材にこれからどんな仕事をしてもらうかが、これからの日本の成長のキー・ポイントとなる。

日本の本格ミステリーのフィールドもまた、彼らのうちの資質ある有志の参加を望んでいる。「人生わずか五十年」の時代は終わりを告げ、「人生八十年」の時代、長い余暇を獲得した彼らに、とりわけ特殊な技能や体験を積んだ人に、もうひと仕事をしてもらわなくてはならない。有能な彼らに、これからの長い時間をただ無為にすごしてもらうのは、国家的損失である。俳句作りに精を出すのなら、いっそもう少し長い文章を書いてもらってもかまわないはずだ。

このところこういう主張を繰り返してきている自分であるが、この作を読み、団塊の世代にひそむ才能という自分の予想に、再度自信を深めた。この作には、勤めの義務を果たし、能力の成熟とともに余暇生活に入った書き手に、こちらが期待するすべてがある。いっとき喧《やかま》しく言われ、使われた自然主義文学ベースの物差しを試しに持ち出せば、文章力、人間描写力。日々の生活を律している法的発想への理解、その語彙《ごい》の適確な使用。医学発想や、その専門用語の正確な理解。

社会を埋める、利口ぶった人間たちが陥りがちな俗な発想。とりわけ女性たちの赤裸々な金銭欲、損得勘定、そのはざまに、計算されて滲出《しんしゅつ》する性欲。日々平然とつかれる嘘。慣習的でごく自然な見栄・自慢の発想や、威張りの欲動。自身が上位と信じる者たちによる他者睥睨《へいげい》の常識、これによって強力に育まれていく虎視眈々《こしたんたん》の報応感情——。

社会を埋めて蠢《うごめ》く、こうした通俗的欲動への冷めた洞察と把握が、過不足のない描写の筆から滑り落ちる時、それ自体が勝手にジョークに身を変える。これこそは、達意の文章境地だ。新人にしてあっさりとこんなことができるのは、やはり熟年作家ならではのものであり、経験豊富な手が、自然に行ってしまう手技というものであろう。

実際、名人看護師の手技を思わせる新人離れのした手管は、作中に数多く見えている。この物語は、時間軸に沿って語られることはせず、もと警察官の私立探偵が、事件関係者に次々に会って歩き、証言を取るのだが、その関係者の証言が、語り口調のまま無造作に並べられ、読者の眼前に供される。

これらはすべて読み手の推理のための材料のひとつひとつであり、これを使って読者は、脳裏に自分で物語を再構築しなくてはならないわけだが、この素っ気ない提示のありようそれ自体が、ある隠蔽《いんぺい》のための仕掛けとなっている。

そもそもポー以降のミステリーは、アングロサクソン男性たちの気取ったサロン文化で、いうなれば小綺麗に調理され、瀟洒《しょうしゃ》なテーブルに載せられる、上品な肉料理のようなものであった。しかし、別容器に取り分けられ、隠されたまま棄てられるはずの夥《おびただ》しい臓物や血液を、遠慮なくテーブルにぶちまけ、臭気もものかは、素手でもぞもぞとかき分けて、好物料理がやってくる場所を冷静に解説するような本格ミステリーの時代が、始まってもよかった。

フリルのドレスで取り澄まし、サロン文化では壁の花の位置を動こうとしなかった女性たちが、実は舞台裏ではなまなましく闘い、むき出しの欲得ゆえに血を流していた。その戦闘の行為においては、倫理観ゆえに逡巡《しゅんじゅん》するようなしおらしい気配は微塵《みじん》もなく、何が自分に最も得かを冷静に予想しておいて、好機の訪れとともに、瞬時の迷いも見せずにこれをかすめ取る。

実の娘を殺す計画を日常的に練り、実の息子とベッドで交わり、この行為を恥と感じる純情など、負けを呼ぶから発想もなく、娘への勝利行動に用いようとするが、用いられる側は、母親の裏面の感情を読んで実行為の深度を測り、効果的反撃の準備を練る——。とこのような恐るべき世界の開陳は、あのアガサ・クリスティの時代には、エリザベス朝時代の道徳観から謹《つつし》まれていた。

しかし著者の筆は、これらの展開をさも当然のように平然と活写し、その冷徹な筆は、研ぎすまされた刃の乱舞のようで、これがあの愛らしく、慎ましい女性たちの暮らす世界かと男性読者は目眩を感じはじめる。はたしてこのような女のどろどろを、免疫を持たない男世界に開陳してもよいものか、などと心配を始める。

さらには、これはエキセントリックな一部の女性においてのみ起こることであり、女性たちの内部に普遍的に存する負の感情とはして欲しくない、いやそのような約束事にしておいてもらった方が世は安全だ、などとおろおろ考えはじめる。

ところがそのショック自体、そうしたつべこべ自体がまた、著者の計算の範疇《はんちゅう》にあった。著者は男性読者たちのパニックを先廻りして予想し、これを盾として使用した際の、真相隠蔽の強度がどの程度か、までをも冷静に計算していた。男の弱々しい分別が発動すれば、自動的に作者の術中に嵌《は》まる仕掛けになっており、真相は背後の闇に没する。このしたたかな遣《や》り口には舌を巻いた。

それぞれの部品は無造作に並べられているように見えるが、実はそれぞれ、予想外の役割を担った歯車であり、可動部品で、互いに噛み合い、連携しながら着実に稼働して、全体としてだましと驚きのストーリーを進行させる。そのステディなリズムは、手だれの時計職人が組みあげた華麗にして古風な柱時計のようで、律儀な作動自体に、じっと眺めていたい美がある。

この作は稀な完成度を誇る精密機械だが、唯一の弱点もその緻密さのうちにあって、これは手だれの読み手なら、あるいは骨董《こっとう》品のマニアならば、どこかで一度は見た時計だ。ここまで極限的に先鋭化、巧妙化、人工化したものはなかったものの、方向としては定型流用の範疇にある。たとえば横溝作の一部に、未徹底ながら、この方向のものはあった。欧米の悪女ものにも、傾向としての前例はある。

この作例は、足もとの地面に、大きく深い穴を延々と掘り下げていくような営為で、未知の宇宙に向け、自作のロケットをどんと打ち上げるような蛮勇行為ではない。つまりは未聞のメソッドは切り拓《ひら》いていない。

けれど、これは減点対象とはできない。ここまで磨き、進めれば、もう充分に新しいというべきだし、福ミス受賞作の内に、こうした方向の作例がひとつ混じることには、大いに賛成である。

著者が半生を捧げた法曹界は、世情風刺の寸劇のような一面があり、東京地裁で長々と傍聴していれば、壇上の判事と検事の顔は変わらず、被告と弁護士が、二人の応接間に入れ替わり立ち替わり、お邪魔しますと言わんばかりの表情で入廷してくる時がある。そしてボタンをかけ違え、前科を得た被告が、徒歩で都下をさまよい、自転車を無断で借用して監獄に舞い戻ってくるいきさつを、かいつまんで説明してくれたりする。

こうした盆栽箱庭ふう小世界の圧倒的な支配者、裁判官たちにも、困ったことには出世の概念があり、刑事裁判では往々にしてクロ判決を出すことで上に評価され、出世する。地方の判事は出世をあきらめているから、主張が正当に通ってシロが出やすいとは、多くの苦労人弁護士が口を揃えるところである。是正不能のやりきれなさは、人の暮らす世界を上から下まで充たしている。

著者の場合はこれまで、民事ひと筋に歩いてこられたようだが、限られた証拠類を用い、背後に監視の目を持つ判事たちが、出世欲とともに下す判断と、これを受けて悲喜こもごもの俗人たちの姿を生涯見てこられた。当作にもこうした箱の中の嵐が投影されているから、読むにつれ、もしもそう言って許されるならだが、優れた法律家とその作業世界こそは、下方で頑張る物語創作世界への、最高にして最良のファームなのかもしれないという思いを抱く。

受賞後の著者は、今年までにすでに『衣更月家の一族』、『螺旋《らせん》の底』、『殺意の構図探偵の依頼人』と、年に一冊のペースで力作を排出してくださっている。退職後の登場三年にして、すでに二十年作家たちにひけを取らない実績が、着々と重ねられつつある。

かつて出版界は、定年退職後のデビューというものに、まったく期待をしてこなかった。応援資金を投じても、活動はせいぜい十年弱、到底回収はできないという常識があったが、世の中はすでに変化、それとも脱皮を為した。著者のこの精進ならば、九十歳まででも書けそうであるし、高価値の作品の量では、若い時代にデビューした作家たちに引けを取りそうにはない。二十歳でデビューしても、青春小説の筆力から脱皮せず、怠惰に過ごす才もまま世間にはある。法曹界や医学界、あるいは学問の世界を勤勉に支え終えた退職者たちの黙々とした余生の筆、その濃密さこそが、今後はジャンルを支える時代に、社会は静かに向かっている。深木章子氏の登場は、そういうことをこちらに感じさせ、期待させてくれる、自分にとってはひとつの事件であった。著者にはこのままのペースで書き続けて欲しいと願っているし、ジャンルの諸兄には、今後このような人材をも大事にする空気を作って欲しいと、綾辻氏が登場したあの時のように、願っている。

［第三回受賞作］

檻の中の少女……一田和樹

二〇一一年四月刊行　原書房

梗概

君島悟は、表沙汰にできない企業のトラブルを、専門に解決するサイバーセキュリティ・コンサルタントだ。人間の心理や仕掛けのすきをついた、ソーシャル・エンジニアリングと呼ばれるハッキングを専門としている。

ある日君島は、橋本夫妻から息子の死について調べて欲しいという依頼を受ける。本来は企業からの依頼しか受けない君島だが、報酬の高さにつられて引き受けてしまう。

二人の依頼は、息子の有樹の自殺の調査だった。有樹は自殺などしない、と橋本は言う。

有樹は、インターネットサービス『ミトラス』に登録していた。ミトラスは、自殺希望者と、自殺希望者にアドバイスする支援者とをマッチングするサービスだ。しかしそれは表向きだけのことで、実態は支援者たちが自殺希望者たちを死に誘い、その謝礼を受け取る仕組みだった。

多くの自殺希望者は、死の直前に優しく対応してくれた相手へ、多額の謝礼を送金するのだという。ミトラスは、そのために匿名で送金が可能な仕組みを提供していた。支援者の多くは、アルバイト感覚でミトラスに登録し、金を稼いでいた。

調査を始めた君島のもとに、みのんと名乗る女子高生が現れる。彼女はミトラスの会員だった。登録した個人情報を見た運営者が、自分をストーキングしている、とみのんは言う。君島は行きがかり上、みのんをかくまうことになる。

君島は、有樹が死の直前にやりとりしていた内容を知るため、ミトラスのシステムをハッキングしようとしたが、堅牢で歯が立たない。仕方なく、聞き込み等で情報収集を行う。

その結果、有樹は自殺だったことが解る。報告を聞いた夫妻は、ミトラスで支援者にそそのかされなければ有樹は死ななかったと言い、ミトラスを潰すことを、君島に新たに依頼する。

再度ミトラスを調べはじめた君島のもとに、ミトラスから警告がくる。ミトラスは、君島が調査していることをすでに知っていた。それどころか、君島の素性までも正確に突きとめていた。

君島は、巻き返しをはかろうと試みる。しかし、技術的にはどうやら向こうの方がうわ手だ。ハッキング合戦では勝ち目はない。

そこで君島は、ソーシャル・エンジニアリングで罠を張り、ミトラスの運営者の正体を暴くことに成功する。さらにみのんをストーキングしていた証拠も摑む。

君島は彼を呼び出し、摑んだ証拠を突きつけ、ミトラスを停止するよう迫る。それに対し、自分は利用者からシステム利用料をもらっているだけで、法的に問題はないと運営者は笑う。

ミトラスそのものにはつけ入るすきはなかった。そこで君島は、みのんをストーキングしていたことを表沙汰にはしないかわりに、ミトラスを停止させることを迫って約束させる。そして海外ネット口座に隠してあったミトラスの資金を取りあげる。

運営者は姿を消し、みのんは家に戻った。

仕事が終ったと思う間もなく、橋本がミトラスの運営者を殺し、自殺する。それを知って驚く君島にも、危険が迫った。ミトラスの口座がハッキングされ、全額を盗まれたのだ。正体不明の攻撃にうろたえた君島はいったん姿を隠す。そして必死で手口を分析し、犯人を割り出し、その家に乗り込む。

選評

島田荘司

檻の中の少女

当初、作者がこの作でやろうとしていることをよく理解せずに読んでいた。コンピューターの専門家で、システムがらみのトラブル処理屋だという男、君島悟がどうやら主人公らしく、彼が自殺支援サイト「ミトラス」により、息子を自殺させられた両親の依頼で、ミトラスの内部を探り、その解体を目的に動くらしい。

しかし息子の死が謎で、殺された巧妙な方法、行った犯人、その動機を暴くというミステリーではないらしい。そうなら、見せているものが多すぎる。

主人公は俗受けのするごく一般タイプの日本人で、超ミニ、なま足の茶髪ギャルに出会えば都度心を深く動かされ、彼女らから侮辱的な言辞をシャワーのように浴びても、ジョークをまじえて喜々として対処する。

この手のギャルは次々に現れ、それぞれがおちょくりと罵倒を浴びせ続けるが、主人公はいっこうに懲りる様子もなく、あろうことかさらに、新宿歌舞伎町の、この手のギャルが重点的にひしめくデート喫茶まで訪れたりする。

われながらバカだと自嘲し、芸能人とグラビアモデルを劣化コピーして、体重を二倍、知能指数を半分にした（これは別に半分にしなくてもよいと思うが）ような子ばかりと正確に把握しながらも、何かの間違いで無垢な子が迷い込んだりしてはいないかと毎回幻想を持ち、毎度裏切られて金を捨てている。

自殺した青年、橋本有樹は、中堅の私立大を卒業、ＩＴ系の企業に就職、結婚して子供を設けるが、不景気になって勤め先の業績が悪化、リストラの嵐に瀕《ひん》して働きづらくなる。こちらもまた、実に今の世間にありそうな平均的男性である。

終盤に至るまで、こうした平均的な日本社会を活写する作者の軽妙な筆に感心しながら読んでいった。登場する現代ふうの娘たちの、意地悪や傲慢発言のあまりのリアルさ、またその睥睨の目線は、日常的に繰り出されてくる男たちの俗な性欲に由来していること。男たちの方はやまれぬ欲求を自己卑下のコメディに粉飾してはいるが、手早く、後くされのない性処理を、恒常的に求めている。つまり娘らの傲慢は、この性欲しさの男の卑下に対応し、栄養を得て育った花である。

こうした男女の生々しい性介在のやりとり、さらには作者のＩＴ業界への知識の深さ、プロ・レヴェルの専門性にも感心し、これらを載せて展開するステージはと言えばロイヤルホストにスタバで、そのあまりにリアルな時代活写のセンスの数々に打たれて、作者がやりたいことはこれかと了解、意図通りの最先端ユーモア・ミステリーが、秀作としてここに現れているものと考えていた。

日本の若者世界の巧みな描写、とりわけ軽妙なユーモアのセンスが、中盤から紙を置くあたわざる吸引力となり、賞選考の読書にもかかわらずのこの点がなによりもありがたかったから、この作はこれで合格と満足していた。

ところが終盤、主人公が、

「お前と結婚して子供なんか作ったらハードルが上がって、オレはメチャクチャ弱いヤツになっちまう」と発言するにいたって、作者のたくらみがやっと解った。またこの作が象徴的に語ろうとしている日本という国情の変化について、思い当たることになった。

これはすなわち、スマートでシャープな現代ふう私立探偵を描こうとしている、和製のハードボイルド小説であり、その開始である、ということをである。

主人公に仕事を依頼する側は、君島のことを、腕利きのサイバーセキュリティ・コンサルタントと表現する。言われて見れば確かに、彼の事態把握の頭脳は切れ者のそれで、推理能力は一級品である。さらには時代最先端の職業であり、そのジャンルで非凡な腕と頭脳を持ってもいる。

業界への理解も的確で深い。数億という謝礼を提示する犯人側からの誘惑にも、ちょっと迷ってコメディを演じては見せるが、すぐにしっかりとはねつける。

白い太ももがまぶしい未成年の美少女ギャルにも、こっちはかなり本気で迷って見せるが、やはりそれは彼一流の上層熟年層に向けた演技で、軽々に手を出したりはしない。ふと気づけば、君島はどこから見ても格好いい人物なのであった。こういうことが終盤になってやっと解った。

確かに凄腕ではあるが、あまりにおどけと嫉妬逃がしの術がたくみなので、この点がよく見えない仕掛けになっていた。それどころか、この小説がハードボイルド小説であるという、一番肝心な点まで解らなかった。

しかしそれは、あの「モルグ街の殺人事件」が、本格ミステリー小説であるとは、発表当時は誰にも解らなかったであろうから、トップランナーの出現とは、常にそんなものであるのかもしれない。ゆえにこれは傷ではなく、あるの種栄光である。

思えば日本は、先年まで経済競争力世界一を続け、ということは、実質的にアメリカの経済力に迫る勢いを見せていた。かつてのイギリスのそれに近づいていて、こういう新興著しい国なら、そろそろ本物のハードボイルド小説が現れていい。その素地と資格が国レヴェルでようやく整っていた、とそういうことなのであろう。

しかしこの嫉妬蔓延と、自己卑下態度の徹底強制というサラリーマン国情下、敬語丁寧語が多すぎる日本語は、それを省略、格好よく言い切れば即やくざふう低脳感が漂い、丁寧すぎたらつい揉み手も加えたくなり、ではと過不足なく知的に発言すれば、嫉妬の嵐に直面して、出世はアウトとなる。

嫉妬逃がしの好色をせいぜい演じていれば、いつの間にかこれが地となり、周囲の期待もあって脱出不能となり、自身の短躯短足、二次元的な顔面など思えば、英国ふうの気の利いた皮肉を口にするのもはばかられる。日本人に生まれれば、凄腕私立探偵は、思えば君島のこの位置に弾き出されるほかはなかったのである。ハードボイルド探偵国際集会でもあれば、国内同志からの強烈な足の引っ張りによって、末席の補助椅子的、この道化席しか与えられなかった。

こう説明すれば、日本のおじさんたちは、深い苦笑とともに全員が無言で納得、これが偽らざるわが日本で、そうなら、絶対に格好よくしてはいけないというわが厳しい規制の枠内、この作者は日本式の私立探偵を、精一杯上手に描き出し、躍動させていたことに気づかされた。

この作者は、いうなれば和製ハードボイルド第二世代にあたり、第一世代の北方謙三氏などがストレートに男の美学を歌い、裏面に隠した日本人型戸惑いの見抜きは読者に委ねていたが、この作者は読み手にそんな労は課さず、周囲の不興を呼ぶ男性的な腕前を、早々とおどけに粉飾して周りとのバランスを取っておくという、これも凄腕をもって登場してきていた。読者の裏面読みを辞退するこの態度は、さらに何かを先に隠してはいないかと、こちらに大きな期待を抱かせる。

情けな格好いい式のヒーロー像は、華のハリウッドでも今全盛期を迎えつつあるが、しかしそうならこれを日本人にやらせてくれれば、血と涙のにじむ長年の修練で筋金入りとなっており、その板についた格好悪さでは勝負できる国などどこにもなく、軽々と世界を圧倒できるものなのだなあと感心した。

このような作者のもくろみが、こちらの買いかぶりでないことは、タイトルと、長い長い、コメディなしのエピローグを見れば解る。この作者が実はシリアスな体質を持ち、おどけは仮面であったことがここから知れる。

謎のタイトル、「檻の中の少女」を説明する言葉は、このエピローグの中にしかない。長い事件展開の中では、このタイトルはお終いまで謎のままである。この謎解き説明は、最後のエピローグにいたってようやく始まる。

したがってこのエピローグは、物語を書き終えたところで、ちょっと思いついて付け加えたといったレヴェルのものではなく、このエピローグ部分こそがこの創作において作者の最も言いたかったことであり、前半と同等の比重を持つ、作の半分であることが知れる。

いささか一本調子にやりすぎている感もあり、前半の軽快で知的なペースをくずしてはいるが、ここで作者は笑顔を消し、君島のコメディは、実は悲しみの表現なのだと、言葉を使わない説明を始める。

エピローグは、意味不明の高圧的威張りと、そうした自己の肯定、無根拠な他者睥睨が由来する、日本型道徳の温床ハウスの位置の指摘である。その意味では、ここにもまた「鬼畜の家」が顔を出す。この語は、どうやらわが道徳を読み解くキーワードであるらしい。

そしてこれこそが愛するハードボイルドの質をゆがめ、直接に間接に、廻り廻って私立探偵を道化師におとしめた、憎むべき地獄の暗がりと作者は糾弾する。この部分はしたがって、無言のハードボイルド論とも読め、なかなかに意味深な作者の日本人論である。

作全体をざっと俯瞰して、大きな傷が見当たらない。込み入った設計を、作者は上手に終えている。挙げつらう気になれば細かな傷は並ぶだろうが、それは行儀論混同の瑣末なもので、自分は以前よりこの手の指摘には価値を見ていないので、挙げない。また肩の力が抜けた作者の態度が、この種の上から目線をすでに無効化している。

［第三回優秀作］

変若水

吉田恭教

二〇一一年一〇月刊行　光文社

梗概

厚生労働省、疾病対策課に勤務する向井俊介は、幼馴染で脳神経科医でもある佐山玲子と通勤途中に出くわし、ともに利用する丸ノ内線新宿駅に足を向けた。だが駅で玲子と別れた直後、「女性が倒れたぞ！」の大声がホームに響き渡る。

玲子が並んでいたあたりから聞こえてきた大声に、かすかな不安を覚えた俊介は、人集りに足を向ける。するとそこには、冷たいホームに横たわる玲子の姿があった。

すると偶然近くに居合わせた小田桐と名乗る女医が、この女性は心室細動を起こしていると診断を下し、心肺蘇生を始めた。しかし小田桐医師の懸命な救命処置にもかかわらず、玲子は帰らぬ人となってしまう。

翌日、俊介は、玲子の母親からある依頼を受ける。娘が使っていたＰＣが起動しないというのだ。俊介はコンピューター関係には少々の自信があり、修理を引き受けて自宅に持ち帰ったものの、どこにも故障が見当たらず、頭を抱える。更に調べるうち、ＰＣは故障を起こしたのではなく、ウイルスに侵されていたことが解る。

メール経由でウイルスが侵入したことを突きとめた俊介は、大手プロバイダに勤務する大学の同期に頼み込み、メールの送信者を特定する。するとその人物は、玲子の親友で、同じく脳神経科医の広瀬千秋だった。

広瀬千秋が送ってきたメールは複数あり、その中の一通には、内部告発文書が含まれていた。その内容は、広瀬千秋が勤務する病院に入院していた若年性アルツハイマー患者、今村康男に関するもので、病名に疑わしい点があることと、院長と今村康男の主治医がとった不可解な行動が、こと細かく書き綴られていた。

ウイルスメールと内部告発文。相反する二つのメールを送った真意を問い質すべく、広瀬千秋が勤務する、島根県出雲市にある仁誠会病院に電話を入れた俊介は、愕然とする。玲子が死んだ翌日、広瀬千秋もまた、脳梗塞を起こして死んでいたのだ。

内部告発文を送った人物と、それを受け取った人物。そんな二人が立て続けに突然死するはずがない、俊介はそう考え、かつての恋人、霧島美咲とともに、仁誠会病院の調査に乗りだす。

悪戦苦闘の末、岩倉貴史という人物が、今村康男の名前で入院していたことと、彼の出身地を突きとめた俊介は、島根県と広島県の県境にある変若水村という過疎の村を訪れ、新たな事実を摑む。そこでは岩倉貴史の母、多恵が束ねる岩倉一族が、村のすべてを牛耳っており、十年前に、墓荒らしという猟奇事件が起こっていた。

変若水村を調べるうち、俊介は一人の老人の存在を知り、彼から更なる事実を聞かされる。岩倉貴史の数々の奇行と、村に伝わる、誰も見てはならないとされる奇妙な雛祭りの存在だった。

選評

島田荘司

変若水

作中に存在している世界の手応え、また登場人物や、彼らが出入りする異境的世界を信じさせる感覚は、この作に最も感じた。作中にある世界の完成度は、その大きさ、異形の度あいも含め、この作が最も高いとも感じた。したがって終盤手前まで、この作こそは本賞受賞相当、最右翼作と考えながら読み進んでいった。

厚生労働省疾病対策課勤務の主人公、向井俊介のややコミカルなキャラクターも信じられるし、言動が自然で無理がなく、ストーリーによく解けこんでもいる。

その上司で、別れたもと恋人、霧島美咲のキャラクターも、向井のマゾ的な道化ぶりをうまく引き出していて、読んでいるのは楽しい。

初段から登場し、展開に絡んでくる美貌の女医、小田桐綾の毅然とした態度や、体から発される専門領域性、専門家らしい威厳のある立ち居振る舞いも、それらしい感じがうまく出ていて魅力がある。

医師としての倫理観も高いと見え、実力も、周囲を思いやる魅力もある一人の女医が、医療ミスから告訴を受けそうになり、いっとき自信を喪失して見える様子も、その背後にある麻酔医不足等による医師の慢性的疲労、これが厚労省指導の制度的な欠陥を背景にしているなどの説明があって、実にありそうなことに思われ、このあたり、この小説を大人の読み物としての上質感、また一種の教養感覚で充たす効果があった。

同時に、島根県と広島県の現境にある山奥、変若水《をちみづ》村に存在する異様な世界、封建世界の感性や、その時代から理不尽に蓄えてきた富を盾にした、岩倉家の村人への傲慢な立ち居振る舞い、思い上がった威圧的行為が一転して語られ、省庁勤務や病院の内情などを軸とした近代的都会暮らしとの対比の筆の構図も、なかなか効果的であった。

月神神社の祭祀的タブーを犯した罰則から、若い頃に耳を切り落とされた老人、血縁の幻想を信じる岩倉家の人々、その頂点に傲然と君臨する老婆、彼らに問答無用に怯える村人などなど、ややパターンに向かったが、ここにもまた現れてきた「鬼畜の家」が、前半までは信じられる範囲で節度をもって語られ、顔を出した日本民話ふうの素朴な恐怖感覚が、東京暮らしの筆と両輪になって、物語をよく牽引した。

こうして見れば「鬼畜の家」という田舎型女帝恐怖のコードは、日本産のミステリーのある部分をよく支え、しかも日本人の了解がたやすく取れるリアリティを付加してもくれる、まことに便利な容器であることに気づかされる。よって汎用性が高く、使い勝手もよくて、日本人の描く物語にたびたび顔を出す。

特筆しておくべきは、ほかの三候補作にない「変若水」の圧倒的な手柄についてで、衆人環視のただ中で、狙った犠牲者の心臓に心室細動を起こさせる方法や、人為的に脳梗塞を起こさせる方法を創案したことにある。前人が気づき得なかった、こうした巧妙な殺人トリックを作者が発見できていることは、大きな加算ポイントになる。

厚労省の業務内容や、大病院の実情説明、医療への専門知識、また奇病、難病への着眼や、これへの充分な知識も、終始この作に高級感を醸したし、物語をビリーヴァブルにした。そしてこれらを幹にして、まとわせる枝葉としての都会の若者たちの人間模様、一転して島根県出雲の異質な風土、田舎の老人たちに特有の立ち居振る舞いの筆等は、世界をよく広げた。物語に起伏をつけてこちらを絶えず感心させ、「変若水」を、平均を脱したAランクの創作物と感じさせた。

ところが終盤、展開が着地にかかって、予想外の大きな落差を感じることになった。終盤の「告白」が持つクオリティは、それ以前の物語世界を語る意識と、大きな段差を生じさせて、これが意外な失望をもたらした。

「告白」で語られはじめた謎解きにより、物語はみるみる痩せはじめ、作品が眼前で貧弱に変質、萎縮していくのが感じられた。それは、偉容を誇っていた壮麗な大伽藍の骨組みが、異様なまでに通俗的な、安価な汎用資材が無思慮に用いられていたと、露呈する瞬間に似ていた。壁材や装飾品が一級であったために長く幻惑されたが、物語がよくここまでもったものと、逆に感心するような感覚だった。

魅力と威厳のあった女医小田桐の雰囲気が、真っ先に痩せて、貧相になった。それまでの彼女に降臨していた輝くような高貴さ、上品さは、世に流布している作品群にもなかなか見当たらない貴重なものであっただけに、この様子は、書き手がこの女性キャラの得ていた貴重な可能性に気づけなかったがゆえに思われた。

「告白」で語られる、この段のために用意されていた裏事情は、致命的なまでに通俗的である。日本の医療の制度と現場を語る、これだけの高級世界を構築し得ていた作者が、ストーリー低部の下敷きには、男性用通俗週刊誌程度の礎石しか用意し得なかったことは、誠に意外であり、遺憾であり、不思議でもあった。

着地部分の物語は、世に流布している劇画ふう通俗ストーリーの域を、一歩も超えるものではない。したがって分量わずかなはずのこの部分が、推進力を失って、異様に長く感じられた。

変若水村の暴君、多恵もまた通俗男性用ストーリーの汎用品で、「鬼畜の家」における女帝は、自身の不退転の決意と行動を、常に信じる道徳の範疇で行う。たとえ人を殺しても、自身を凶暴な犯罪者だなどとは露ほどにも認識しない。自身の属する家への誇りと、これの存続を守らんとする自己と子孫への愛情道徳で行為する。決してやりたい放題をやっている訳ではなく、自身が高い正義と道徳の人と信じられなくては意味がない。並外れた傲慢と自己肯定で歪んだ意識にしても、これに対して自己暗示と言い訳が可能な範囲内での、正義の示威行動でなくてはならない。

このあたりの女性型ルールへの洞察不充分は、多恵を暴走させすぎ、男の単純な好色に奉仕する単なる女衒《ぜげん》にしてしまって、物語からビリーヴァブルさを根こそぎ奪った。おとなの読み物としての高級感、上質感をも奪い、物語に宿っていた社会告発性とか、状況改善の提案力をも放り出したように感じられた。

結果この作は、佳作優秀作もはたしてどうか、というレヴェルにまで滑り落ちたが、「告白」を起点に、前半にまでに徹底改善の筆を及ばせれば、受賞作相当の価値も資格も充分にある。

［第三回優秀作］

キョウダイ……………………嶋戸悠祐

二〇一一年八月刊行　講談社

梗概

《私》は、知られてはならない過去を持っていた。少年時代、北海道M市ですごした三年間。人として生きることを放棄し、暗闇の中で息を潜めるようにして生きた暗黒の時代だった。

今は、この時の自分など存在していないかのごとく振る舞い、人並みの生活を送っている。美しい妻を持ち、可愛い娘もいる。忙しいが、仕事もそれなりに順調だ。あの三年間など、自分の内に封印して、思い出すこともなくなっていた。

しかし、ふとしたきっかけで歯車が狂いはじめる。久しぶりに休日を取り、家族三人で動物園へ行った、その日の夜のことだ。

妻洋子が、どこからか私の小学校時代のアルバムを持ち出してきた。私は衝撃を受けた。そのアルバムは、あの時代の、存在してはならない三年間のアルバムだったからだ。

その日を境に、私はたびたび恐ろしい幻影を見るようになった。仕事もままならず、精神的に追い詰められていく。原因は解っていた。封印したはずの過去。それがアルバムを見たことによって、解き放たれてしまったのだ。逃げ続けた過去と、私は対峙することを決めた。

あの時代――。私には双子の兄弟がいた。北海道M市、イキタン浜近くの黒々としたアパート群、通称餓死町での三年間、私は兄弟二人ですごした。餓死町は、呪われた町だった。そこに住む人間たちは、無条件に忌み嫌われ、学校ではいじめに遭った。餓死町に住んでいるというだけで、人間として扱ってもらえなかった。

だがたった一人、味方になってくれる友人ができた。彼の名は三月良太。三月のおかげで、生活に一筋の光を見つけることができた。もしかしたら、このどん底生活から抜け出せるかもしれない――、私はいつしかそう期待するようになった。

けれど、それは大きな間違いだった。三月は裏切った。始まったものは、もはやいじめではない。クラスメイトを扇動して、三月は私を殺そうとしたのだ。

過去の自分と対峙するため、私はおよそ二十年ぶりに、M市へと向かった。餓死町は跡かたもなく消えていた。だが、いくつかの手掛かりを見つけることができた。

子供の頃の自分が正視せず、見ないふりを続けてきたものが、今やかたちを成し、はっきりと見えてきていた。

M市から家に戻ると、どこへ行ってきたのか、と洋子が問いただしてきた。洋子には、仕事で札幌へ出張だと嘘をついていた。それが見抜かれていたのだ。洋子は、アルバムを持ち出してきたことを、後悔しているらしかった。確かにあのアルバムをきっかけにして、過去の封印は解かれた。

すると洋子は、いきなり恐ろしい話を始める。私しか知らないはずの、あの暗黒時代の秘密を、とつとつと語りはじめたのだ。

世界は一瞬にして変容した。暗黒時代はまだ続いていたのだ。そこからは、決して逃れることなどできないのだと、私は知った。

そして、最後に私を待っていたものは、想像もつかなかった世界だった。

選評

島田荘司

キョウダイ

冒頭から、ストーリーはホラーのセンスによって語られているらしく見える。タイトルの少し奇妙な感覚も、ホラーセンスのゆえであるらしく、その手法をこれより滲ませていくという、冒頭宣言のようにも読める。

ホラー手法は、時にその気配を薄めながら、しかしじわじわと全体に敷衍されて、ついに全体を覆う。驚きを演出する、数学パズル的な物語装置としての今回の本格ミステリー挑戦に、このホラー感覚が相性の良さを見せてくれたことは、この作者にとって幸運なことであったと思う。

一家が九州八幡から移っていく北海道の海べり、通称餓死町の貧民窟には、廃炭鉱語り等によく見られたような、懐かしい恐さがある。人格喪失の者とか薬中、刺青者や前科者が集合して蠢く、悪臭漂う貧民の掃き溜め、こういう場所に、炭鉱の場合はガス爆発で火傷した者のかさ蓋を食らう野狐《やこ》とか、地縛の亡霊がよく出没した。こういう趣向は本格の読み手にはあまりなじみがなく、意表を衝かれるから、もうひとつのメルヘン的なユニークさが出た。

中盤、原因不明の病魔に取り憑かれ、体液と蛆の塊りと化してしまう双子の一人の恐怖も、ホラーの部分品を思わせる。鬼と不治の病、あるいは鬼婆、あるいは亡霊は、民話を暗く飾る、失敗の少ない恐怖パーツであろう。

登場人物、たとえば暴力的な義父が漂わせる、民話の鬼のような問答不用の恐怖感も、辻褄の合った合理的な文章を志向する本格の文体とは、奇妙にずれた現実喪失感がただよって、寝苦しい夏の夜の夢のような、素朴な恐怖感がある。

級友三月の見せる心変りもそうで、こうした了解不能の人間の心の動きは確かに恐い。ホラー作家の体質がこんな場所にうまく現れていて、この段階まで作はよく成功し、深みや、未体験の暗さ、不思議さが上手に加わっていた。

こうした様々な事態、風変りな登場人物たちは、やがて始まる復讐劇への準備であった。これらホラー寄りのピースが出そろうのを待ち、作者はこれらを使って前代未聞の計画を立てる。双生児の片方を襲った病を用いる復讐計画。ここで作はいきなり俯瞰の視線を持ち、「本格」に変貌する。

このアイデアは上手なもので、なるほどと思わせられる。軸に据えられ、作全体を支えるくっきりとしたアイデア、そしてその上出来さという点からは、この作が今年の候補作中、随一のものである。中心軸の強力さからのみ見れば、この時点ではこの作が、最も本賞受賞に近い位置にいた。

ただ語りが後半に至るにつれ、本格を志向する書き手でないがゆえの未徹底も、徐々に顕れはじめた。論理性に徹底して殉じる本格態度の不足、それゆえに生じるリアリティの失速、またストーリー・テリングの空回りも目立ち、作者は徐々に俯瞰の視線を失って、本格構造体設計の位置を放擲、再びホラーの語り手に戻っていった。

この行き方は、全体的に見て、多少リアルな体裁に進めた日本昔話的、あるいは夏の夜の恐い夢的センスの「お話」で、辻褄とか、整合性が厳密ではない。過去から現れた鬼畜の隣家住まいは、ただ単に単純な驚きと、過去に深い罪を為した者が受ける因果応報的な、民話ふうの素朴な罰則感覚であろう。それだけのために、作者はかなりの無理をしている。

そう考えれば、幸福であった家庭の妻子が消えるこの物語、夫が昔の罪に目覚めた時、傍らにいた美しい妻が鶴に身を変え、夕日の彼方に飛び去っていくあの趣向とも重なって見え、夕鶴や、雪女のパターンにも感じられてくる。

これは、情緒的に、素朴に、俯瞰設計を伴わない都度着想の展開で読み手を恐がらせる民話的な語り手法に感じられて、本格の人間からすれば、合理性や、伏線呼応の点で、いささかの食い足りなさを感じさせるものだった。

とは言うものの、展開に良質の驚きがあったことは事実であるし、作の出来も、一般水準なら充分に超えている。また展開を表現する文章力も、細部にちらほら難が見られるものの、膨らみも持ち、詩的でもあり、充分に立派なものであった。

ユーモアの排除も、この趣向の語りにならこれでよいから、続編にも期待が持てそうな水準であり、右に指摘の点に手を加えてもらえるなら、当作は単に出版可能という領域を越え、傑作にも手が届く。

［第四回受賞作］

誰がための刃——レゾンデートル……知念実希人

二〇一二年四月刊行　講談社

梗概

若手の外科医である岬雄貴はある日、自分が末期の胃癌であることを知る。死期が近いことを知って自暴自棄になっていた雄貴は、自分に暴行を加えた男に対する復讐にのめり込むことで、恐怖を紛らわせようとした。しかし、男からの反撃にあった雄貴は、奪ったナイフでとっさに男を殺害してしまう。殺人犯として逮捕されることに怯えた雄貴だったが、何故か事件は、世間を震撼させている連続殺人鬼「ジャック」の犯行であるとされる。

混乱する雄貴にその「ジャック」を名乗る男が接触してきた。「ジャック」は雄貴の殺人を隠蔽する代わりに、自分の仲間として、法が裁ききれなかった悪人を殺害する手伝いを強要する。雄貴は激しく葛藤しながらも、「ジャック」の思想に惹きこまれ、自らの犯行を隠すため、そして残された自分の人生に意味を見出すため、「ジャック」とともに悪人の殺害に手を染めるようになる。

家出中の少女である南波沙耶は、ペンダントを数日間預かるという奇妙なバイトを引き受ける。バイトを引き受けた数日後、ともにペンダントを預かった友人が、数人の男に殺害され、さらに沙耶自身も拉致されそうになる。しかしその場面にたまたま出くわした雄貴が、沙耶を男たちから救い出す。雄貴に助けられた沙耶は、雄貴の家に置いて欲しいと必死に頼み込む。最初は頑なに同居を拒む雄貴だったが、沙耶の辛い身の上に同情し、食事を作ることを条件に、空いた部屋に住むことを認めた。

沙耶と同居したのちも、雄貴は「ジャック」の指令にしたがい、殺人を続けていた。しかし沙耶と心を通わせるうち、雄貴は自らの行動に、疑問と羞恥を感じるようになる。そして高利貸しの男を家族の前で殺害してしまい、家族が狂ったように悲しむ様子を目撃して、雄貴は自分がいかに恐ろしいことをしてきたかに気づき、自らの手で「ジャック」の暴走を止めようと決意する。

雄貴は「ジャック」事件について追っているジャーナリストの佐久間正人と接触し、スクープを提供する代わりに情報を聞き出し、これまでの「ジャック」の犯行を調べあげた。すると、世間ではすでに時効となっていた二十年前の女子高生殺人事件の、犯人が殺害されていた。

一方、ペンダントの中からSDカードを見つけ出した沙耶は、その中に入っていた暗号のような英数字の羅列と、妊婦の写真から、何故友人が殺されなければならなかったのか、犯人は誰なのかを知ろうとする。そして沙耶たちを襲ったのは、暴力団の幹部、楠木真一だったことを知った。

警視庁捜査一課刑事の松田公三は、地道な捜査から、雄貴が「ジャック」の事件に何らかのかかわりがあることを突き止め、執拗に雄貴に迫っていた。雄貴の留守中に沙耶と接触した松田は、沙耶に、雄貴が「ジャック」の可能性があることをほのめかす。松田の言葉に動揺した沙耶は、入るなと言われていた雄貴の部屋を調べ、そこに置かれていたナイフと、「ジャック」が犯行現場に遺すカードを見つけてしまう。

家に戻った雄貴は、沙耶に「ジャック」のことを激しく問い詰められ、言葉に詰まった。雄貴が「ジャック」であると確信した沙耶は、家を飛び出す。跡を追おうとした雄貴だったが、病状が進行しており、その場で倒れてしまう。

雄貴の家から出た沙耶は、油断していたところを楠木に見つかり、拉致されてしまう。楠木は沙耶を人質にして、ペンダントを持ってくるよう雄貴に指示する。症状が悪化し、入院していた雄貴は、自らに強引な治療を行い、一時的に動ける体にすると、愛する沙耶の救出のため、そして真のジャックとの対決のため、病院を出るのだった。

選評

島田荘司

誰がための刃――レゾンデートル

現役医師が、その専門知識を駆使して描いた、日本型ハードボイルド小説、という位置づけでよいであろう。これは冒険小説の新人賞に投じられるべきではと考えたが、読み終えた現在は、福ミスに入れてもらったことを喜んでいる。

未解決に終わった英国の「切り裂きジャック事件」には、本職の外科医が犯人とする説がささやかれた時期がある。この作にも「Jack the Ripper」を名乗る怪人物が登場し、法の目を巧みに逃れ、のうのうと社会に生息する悪人を、超法規的独断で裁きの血祭りにあげていくのだが、あるいはこの有名事件が、作者にインスピレーションを与えたものかもしれない。

この場合の「ハードボイルド」は、アメリカ西海岸の私立探偵小説といった意味ではなく、近年、いくぶんか誤解気味に高級語として使用される日本式の「ハードボイルド」で、男の美学をうたう、ヤクザ志向の暴力小説、といったあたりの意味になる。

最近では、小説においてはやや流行が去った感があり、青年コミック誌の劇画に、この種の超絶格闘技礼賛思想がもっぱら見受けられるようになっている。したがって、小説賞の選考委員としてしばらく率直な論評を許してもらえるならば、医学者として高度に専門的な学問知識、あるいは高度な倫理観を身につけた成熟的知識人が、劇画由来のストレートな暴力描写の格好よさに、ここまで手放しで同調できるものなのかという驚きと意外感が、読書の間中、終始ついて廻った。

おそらく欧米の同種の作家なら、この物語も、もっと枯れた、あるいは洒脱なユーモアを操りながら、小粋なおとなの筆致を見せて展開させたに相違ない。これはアジアにおいても、そう違わないように推察する。そうなら、ごつごつした文体を書き連ね、泥くさいまでに本気で没入したふうのこのストレートな暴力礼賛は、日本人に特有のものであり、またしても興味深い、漫画重視日本人論の一環でもあるように感じた。

実際のところこの物語は、男性なら誰にも経験があるだろう、少年の日の格好いいヒーロー化身妄想の産物で、そこには少年が関心を持ち、また目にするあらゆる劇的な要素が、手当たり次第に投入される。その意味ではまことに共感が及び、背後事情の洞察がしやすい。

自身の命が残り少ないことを知り、訪れる自暴自棄にやがて打ち勝ち、滅びを前に自らの肉体を鍛えあげ、独善的正義を颯爽と行使して悪を葬り去る日々。その過程で、使用した下着売りなどに身を落としたうえ、悪人に追われるいたいけな美少女を救出し、懇願されてともに暮らし、彼女の作る手料理を口にしながら、命の炎を、壮絶に燃やし尽くす——。

誰もが一度は夢想する、臆面がないまでの定型的行動妄想であるが、文学者三島由紀夫もまた、こうした日本型美学を、自らの肉体を使って体現しながら去った。男ならば誰にも覚えがあるこれを、われわれは、世知辛い浮世を、生活費のために漂流することで忘れてしまっている。

戻れないほどに灰汁《あく》が身に染みれば、このような経緯の物語を、青いものとして否定したくもなる。文芸志向の成熟型の読み手には、この劇画調の筋肉志向、格闘強者への手放し憧憬の文体は、当初は恐らく違和感となって感じられるであろう。かの三島も、『ゴルゴ13』を読みはしても、自身の創作においては、こうした趣向は慎重に避けた。

しかしそれゆえに、うとまれた孤児のようなこの青い妄想が、非常な突進感覚と、ページターナーとしての吸引力を作に与えたことはあきらかである。構成のシンプルさ、執筆動機のストレートさを、作者はそのまま、強い突進のエネルギーに変えた。そして作者が、勉学努力によって身に付けた高度な医療知識が、この妄想を骨太にし、リアリティを加えた、そうした経緯と背景が、この創作にはありそうである。もう少し言うと、勤勉な勉学努力も、医師となって得た自覚や、日常的な被尊敬の体験も、こうした少年の日の妄想を忘れさせなかったということであろうか。それとも日本社会に特有の、医学書とともに読む青年劇画が、こうした記憶を作者に呼び覚まし続けたのであろうか。

いずれにしても作者には、この若い妄想を一度、吐き出してしまわなくてはならなかった事情がありそうである。吐き出し終わった今、医師としての意識が太くなり、そののちに来る物語は何なのか、大変興味がある。

出会った少女へのおずおずとした、不器用なまでの愛情表現、英語世界の視線からするなら、泥臭く、格好悪いほどのこの態度は、日本型の視線からすれば圧倒的な好ましさとして了解が取れ、美しいまでの男性的態度であると、作者はほとんど主張する。

先年の冒険小説ブームや、東映産のやくざ映画を持ち出すまでもなく、こうした世界に熱狂的な賛同者、崇拝者がいるのも日本であるから、うまくすればこの作は、ある熱をもって迎えられるかもしれない。

作中に横溢する暴力礼賛の右翼的な気配、そして行動言語だと言わんばかりの言いきり型短文体にさえなじめば、猛烈に痛快であり、面白い。PCゲーム型暴力描写に没入し、硬質のヤクザふう言辞に身をゆだねられるようになれば、おおいに肉体鍛錬の耽美に共感し、悪を消すその躍動に快感共鳴し、末期癌を押しての命がけの闘いに、感涙を得ることもできるに相違ない。

日本型の価値観からすれば、女性に不慣れなおずおずとした純情と一見齟齬して見える結末に、美学の見地から異論も出るかもしれない。絶後劇を飾るレトリックは、各人に各様の思い入れがあろうし、成熟した洒脱さを振りまく欧米型のヒーローにしても、多くは別の去り方をしそうではある。そしてそれこそは、彼の甘美な残り香ともなろう。

しかしこの物語の主人公は、すなわち作者は、母性発揮にこそ女性の至上の美、あるいは価値を見るのかもしれない。これも日本人型のありようであるし、また暴力男子に特有の母系家庭のぬくもり憧憬が、ここには潜むのかもしれない。いずれにしても、こうした趣味のあれこれを選評に持ち込むのは誤りである。

私自身は、こうした単純な勧善懲悪、懲罰殺人の礼賛には慎重になるところがあり、このようなサムライ型の短絡的な腕力正義が、死刑存置の理由であり、その背後の補強的思想であり、旧軍の暴力容認を呼び、日本社会から、日本型威張りや道徳粉飾の暴力の排除をむずかしくし、冤罪を生み、2ちゃんねるを生み、といった特有の日本型厄介を見るからであるが、人工的エンターテインメント・ストーリーの設計ならば、現実の生々しさは切り離して評価すべきであろう。

主要な登場女性たちには愛憎の交換はなく、美しく出会い、また別れていく。こうした場面に異存が出る向きもあるかもしれないが、この種の物語にはこうした趣向は必然で、母性とは達観であり、自身の勝ち負け損得で争うことはしない。これらは作を動かしていくエネルギーの質の問題で、この物語においては、傷としては作用しない。

この作に問題があるとすれば、福ミスは、ジャンル刺激のために「本格」、もしくは「本格」寄りのミステリーを求めると公言していることで、この作の基盤の配線が、「本格」ものらしい知的な込み入り方をしているか否か、という問題になろう。

この点は今回、素晴らしく達成的であるとは感じなかったものの、治療上のある纏綿した事情が、事件の理由として背後にしっかりと用意されてあり、この部分のリアリティと完成度に、「本格」志向者の知性を感じた。何よりもこの作者が、高度に知的な医学の蘊蓄を見せるたび、背後に存在する深い医学的知見に都度圧倒される思いで、単純と見える物語進行に、要所要所で知的な厚みを加える印象を持った。

さらに一言すれば、怪人物「R」に覆面を脱がさせる場面を、現状よりできる限り後方にずらす意図での加筆修正も、当作をより「本格」に近づけると思われる。この人は、必ず「本格」に愛情を抱く人である。次回作にはさらに期待が持てる。

いずれにしてもこの突進する痛快な小説が、福ミスのアンテナを増やし、幅を広げてくれたことを感じて、感謝をした。受賞作は、この作以外にはないであろう。

［第五回受賞作］

バイリンガル……………………………………高林さわ

二〇一三年五月刊行　光文社

梗概

テッド・アンダーソンと離婚した長嶋聡子は、十一歳の一人息子ブライアンを連れてアメリカから帰国した。聡子は予備校の講師をしながら息子を育てた。日本国籍を得たブライアンは長嶋武頼と名乗り、今は二十九歳になって、高校の英語教師をしている。

沢田仁奈という女性が武頼の勤務先を訪れ、三十年前に彼らが住んでいたインディアナ州ラフィエットで起きた誘拐事件について、話して欲しいと頼む。聡子は婚約者だったテッドとともにその事件に巻き込まれ、解決のために奔走したのである。

誘拐事件の被害者のニーナ・ティーツは、両親が事件の渦中で死亡したために日本の親戚に預けられ、沢田仁奈として成長した。だがその家で虐待され、今はホテトル嬢になっているという。

仁奈は、事件や両親について知ることができれば、現在の境遇から抜け出せるのではないかと思っている。だが、聡子は逡巡していた。仁奈がニーナであるなら、親切にしなければと思ってはいるのだが、彼女自身の心配事もあるために、乗り気になれない。

仁奈がニーナであることが解ったために、聡子はアメリカに住むテッドと相談しながら、一九七五年五月に起きた誘拐殺人事件の全貌を話してゆく。

三歳のニーナと母の涼子は、日本人会のパーティ会場から突然姿を消した。父親のフィリップ・ティーツは出張中だった。彼はラフィエット大学言語科学学部の正教授で、学部長選挙の立候補者である。立候補者はほかにガイ・ヘンドリクスとラルフ・ローゼンバーグの二名がおり、二人ともティーツと同じ正教授だった。テッドはその学部の講師、聡子は大学院の学生だった。

ニーナから電話がかかり、聡子が応対する。ニーナは英語で、犯人の名前を「ワビ」または「ウィバップ」、犯人と一緒に「ヤパー・イン」で「ヤパー」または「ラバー」を食べたと告げた。ニーナは構音（発音）障害のある子供で、これはニーナの言い間違いだった。また、犯人と思われるワビが、ティーツに身代金を要求した。

テッドと聡子は「ワビ」と「ウィバップ」については正しい語を見つけ出した。だが「ヤパー」または「ラバー」に関してはむずかしいので、ヘンドリクスに解明を頼んだ。ヘンドリクスは、アメリカで五指に入るほどの学者であった。

ヘンドリクスから解明したとの連絡を受けている最中に、銃声が聞こえた。ヘンドリクスは銃殺されてしまった。彼は、流れる血で壁に壮絶なダイイング・メッセージを残した。そのメッセージは犯人を指していると考えられるが、該当者は大勢いるのだった。その中で、最も疑惑を持たれていたローゼンバーグは、警察の目を盗んで姿をくらましてしまった。

時を同じくして、トルネード（大竜巻）が掘り起こした腐乱死体の身もとが解った。

一方、仁奈にも記憶がよみがえった。監禁されていた場所から、母が苦闘の末に自分を逃がしてくれたことを思い出したのである。身代金はミシガン湖の遊泳監視台に置くようにと指示されていた。警察とティーツ、テッドと聡子もミシガン湖に行って、犯人が十万ドルを回収に来るのを待った。聡子には、その場所にどうしても行かなければならない理由があった。

やがて、シカゴの夜景が映る湖にモーターボートが現れた。ボートから飛び降りた犯人が、身代金入った二つのボストンバッグを両手に摑んだ。その時——。

事件の顚末と、学部長選挙の結果などを語り終えたのち、仁奈の再生を願いながら、聡子は仁奈の父親の写真をプレゼントした。

その夜、聡子はテッドに電話した。互いにねぎらい、共有していたある秘密について、二人はしみじみと語り合ったのだった。

選評

島田荘司

バイリンガル

この書き手は、すでに独自的な表現の境地を摑んでいる。とりわけユーモアをまぶした女性型の戦闘表現は、すでに誰の真似でもなく、似た表現センスは、少なくとも本格寄りミステリーのフィールドには見当たらない。身辺の描写、特に自身と周囲女性たちとの関係描写、とりわけその女性のだらしなさを活写する筆に抜群の冴えを見せるこれは、一頭地を抜いた鋭さに磨かれており、あきらかに最大の売りとなって、小説を下支えしている。

攻撃的筆は冷たすぎず、ユーモアがまぶされているから読み手が不快にならず、悪口はそのまま吸引力に身を変えて、段落を魅力的にする。こうした見事な匙加減はもはやこの作者の体質になっていて、過去の少なくない創作量から芽をふいて、自然に成長してきたものに相違ない。

ただし作者のこうした貴重な資質は、身辺雑記的な表記においてのみ発揮される傾向があり、物語の推進力への貢献度は低い。そもそもこうした能力をのびのび増大させる女性型の資質が、脳裏に去来、着床した刑事事件の質を、男女間の性的な方向に限定する傾向は感じられた。

この作者の興味対象はそのあたりに強くこだわって動かず、とりわけ強い自意識とともに、味方と見做しがたい女性を丹念に舐めまわしていく警戒の視線は、それ自体に独特の力があり、生じた緊迫感が、こちらをよく摑んで飽きさせない。そしてこうしたねちっこい視線の内部から、徐々に異常な物語が立ちあがっていく様子は、不気味でもあり、これもまた独自的な手法にまで高められた上手さであった。

文章には、とりあえず女性世界に普遍的な葛藤が充ちて感じられ、スリルがある。自らの身を守る損得にしか興味がない本心が隠されず、気持ちを弛緩させればつい息子の自慢に向かいそうな筆を、懸命に引き絞めてみても、視線は思うだけのユニークさを探り当てられず、またぞろ自慢の気分に戻って周辺を徘徊してしまう様子は、これが無自覚の作者の姿なのか、世にありがちな母親像の意図的な描写なのか、はかりかねるところがある。しかしこうした覚め加減の意識もまた、強気ゆえの渾然一体に埋没していく気配は、その観察自体が醍醐味ある読書である。

たとえば息子に接近してくるニーナをこき下ろす筆などは、こちらの膝を打たせる的確さと小気味よさがあって、「それにしても、馬糞ウニみたいなまつげとアイシャドーは、なんとかならないものか」といった表現には、なるほど確かにと、目から鱗が落ちる感じがした。以来この優れた表現に長いこと感性が縛され、新宿や銀座を歩き、娘らの真っ黒な目を見るたびに、ああ馬糞ウニだ、こちらにも馬糞ウニと、こうした発見に気分が終始した。

息子が家に連れてきた大柄な娘、その巨大な背中に不快を感じ、ブーツを脱ぐのに異様に手間取るその背中は、狭い玄関をたちまち充たす動物性の香水とともにイライラ感を募らせて、安定していた自分の領域への危険な侵入者と認識してロックオンしていく。その経過中も言いようのない不安は募り続け、息子の防御一方に傾く母の本能的な思いは、のどかな男性の書き手にはない緊張感で、このエネルギー横溢感は、この書き手の独壇場である。

差し出されたフルーツケーキの箱に、駅構内の店だと瞬時に察しをつけ、来る道すがら、このあたりでよしと判断したその気合いの入らなさ加減は、自分を軽く見てのことか、単なる行儀心欠如か、来訪に込めている下心の量は、そのおざなりなやり方から洞察が可能か、などと測定心が自動的に起動する様子は、女性世界に、ホームズとはまったく違う推理世界の醍醐味が存在していたことを伝える。

そのケーキを、フォークを出す前に手づかみでむさぼるニーナの行儀の悪さは、こちらの警戒心の杞憂を宣言する彼女の幼さか、それとも何ごとか別の計算のあらわれか。

ホテトル嬢との情報も加わり、一瞬も気を抜かず、言動を凝視する主人公の視線の執拗さは、小説とは文体そのものであり、こうした一行ごとの反応にこそ読書の興奮はあって、事件などなくともこれで充分でしょう、と言わんばかりの主張を感じた。こうした迫力は説得的ではあるものの、しかし不充分さもまた、そのうちにひそんでいた。

身辺雑記を特有な文体表現にまで高めた作者の観察能力の高さ、適切な言葉の探り当て方は充分な手柄というべきであるし、ここには方法論にまで高まった創作上の手法が潜んでいる。しかしそれゆえに、作者の視線はつばぜり合い的な地面から浮上せず、神の目に向かって俯瞰の高みに持ちあがりにくい身の重さも感じた。それは先に述べたようないく分片寄った関心ゆえ、またそれに自信を持ちすぎたゆえに、身についた贅肉に思われる。

本格のミステリーが、驚きの装置としての人工性、またその設計力を要求してしまうものであるならば、自身の周囲にしか視線と、本音の興味が届かないこの体質は、他方に欠点も作りだすように見えた。

たとえば相手がホテトル嬢と認識することで繰り出していたある種の睥睨《へいげい》と警戒の視線は、後半にいたると、自身の体を売ってしか生きられなかった女性なら、何故その勇気を褒めてやらないのかと、前段の自身の態度を忘れ、本気の主張に正義の怒りさえ滲ませてしまう狭視にも、無自覚に露呈する。

むろんこれは、前段のものは自身の生活の安定と、息子を守りたい親心が作用しており、乱暴態度も年齢差の女性同士ゆえとご容赦を願う慣例は、女性世界の流儀では通用するものの、これを構造設計の抽象に持ち込まれると、別次元由来のものであるから違和感がある。すなわちこの区別意識なしでは、辻褄の合った上手な設計は組み上がらないであろうという心配が生じる。

こうした物差しで、物語全体の推移のさせ方を観察すれば、やはり地にへばりつく視線から、無理に頑張るストーリーひねり出しの経過が透けて見えてしまい、狭視ゆえの苦しさを感じる。独自のものとして摑んだ表現力は、身辺雑記には冴えを見せるが、犯罪ストーリー進行の説明では、案外普通のものに堕してしまう。

女性の上品行儀の壊し方ゆえに、逆説的に性的タブーにばかり関心が向かうような行儀の逆立ちが感じられ、物語を限定的にした傾向はある。この物語内部における精子の迷走は、夫婦関係の垣根をひたすら壊して、往年の源氏物語世界を思わせるような妄想型の奔放さを持つ。

とはいえ、むろんこのような人間関係の錯綜はあり得ることであり、信じられることでもあるが、物語の紡ぎ手の関心の片寄り、視界の狭さを示すものではある。このためにミステリー方向の設計においては案外行儀がよくて、斬新へ向けた大股の踏み込みは少なく、複数の事件のいずれもが、その外観も内部も、一定量前例定型に依存したものであり、「構音障害」以外のクリエイションは乏しい。

警察が犯人に対して仕掛けるトリックも、終始興奮的な趣向のアクション映画が行うある種の嘘の型に似ており、卑近な日常から非凡なリアルを巧みに紡ぎ出していた作者が、トリッキーな仕掛けをもくろむ方向では、自身の日常から大きく遊離した定型的ケレンに借りものを探して、大げさな嘘を学び取っている不手際は疑えた。

こうした物語設計は、こちら方向への作者の関心が、息子に接近してきた娘への関心ほどには高くないことを語りそうで、実際このあたりの出来事を語る文章は、意外なまでにあっさりとして、前段に見る独自的表現の冴えは消えている。すなわち、自宅の玄関を出てのちの社会との関わりにおいては、作者に独自の秀でた視線は減少する。

しかし、誘拐された子供を守って決死の奮闘をする母親の強い思いは、非常な説得力があり、感動的でもあり、手に汗を握らせる生々しいリアリティは、他の追随を許さぬこの作者の独壇場に再びたち帰っていた。この作品の優れた部分として、この事件部分は物語の良質な高まりになった。

また、ある種の子供に現れる「構音障害」という症例は、本格寄りのミステリーに相性の良い趣向で、これを選んで作に持ちこんだことも優れた判断であった。この障害は、特にバイリンガルに現れやすいことが疑え、一見とっぴな変化に見えて、実は機械的な法則性が背後に潜むその発音の変化は、新たな暗号とその解読という趣向を作って魅力的であり、その知的な刺激は作の価値を高めていた。

ただこの知識には、もっと大きな効果を作ってもらいたい気分が強く、強い残念感も残った。構音障害の発見とその謎解きという事件の前と後で、物語に今以上の大きな段差が現れていれば、さらに傑作になったろうという思いはしばらく去らず、それはたとえば、物語が前段でいったん、犯人も見えるような暫定的な解決を見せているが、構音障害の解読という小事件が現れて、捜査がこのフィルターを通過すると、全体が劇的に変質して、まったく別の真犯人が示され、物語は飛躍的に前進して解決も現れる、そういった強烈なクライマックスのイメージである。

それが時空を隔てた現在の東京で起これば、さらに劇的であろう。これは、息子に連れられて家を訪ねてきた成人した仁奈の、癖のある発音から気づかれる――。こういった仕掛けがあれば、タイトルともよく呼応するし、この小説は十年に一度の傑作にならなかったか、とそういう俯瞰による思いであった。

第一回受賞の『玻璃の家』にも見たような仕掛けで、「構音障害」には、そうした大きな驚きを支えるに充分な学問的な重さも感じて期待した。が、同時に『砂の器』という名作も思い出した。これも「カメダ」という発音を巡って国語研究所が登場するが、東北弁の飛び地の発見が、物語に抜本的な変貌をもたらすわけではない。脇に置かれた知的な装飾という位置づけであり、それで充分に効果的であった記憶なので、この作もこのままで受賞領域かと考えた。


と書いた選考時の評であるが、現時点ではこの感想は、大きく修正されなくてはならない。構造改善の前に書いた右の感想では、女性世界を描写する作者の文章力の冴えばかりを褒めている印象だが、現在ではそれは、もはや最大の美点ではなくなった。

作品が内包している貴重な資質から、さらに高い次元での開花があきらめきれず、こちらは何度も、ヴェテラン作家も音《ね》をあげそうなほどの注文を行った。

二度目のこちらの要望は、背骨部分に手を入れる挑戦に及んで、今となってはなかなか重要なものに思われるから、記録の意味でも、後進のためにも、以下に書いて遺しておきたい。

非常によくなっていますが、欲を言えばまだいくつかあります。

その最大級のものは、聡子がまだアメリカにいる時点で、「ニーナ誘拐事件」を社会的にも、警察的にもいったん完全に終わらせ、すっかり着地させてしまうということ、これが是非とも必要だということです。

そうしておいて、その三十年ののち、ニーナが三十三歳にもなった現在、今も残る彼女の構音障害癖を引き金に、聡子の家で、長年埋もれていた真相が突如露見する。そして聡子は、その思いがけないショックに絶句する。途端、物語の全体はひっくり返り、彼女の人生の意味も変化する――。こういうすごいことをやりたいわけです。どんでん返しですね。このショックを、作中に存在させたいわけです。それで、この作はいよいよ傑作になります。

ジャンルに出現した「構音障害」という新機軸の暗号と、その解読。そういう未聞の軸を持つこの小説は、あきらかに貴重な資質の子供で、こうしたどんでん返しを無言で要求しています。物語は生命を持っています。だからわれわれは聴力をあげて、作が秘めている無言の声を、聴かなくてはなりません。その知識のない人は、こうした裏面に気づけないわけですから、「本格」の展開は、そうあるべきが筋なのです。

現状では、作者の意識はただひたすら、解決に向けて直線的に進行するので、後半がいささかのっぺりとしてしまい、起伏の不足が大変おしいのです。充分な驚きが現れていない。本格のミステリーとは、驚きを演出する人工的な装置なのです。

どのような文学も、自然主義の作例も、ノンフィクションでさえ、作者の脳が計算した人工性を隠します。そうした中にでも、あるいはそれゆえに、人生のリアルな感動を潜ませることができるのです。


こうしたこちらのイメージに向かい、何度かの改稿提案を行い、作者もこちらの高望みによくついてきて下さって、たび重なるキャッチボールのすえ、時間をかけた完全な改稿はなされ、作は見違えるような輝きを放ちはじめた。

大川、光英《みつふさ》、両女性編集者の辛抱強い努力も、今回は特筆ものであった。結果として当作は、高度な完成をみた。これならば、今年世に出ていく本格ミステリー群の中にあっても、必ずやよい地位を得ていく作のひとつとなるであろう手ごたえを、今自分は感じている。

［第六回受賞作］

経眼窩式…………植田文博

二〇一四年五月刊行　原書房

梗概

遠田香奈子はある時、十年以上前に失踪した父親を偶然に見かけた。住んでいるアパートを探し当てると、そこにいたのは認知症のようになっていた父だった。遠田は同じくアパートに親族がいるという楡川隆也に出会い、彼からこのアパートの住人全員が父と同じ状態になっていることを知らされる。

二人は協力して調べはじめ、アパート住人全員が生活保護を受けていることを知る。さらには個人病院の医師たちが結託し、医療扶助として全額支給される医療費を得るために、必要のない検査や手術をアパートの住民に受けさせている事実を突きとめた。

しかし住人たちは何故、苦痛をともなう不必要な治療に堪え、従順にしたがっているのか。

個人病院の医師たちをまとめていると思われる杜若病院。そこについて調査を進めるうち、住民たちは、脳の一部を切断するロボトミーと呼ばれる手術をされている可能性が浮上する。それは協力していた楡川の推測だった。しかし、遠田はロボトミー手術に関する彼の異様な知識に疑念を覚える。同時に好意も抱きはじめており、相反する感情に板ばさみとなっていく。

数々の謎について、突破口になったのは杜若病院の副院長、杜若周一だった。彼は院長である杜若幸一郎の息子だった。彼は何故か、ロボトミー手術に使われたと思われる道具を人前で平気で持ち歩いたりするなど、奇妙な行動をとっていた。

彼の過去について調べていくうち、彼と交際していた清谷望美という女性に行き当たる。彼女とのやり取りから杜若の奇妙な行動の理由について、楡川は八年前に起こった交通事故にあると推測する。事故の際、杜若は頭部を強打していた。結果、脳の前頭葉に障害を起こし、ロボトミー手術という犯罪を行う一方で、その犯罪の証拠を持ち歩くといった矛盾する行動を繰り返しているのだと。

納得できる部分はあるものの、遠田は楡川への疑念もふり払えなかった。しかし、遠田はその直後に拉致され、犯人が杜若周一であることを思い知らされる。ロボトミー手術をされかけた遠田だったが、助けに入った楡川によって窮地を逃れ、杜若周一は逮捕された。

事件から二ヶ月。遠田は調べ続けていた。腑に落ちないことが多すぎた。情報のかけらを寄せ集め、遠田はある結論へと達する。

選評

島田荘司

経眼窩式

この作品の評価が、下選考の編集者諸氏に意外に低かったのは、地味でいささか意味を摑みにくいタイトル、『フロンタルローブ』のせいもあったように思われる。これは脳の部位を示す英語で、「前頭葉」のことである。Frontal は「前方」、それとも「前面の」、Lobe は「丸い突出部」を意味する。

今回の刊行にあたって、タイトルは『経眼窩式《けいがんかしき》』とあらためられ、いくぶんか解りやすくなった。これは眼窩、すなわち目の上のくぼみから特殊なメスを挿し込み、頭蓋骨の穴を通して前頭葉の切開をもくろむという、素人には恐怖が湧く術式のことである。

かつて医学に精神外科という分野が存在し、このフィールドの医師がさかんにロボトミーと呼ばれる脳の切開手術を行った。ロボトミーの方法には、手早い先の「経眼窩式」のほかにも、頭蓋骨の上部を完全に開けてしまう方法もあり、こちらの方が施術はより正確になったが、双方ともにさまざまな問題を生じさせて、社会問題化した。

この手術の問題点は、「経眼窩式」においては医師に視認ができず、勘に頼るため、勘をにぶらせないため、医師は間隔を空けずに手術をしたがり、必要以上の数が行われがちで、医学的には必然性が充分とは思われない、暴力傾向の犯罪者に対しても為されたこと、開椀の方式においては、施術チームの不手際で脳内にクリップが残されるなどし、患者に必要以上の苦痛を与えた症例や、想定を越えて廃人化傾向を示した被手術者が現れたこと、などがある。

この物語の優れた点は、公的には滅んだと思われていたこの術式を、昨今話題の「貧困ビジネス」と結びつけ、現実社会に置いて、生じるであろうさまざまな悲劇をシミュレーションして見せた慧眼にあると思う。結果として、かつての清張流自然主義とはまた違った意味での、考えさせる社会派作品が出現した。現実の日本においては、こうした犯罪は、露見率とか犯罪立証性の高さ等の見地からリスクと引き合わず、なかなか行われがたいとは思うが、発展途上の国においてなどは、充分な蓋然性、危険性があると思う。

この作品の手柄は、陰惨一方に傾きがちなこうした異常犯罪の物語を、恋愛小説の衣にくるんで、重いテーマにも関わらず非常に面白く、ある意味爽やかに読ませたことにある。主人公の女性が、若年期に父親の暴力に遭遇し、眼球破裂という極端に重い傷害を負って義眼装着者になっているという設定も、全体を覆う異常性や反社会性の印象をより鮮明にし、解決案を複数前方に生じさせて、構造を複雑化した。また、犯人を不明にもした。結果として物語を、全体構図の把握に論理思考を必要とする、本格のミステリーによく近づけた。

こうした着眼や、執筆開始前のストーリー設計に、作者の手腕を感じた。彼女のこの義眼が、事態の見え方になんらかのかたちで関わっていれば、さらに本格のセンスに近づいたかと思う。

この作者の、新人離れのした力量を感じた点がふたつある。ひとつは、女性の書き手かと見間違うほどに、ある方向の女性の心理をきわめて上手に描写して、強い説得力を醸したこと。

肉親の暴力によって片目にハンディを背負い、内向的傾向を強めた若い女性への、同情一方に傾斜しないリアルな心理描写、とりわけ彼女の保身の意識に踏み込んで、孤独な現状を、過去にこうむった親からの暴力とか、自身の不運のせいにしてストーリーを組みがちな女性の心理など、観察の視線に感心した。こういう洞察が、もうひとつの悲劇の進行となってこちらを吸引し、物語をよく引っ張って、着地地点の爽やかさを作り出した。

イケメンの楡川に、あらがいがたく傾斜していく主人公の女心とか、力を持ちながらロボトミーを施されて肥満し、駄菓子をむさぼるもと女性ライターの姿、父親の悪意に引きずられて生涯を棒に振る息子の医師、これに恋した強気の女性の横顔の点描等、手際のよい筆さばきは随所にあきらかである。過不足のない文章力に加え、語彙選択のセンスも感じた。

もうひとつは、これと一部重複するが、新人賞挑戦段階の書き手とは思われないほどに、見事に光る描写の文体を見たことである。これは個人的には探偵小説の表現の固定化、前例踏襲の繰り返しで形骸化したフィールドに、突如出現した松本清張の異質の筆を思い出させるほどだった。

たとえば、憧れていた楡川に、思いがけず「好きだ」と告白された際の主人公の思いの描写。この時の彼女は、楡川に拭いがたい疑念を生じており、それがすでに飽和点にまで高まっていたため、この告白を素直に喜ぶことができない。


地面が揺らいだようなひどいめまいがした。離れそうになる手綱を握りしめ、目を閉じた。

夢見ることさえおこがましいと思っていたこと。

下唇を噛み、うつむいた。

これは痛みだ。

はっきりと自覚した。

告白した彼の真意は違うところにある。それを知らなければ、気づかなければ自分はどれほどの幸福に包まれていたのだろう。だが、もう都合のよいことだけを見て生きるのはやめたのだ。


といった描写。

遠田は捻じ切れそうな感情を蓋の下に押し込め、辿り着いた答えの扉に手をかけた。


などという描写は、詩の表現にも通じる、浮き立つような心の動きを上手に切り取って、こちらに見せてくれる。喜びも悲しみも、風のように浮遊する詩の輝きに包んでしまい、この書き手の天性の描写の才が読み取れる心地がした。

読者は、劣等感を抱える一人の息子が、父親の愛情が欲しくて、果たしてここまでの純情、あるいは脆さを見せるものなのかが、気になるかもしれない。人とも思えぬ父親の悪行を知った純粋な彼の心根が、衝撃ゆえに果たしてこういうかたちに発狂し、わが身のすべてを捨てて、ここまでに倒錯した露悪行動の決意をさせるものか——。

作者のこうした桁はずれの純情とセンチメント、そしてそのジャンプに同意できるか否かが、結末へ向けた思い入れの読書を続けられるか否かにかかわり、この作への評価の分かれ目ともなりそうである。

一読者としては、多少の違和感を感じたことは事実である。しかし主要登場人物のこのような異常な判断が、後半の展開をもつれさせ、主人公の判断を誤らせて、展開をミステリアスにしたことも確かである。

またこういう手柄を思うまでもなく、リアリティを持ち出して結末部を変えるべきとまでは考えなかった。これは書き手の個性であり、このままで、ストーリーは充分にピリーヴァブルの範疇にあると思う。

［第六回優秀作］

焼け跡のユディトへ

川辺純可

二〇一四年一一月刊行　原書房

梗概

昭和二十六年十月。矢代は広島県のとある町を訪れる。疎開後も過ごした四国で母が病死し、伯父を頼って上京途中に立ち寄ったのだ。目的は母が元の嫁ぎ先に残した異父姉「しおん」を探すことだった。

かつて海軍工廠として栄えたその町は占領軍（ＧＨＱ）による事業制限が厳しく、未だ造船都市として立ち直るに至ってはいなかった。矢代は偶然知り合った製麺屋河本タケシの家に転がり込むが、タケシの姉の一人が「シオン」という名であると知って驚く。しかし新たに「槙紫苑」という女性の生い立ちを聞くにつけ、彼女こそ生き別れた姉であると確信する。美貌の紫苑は、嫁ぎ先の商家から子どもを連れて町に戻り、血も涙もない手腕で成功した有名な仲買人だった。

その頃、町は新制高校の女教師、鴫沢はま子が何者かに殺害された事件「はま子さん殺し」の噂で持ちきりだった。美しく化粧をした上に泥眼《でいがん》という怨霊面を被り、全裸でプールに浮かんでいたのだ。矢代は河本と訪れた遊郭百花楼で、首にほくろのある遊女「もみじ」こと徳原京子を見かけるが、彼女も翌朝廃ビルの谷間で、面を被った全裸死体と化した。その様子はまさに「はま子さん殺し」の再現だった。

そんな中、矢代は河本シオンの手引きで槙紫苑の屋敷を訪れ、心優しい紫苑と、造船所の米国人技師ディックに出会う。ニューヨークに本社を置く彼の会社は、戦犯工場である工廠の船渠を買い取り復活させ、巨大油槽船（タンカー）を造ろうとしていた。

ディックは流暢な日本語を操り、GHQから事件の解決を依頼されるほど頭脳明晰な男。取り留めなく語るうち彼らは、殺しの形態や名前に、新古今和歌集「三夕」に関わる奇妙な繋がりがあることに気づく。ディックが被害者について調べはじめてまもなく、面の制作者である美術教師、竹森が検挙される。無事解決と思われた数日後、今度は槙紫苑が襲われ、同じ能面が残された。ディックの機転で未遂には終わったものの、事件は振り出しに戻ってしまう。さらには釈放された竹森が、矢代の持ち込んだ餅を食べて死亡。追い詰められた矢代はタイム荘の防空壕に落ち、動けなくなってしまう。折しもルース台風が近づき、高台のタイム荘は町より遮断されてしまう。燭台の灯りの中、謎解きが始まる。

選評

焼け跡のユディトへ

島田荘司

一読目、前半部の展開が、どうにも標準的、平均的、すなわち平凡であるように感じられて、歯がゆい思いがついて廻った。この小説が作者の五作目であり、すでに彼女のファンになっている読者に供したものならばこれでよいが、受賞をもくろむ第一作目ということなら、受賞作と呼ばれてよい特殊感、突出感が果たしてこれにあるものか、悩まされた。

表現は達者の部類に入るし、登場する複数の女性たちの描写も巧みである。会話相手の言に敏に反応する、女性たちの繊細な内心や、そのうつろいも、裏面の保身発想を感じさせて説得力があり、表現に不満はない。地の文の格調も水準以上で、充分な執筆経験をこちらに感じさせてくる。しかしまもなく出現する日本画的な現場風景や、これを受けて展開するその後の人間関係は、この種の物語を何十年も読み続けてきた者にはいたって標準的に映り、定型に育った前例を模したものに感じられて、これはおそらく作者の想定を越え、計算違いに通例的になってしまっていると思う。よって、なかなかこちらを刺激してこない。

警察が登場しない展開や、唯一の捜査官たる白人調査員のあまりの常識人ぶりもこれに加わって、強いと言ってよさそうな既視感覚が休みなくこちらを襲い、読書意欲を持ちあげてくれない。読書というものは、今自分が未知の情報を獲得しつつあるという感覚がないと、意欲が高まらないものなのであろう。

　中段の変奏部に入ってもこの気分は拭われず、後段にかかってもまだ駄目で、これはこの作、上等の部類ではないのかもしれないとあきらめかけた。ところが終盤の謎解きに入って俄然面白くなりはじめ、作者のさまざまな思惑の歯車がうまく嚙み合って、底部から推進感が立ちあがった。満を持して背後に置いていたふうの情報や、作者の計算がみるみる効果を見せはじめ、猛然と駆動を開始した文章に、ようやく本領が発揮される感覚がきた。

　結部にいたれば、楨なにがしというしたたかで見事な女性を、よく描ききったという感心と感動がきた。そうして前半部分では、ライヴァルの『dog pound』（『屋上と、犬と、ぼくたちと』光文社刊）に一歩も二歩も譲って見えたこの挑戦が、乱れぬ軸足とともに着地を決めた瞬間、得点数で一歩リードしたと見えた。

　それでこちらは、翻って前段を見直すことになり、前半部のいわば問題提起編のドラマが、何故にかくも凡庸に感じられたのかについて考えた。前段を、終盤と同レヴェルの感心と感動に持ちあげるにはどうすればよいのかについて、策を練ることになった。

　むろん現場周辺に漂う日本絵画ふうの静けさは、これは作者の意図するところであったろうが、これがそのまま静かな興奮にまで持ちあがらなかった理由の一は、述べた通り、既視感である。これは露骨なまでのものに思われたから、このあまりに定型の道具立てをこちらに見せながら、それによって何らかのユニークな企て裏面に隠しているのかと疑うほどであった。

本格のミステリー、それがとくに賞挑戦物となった際の価値基準は、学術論文と同じでよいと私は思っている。いかに新しいことが書かれているかがすべてで、次にこれを説明する段取りや文体がいかに論理的であり、読み手を説得したかに尽きる。すでに誰かが発見し、何度も文章化されている事象が連ねられていれば、文体がいかに巧みであろうとも、的確で見事な描写が操られようとも、この文章の価値は一線級とはならない。学術論文の価値判断の場合、表現の巧拙は、優先順位の下方だからである。

日本の論文審査の場合、このあたりの判断基準がいたって、あるいは意図的にあいまいで、句読点の位置の不適当や、誤字脱字、繰り返し表現の指摘などが、発見や新見識の主張と同次元で採点されがちであるということはよく言われる。清張流自然主義の介入以降、本格ミステリーの分野においても、その種の曖昧や、時として意図的な混同が、しばしば起こるようになっている。

繰り返すようだが、本格ミステリーの審査においては、文章表現や人間描写の巧拙よりも、驚きや感動の装置としての構造体設計、これらを誘導する仕掛け（トリックを大いに含む）の新しさ探しの方を、優先順位高くとるべきである。むろん、構造の新味においては同レヴェルという二作を比較するのなら、これは優先順位二位の要素、すなわち文章力等で優劣をつけざるを得ないが、そういう作業におりてしまうなら、その回の選考は、実り多いものではなかったはずである。

犯罪現場に、教師、遊女という女性の二死体が連続して現れ、これが着衣を失っており、彼女らの名前から連想した「新古今和歌集」三夕の見立てになっているらしいと見当がつき、化粧をした上に、怨霊面を付けられている。そうならもう一体、三人目の女性が死体となるはずである。

こういう定型とも見える計画犯罪の構図が、後段にいたって、万人受けを失いたくないふうの、安全で行儀のよい白人探偵が端正な語りで解体する――、構成としてはそれだけで、加えて見立てがこうした日本美の方向と知れば、どうしても既視感は来てしまう。その後警察が活躍を始めても、この感覚は拭われないであろう。ましてこの作の場合、警官の登場もない。

とはいえ本格のミステリーは、謎の提示と、後段での解明、それは定型的な骨格であるから、これだけの要素でも、もっとずっと面白く、興奮的な作例に高められるはずである。この作の場合、犯人探しの上に、主人公の姉探しという興味も加えられている。

やはりこの静かにすぎる前段のありようには、絵画的な女性の裸体、その連続出現、こうした発想が女性の書き手らしい行儀倒立型の発想を思わせるところに、にもかかわらず、全裸であることの説明を最小限に留めんとする女性的な嗜みが発動しているゆえかと、だんだんに思うようになった。

この前半は、多くが心配するであろうように、横溝的と言うより、長く探偵文壇を苦しめた、乱歩流の扇情発想であるのかもしれない。そうであれば、現場を芸術絵画であるとしておきたい書き手の想いの発動は解るのだが、いずれにしてもこの自己矛盾が、作のいささかのブレーキになってしまっている。

昨今、女性の全裸死体の出現に、刺激性はほとんどない。これに加え、死体が裸であることの説明が極力控えられては、死体を裸にした意味が乏しくなっては来ないか。これだけの材料で、前段を吸引力高く持ちあげるためには、いかに気が進まなくとも、やはり現場に現れた死体が全裸であり、醜聞的な衝撃をともなっていたことへの、もっと遠慮のない描写が連ねられるべきなのであろう。この作の設計意図は、無言でこれを要求して感じられる。

女性の体の皮膚の白さや、青ざめた様子、そして各部位がいかにかたちのよいものであるか、あるいは場所によってこれが不充分であるのか、肌のしみや黒ずみ、下部の毛のかたちまでが気になるのが大衆の思惑というものであり、これらが書かれれば興味が湧くのは、男女を問わぬ世の人情であろう。そしてこのうちに、自ら進んで裸体となった女がもしもいるなら、彼女の無言の自信も表現ができる。

そうしておいてのち、これらの情景が誘導した絵画的美について、作者の情熱的な筆は振るわれるべきなのであろう。後方に現れる、現場が三夕の見立てであるらしいことへの推察説明にもうまくつながるような、丁寧で美的な描写も欲しい。

ミレーの名画「オフィーリア」との比較や、同種の美意識が現れているとする解説も、伏線としての効果をさらに発揮するはずである。現状ではこれらに関する言及は意外なほどに少なく、しかもあっさりとしている。

格別路地裏に現れた全裸死体においてそうで、街中なのであるから、発見者にとっては遺体が裸であった異常性は、衝撃だったはずである。控えめな筆はこれも言わず、犠牲者が裸であったことに、数行を経るまで気づかせない。これは、自然ではないと思う。

この現場に対しては、もっともっと筆が費やされ、読み手の俗な興味にも、最低限の量、奉仕はなされるべきなのであろう。構成要素が少ないのであるから、上品さにばかりこだわっていては、作が不自然なかたちに退屈化してしまう。

また巷間の人の口は、今日の週刊誌を見ても解る通り、酒場などで事件を語る際には「例の全裸死体」とか、「真裸の女」とかの枕詞で語り、もっと下品な妄想をたくましくするように思われる。大衆の劣等感は、常に当事者たちを最も惨めにするストーリーを組むもので、これは時代を問わない人の世の姿に思われる。このあたりの描写も、ずいぶんとおとなしい。

そして見立てから類推して、まもなく三体目が現れるはずであり、この全裸死体には誰がなるのか。またこれを防ぎ得るのか。この点が、防ぐ方にも現す方にも、またなにより街の女性たちに、強いサスペンスを醸すはずである。ところがこの心理劇が、現状では意外なほどに存在していない。警察がいないことも、これに作用している。こういう類の静かさは、芸術志向の静寂とは別種のものである。

そして現れた三番目の死体は、何故なのか落ち葉で体を隠させて奇妙であるが、これがもしもなに人かの作為であるならば、それこそは重要な推理の材料であるはずだし、彼女の肌や体各部に関する最小限の描写とともに、何らかの語りがなされてよい。それによっては、落ち葉がより深い意味を持つ可能性がある。

犠牲者当人の羞恥心に配慮した、と言いたげな発想が無言の言い訳として用意され、実は別のものが隠されている。こうした女性流の行儀心の欺瞞を打ち砕く颯爽が、作者の選んだユディトではなかったか。そしてこの決意に似た想いが、槙なにがしの半生を、手際よく描ききらせたのではなかったか。

無難な折衷の心や、伝統的な嗜みの心に寄りかかりがちの行儀心は、ある方向の創作を、時に中途半端なものにする。発狂的な徹底露悪趣味に跳ね返ることは無意味だが、ものがユディトなのであるから、妥協のラインをもっと高くに取るべきであろう。

もう一点気になったこととして、文章に漢字が多いのは、時代の空気を演出するために一応よいと思うが、英語ルビの多さには、首をかしげた。

この技法に関して、この作が史上初の発明であるのならよいが、一時期はやった仕掛けでもあるから、読者の大半がほう、知らなかったと言いそうな単語に、ルビは限るのがよいのではないか。

誰もが知っていそうな日本語化した英単語をさかんにルビにふるのは、時にうるさく感じられるし、英語人が探偵であることの補強にならないから意味不明ともなり、充分な効果をあげていない。

しかしいずれにしても述べたようなあたりに徹底して手を加えるなら、この作も充分に出版可能なレヴェルにある。


右の選評を書いて一年が経過し、原稿の修正が完成して、原書房で上梓の運びとなった今、この加筆部分を書いている。

右に逐一述べた不足部分の指摘は、作者によってきわめて丹念に修正が為され、完璧に直っている。出現して日本画的な美を醸した女性たちの裸体に関しても、扇情的にならない範囲で、必要にして充分なだけの描写が、しっかりと、しかも繊細に施されており、事態の異常さがよく伝わるようになった。

原爆によって敗戦を余儀なくされた瀬戸内の軍事都市、プライドをうち砕かれ、屈辱と退廃に沈むこの特殊な街に出現する、死と引き換えの危な絵の美が、決して類型に堕すことなく、作の持つ独自的な魅力として巧みに描出されて、冒頭からよくこちらを吸引する。

警察官も登場して、世界にリアリティを加えた。犯人と見える人物が留置場から開放され、関係者に強い危機感が立ちあがったさなか、ついに出現する三番目の犠牲者と、その裸身からの落ち葉の除去は、作中をさらにわくわく感で満たすことに成功している。

漢字にふられた不要なルビ群も姿を消し、必要なものだけが残り、この作の内部が持つ特殊な空気を伝えるための、必然的な表現技法に高まった。

かくしてユディトの輪郭はさらに明瞭となり、この見事な女の立ち姿は際だった。物語は、こちらが想定した通りのまれな傑作となって、世に出る準備は整った。作者と編集者の努力に、敬意を表したい。

［第六回優秀作］

屋上と、犬と、ぼくたちと

若月香

二〇一四年九月刊行　光文社

梗概

『屋上の屋上』がぼくらの秘密基地だった。ぼくらはその秘密基地でゴンという犬を飼った。あの台風の日、仲間の一人が死んだ。そして犬が消えた。

だけどほんとうにゴンは消えたのか、ぼくたちの記憶から消えているだけなのか。

大切な仲間はなぜ死んでしまったのか。ぼくは五枚の不可思議なメモをきっかけに、ミステリ好きのバイト先の店長と十年ぶりに秘密基地だった秋葉ビルを訪れる。

正直に言う。小学生の頃の初恋を、いつまでも覚えていたわけじゃない。

だけど、好きになる女の子は、いつも初恋の彼女の面影があった――。

クリスマスが近い冬のある日、一人暮らしの野村修司のアパートの新聞受けに、メモが挟まっていた。「だれもかれもなにもかもみんなぼくをたすけることはできなかった」と書かれたメモ。それから立て続けに不可解な文句を書いたメモが届く。

それには十年前の小学校の時に修司とほか六人で、秘密基地としていた秋葉ビルの『屋上の屋上』の秘密が書かれていた。

そのメモに興味を抱いたミステリ好きのバイト先の店長が、十年前の秋葉ビルで起こった修司の仲間のオッタの事故死について不審を抱く。正月の休みに修司と修司の故郷N市の秋葉ビルに行って、真相を突きとめようと言いだす。

二人は成人した五人と会っていくが、メモを書いた人物に行きあたらない。死んだオッタを含めた修司たち七人しか知り得ないことのはずなのに、誰がどうしてあのメモを書いたのか。

店長得意のプロファイリングで解かれていくメモの人物は、四年生の時に同じクラスだった転入生の西野ナナだったことがわかった。それは修司の初恋の相手だった。

オッタのことが好きだったナナは、修司たちが『屋上の屋上』でゴンという犬を秘密で飼っていたことを知っていた。ナナは、秋葉ビルの隣りにあるショッピングビル、ガスパの屋上から見おろしていたのだ。オッカが死んだあの台風の日も。

十年前の事故の日、オッタが秘密基地に入ったあと、ガスパから見おろすナナの目に、黒い影が『屋上の屋上』に上がっていくのが見えた。台風による突然の停電に見舞われ、それが誰だったのかわからない。そして『屋上の屋上』から落下したオッタ。誰がオッタを突き落したのか、謎を突きとめるためにナナが作ったメモだった。

店長の過去の誘拐事件とオッカ転落事故が絡み合い、意外な犯人へとつながっていく。

選評

屋上と、犬と、ぼくたちと

島田荘司

非常にテンポのよい文体。少年たちの様子や、彼らが成人して若者たちとなった際の会話等、現代青年群像の描写も手馴れていて、上手と感じた。この文体や巧みな描写、表現力は、もう充分に独自的であり、プロの技術領域に届いていると思う。

作内部は、この作家にしか描けない若者のやり取り、ユーモアや洒脱感覚への彼ら流の自負心、同時に抱える自信の不足、先輩への謙虚さや礼儀心に同居する奢りの心。そういうさまざまが響き合う風景が、畳み込むリズム感で手際よく描かれる世界となっている。

小学校四年生の時、そういう彼らが仲間と持っていたささやかな秘密、その秘密の内部で思いがけず起こった深刻な大事件。これが未解決のまま十年が経過して、秘密を共有する今や成人した仲間たちに、怪文書が届きはじめる。

現場はN市の駅前、秋葉ビルというさして高くない雑居ビル屋上、さらにその一角に建つネオン広告塔の上という、「屋上の屋上」という特殊な現場。ここは大きなパネルに囲まれてもいるから、周囲の視線はさらに届きにくい。足もとの秋葉ビル屋上自体からも死角になる。

大事件はここで起こったが、それもそのまま秘密となってしまった。真相が見えないままになった少年たちの事件現場は、たまたま主人公の青年がバイトしているガソリンスタンドの店長が、子供時代に巻き込まれた大事件の現場でもあった。

若者たちが少年時代に直面した大事件よりも、さらに数年の昔、まさにこの場所でガソリン・スタンドの店主は事件に巻き込まれており、「屋上の屋上」は、二重構造の複雑な事件現場でもあった。

それゆえ店長は、怪文書にうながされた主人公と、現場の秋葉ビルに急行する。店長はミステリーマニアゆえに関わりたがっていると説明されるが、実はそうした裏事情があったのだと、次第に説明されていく。

こういう展開は大変魅力があるのだが、解決に向かい、いささか直線的に事態が進行していき、しかも果てしなくテンポが増していくので、もう少しブレーキを踏んで、周囲をもっと説明して欲しい印象が来る。この説明不足は、きちんと計算されて、のちの驚きを大きくする準備であるのか、それとも構造設計の脆弱さを隠すためのごまかしかが、次第に気になりはじめる。

このタイトルを聞いた時につい期待してしまう、俯瞰的な視線から巧みに計算設計された、もう一ランク込み入った配線図であって欲しいという期待は、読み終え、充たされずに終わってしまった。賞の受賞というなら、たとえばそのように、周囲の群れから頭がひとつ抜けた構図が欲しい気はしてしまう。

ユーモアをからめ、現代青年らしい今日ふうの言動を、上手に交わさせ合って語られる物語は、きわめて達者な完成度を持っていて、今後よいアイデアと、一級の設計図さえ手にできるならば、いくらでも傑作が書ける筆力であるとも感じる。その意味でまことに頼もしく、期待もできる。

しかし、その達者な筆が、着実ではあるが、時に強引なまでのステディさでリズムを打ち出すため、アップテンポに強制されて、やや一本調子な大急ぎの進行に陥ってしまった印象はある。すなわち語り口の上手さは、同時に多くの問題点を、そのかたわらに発生させてしまっているようにも読める。せっかくの面白い事件なのに、リズムにせかされて謎の構図が深まらず、ずいぶんせかせかと語られる印象。そのため、この事件自体が、実際以上に、いささか軽いものであったような印象が来てしまう。この点はやはり問題であるように思った。

再読すれば、二度目には解ってくるのだが、ミステリーの書き手がそうした再読要求を読み手にしてよいものか否かは疑問である。一度目では、物語細部、人間関係の細部、登場人物たちの具体的な動きなどがいささか不明のまま、先に進まされる場面があった。ロックンロールのリズムに乗る歌詞が大いに制限されるように、軽快テンポに乗ったこの作中世界が、否も応もなく簡略方向に向かわされていくような、残念な気分が来た。

GSの店主に関する伏線もないので、彼はただのおせっかいではなく、事件の下部が二重底になっていて、子供たちの事件のさらに下方に、店主自身の子供時代の事件が存在していると解ってきても、こちらの理解が釈然としていないせいもあり、この複雑な構図の出現が、充分に心地よい驚きになって立ちあがらないきらいがあった。

仲間がプロレスの足技をかけられている描写も親切ではないから、このあたりの状況が、実は重大で深刻であったと語られる後段、大きな得心が来にくい。着地地点の驚きを邪魔しない程度に、もう少し様子を書いておいてもよいように思う。

現場は秋葉ビルというビルの屋上の一角の、さらに高い場所なのだが、その隣にはガスパというもっと背の高いショッピングビルがあり、ここは屋上に観覧車などの遊興施設もある、といった位置関係も、かなり経って唐突に出てくる印象で、現場の状況説明も、やはり充分には親切でない。

こうした立地に関する説明にしても、隠しながらも伏線として提出をするもっと上手な場所は充分探せるように思った。

作者の説明が必要な大胆さを持たないから、現場、屋上の屋上、ここに飼われている犬、台風の日にここに餌をやりにあがっていく人物、これを追い、当日あがっていったもう一人の影。ガスパビルからは、これが見おろせていた——、急ぎすぎる説明は臆病さをも加速して、こうした事件理解のための前提的な風景を、こちらの脳裏に充分浮かばせてくれないきらいがあって、この物語の何が謎であり、これから主人公たちは、何を解決せんとして行動を開始するのか、この最重要事を、あらかじめこちらに、しっかりと踏まえさせてくれない印象があった。

後半、文体のリズムはますます軽快感を増して、登場人物の名前や、その背景、性格などを完全に記憶しないで読んできていれば、次第に何が起こっているのかが不明になってくる。妊婦を階段から突き落とした、いや落とさないといった議論が出てくるが、誰がやったのか、誰がこれをやれそうか、それともそういう事件は存在していないのか、この犯罪が全体の構図にどう関わるのか、語りの手際がよすぎて、そういうことをこちらに考えさせてくれない。軽快感の演出にとらわれるあまり、説明不足が目立ちはじめて、必要な情報さえ、次第に削げ落ちていくような印象を持った。

ただし、全体を単なるユーモア冒険小説という仕立てにして、本格ものかと身構える読者に肩すかしを食らわし、無造作に書いた多くの材料を見落とさせておいて、結部で実は本格ものであったとして真相を語って驚かすという企みなら、是非あって欲しいと思うし、うまくやれば鋭い隠蔽の企てとして、作を歴史に遺せるとも考える。そういう方向で考えてみても、やはり少々頑張りと計算が足りないと感じられた。最後まで、事件の時に少年たちが飼っていた犬はどうなったのかがしっかりとは語られず、気になった。裏のドラマは、ぼんやりとは見当がつくものの、読み終わってもこの理解でよかったものかどうかの確信が来ない。この消化不良もまた、急ぎすぎる語り口の犠牲かと思われて、そういういっさいが、本格ミステリーの表現としては、いささかフェアプレー態度の不足と映った。

タイトルから考えても、この犬はもう少し注目されてよいし、主役的位置に押し上げられてもよいように思う。作者の脳裏には、むろんGS店主の子供時代の事件とのダブルミーニングがあるのだが、さらに重要にして、巧みな処理の切り口がありそうに感じる。

謎解明のための材料の提出を、読み手の看破を恐れて可能な限り制限したいという臆病さと、謎解きには直接関係しない、テンポ捻出のための説明の削げ落ちが、混同されているきらいがある。あるいは意図して連動させられている。そして多くの必要パーツが隠されすぎている。

作者の獲得しているリズミックな描写力が、隠蔽に活用されていそうな構造が感じられ、総合作用でどんどん安全方向に隠蔽が進行した経過が疑われて、せっかく面白い筋の映画に、どんどんモザイクが入ってきて話が不明になるような印象。これはもうこの作者の体質に育っているように思われるから、この書き手が今後どのようなジャンルに着地しようとも、この体質は小説を釈然としない方向に向かわせ、面白くはしない要素と思われるから心配した。

どんな話であれ視界はクリアで、説明は手際よく、しかしあらん限り親切でなくてはならない。説明相手の読者は、自分の文体や思想と、相性の悪い人をより多く含んでいると考えなくてはならない。

しかし本格読みとしては首を傾げながらも、この物語をテンポよく、面白く読んだことは確かである。テンポのよい楽しさという意味では候補作中随一である。出版を考えた場合には、もう少し親切な描写と、読者に真相を見抜かれることを恐れない、大胆な語りに全体を修正する必要があると感じた。しかしそうすれば、充分に出版可能なレヴェルにある。

［第六回優秀作］

旧校舎は茜色の迷宮

明利英司

二〇一四年八月刊行　講談社

梗概

近年注目されている都市伝説、怪談、占い、などを懐疑的視点で取り入れたミステリー。

「白石秋美」が通う高校では、一年前、旧校舎の一室で女性教師、「宇津木朋子」が殺された。しかし犯人はまだ捕まっていない。

秋美は、歴史の授業中、「部屋に幽霊らしき影が現れた」と話したことをきっかけに、学園のアイドルである男子二人、生徒会長の「木吉吾郎」、空手部の「渋谷新司」と面識を持つ。木吉は幽霊など信じない懐疑論者であり、渋谷は幽霊を探し求めるビリーバーであった。

後日、懇意にしていた教師である「小垣茂」が、一年前、宇津木朋子が殺された旧校舎の一室から飛びおりて死亡する。警察はなかなか解決しない去年の事件を終わらせるべく、「宇津木を殺したのは小垣で、呵責に苦しみ自殺した」というストーリーを敷いた。一応の根拠として、とある喫茶店で二人が言い争っていたという事実が存在した。

しかし、いくつかの違和感からその自殺に疑問を抱いた刑事の楠木は、独自のやり方で真相に迫っていく。そして小垣と懇意にしていた秋美、そして木吉と渋谷の三人も、事件の調査に乗り出した。

嘘ばかりの占い館、ＵＦＯオタクが集うオフ会、捜査はさまざまな場所を経て、真実へと向かいはじめる。

選評

島田荘司

旧校舎は茜色の迷宮

青春時代の喜びや痛み、恐れを、明るい読みやすい文体で綴る学園もの、といった体裁の小説であり、中心軸にキラキラした視線の、可愛く、傷つきやすく、性格のよい女子高生、秋美を置いて主旋律を語らせる構図は、少女漫画形式の器使用とも言える。

登場する男子生徒たちは、生徒会長でイケメンの木吉、空手部のエースでイケメンの渋谷、年長男性も、化学の教師で、独身で顔がよく、性格も、教育者としての信念も、自己犠牲の精神も持つ教師小垣。颯爽として行動力があり、高校生にも決して威張ることをしない魅力ある刑事楠木など、女性たちにとっての夢のある世界を、彼らが作っている。

一方女性の登場人物の性質はリアルで生々しく、たった一年早く生まれたというだけで、板についた見下し態度を取り続ける先輩女子から、嘘つきで信用ならない女性のライター、知り合いの母親で、女の見栄を、不退転の決意で推進する威張りおばさんなど、存分に散りばめて、読み手にやり切れなさと不快感を定期的に醸してくる手法は、これは見事というべきで、この方向への興味と、アプローチへの手馴れさ加減を感じさせて、この書き手は男性なのだそうだから、大変に感心した。

やはりこれは世代というもので、われわれがデビューした当時、先輩作家でこのように、ある計算とともに女性発想を演繹敷衍し、これに向けて、美醜併せて上手に女性世界を描く男性作家は、存在しないと言ってもよいくらいにまれであった。私などが書けば、唖然の視線とともにさかんにバッシングを浴びたもので、近頃の書き手は、体質としての女性たちの損得勘定や、集団となった際の攻撃性をよく心得ている。

殺害された実の娘に関して、犯人捜査より、家柄と世間体を鑑み、嘘の解決案の方が得であればこれを強く推進する母親の生態、そしてこれが議論不要の理の当然と見做してたくましく生きる女性の強い道徳信念は、戦国大名や、暴力団の反社会性ともシンクロし、かつ霞ませてしまうほどの強さが存在して、年長女性のこの毅然たる損得態度には、主人公の女子高生も敬語とともに恐れ入るばかりで、かすかな反発さえも許されていない。

主人公が怒りを見せるのは、大好きであった父を裏切り、別の男と女の喜びを得ていた実母に対してばかりで、両者の量刑の比較と、この誤った優先順位設定が、点検さえ許されない女性世界の正義のゆがみというものには、作者は告発の元気さえ喪失している。こういうちょっとした細部にも、定型の器を借りたさりげない問題提起が光る。

ひと頃はやった学校の幽霊譚、そしてＵＦＯや都市伝説を追いかける青春もの、といったジャンルを借りて語りは開始されるが、その定型で終始するかと予想するこちらの思いをどんどん越えて、複雑な人間関係の闇の領域にまでおりていって展開を始める手法には、なかなか吸引される力量があった。

高校生と教師との恋愛、それも女性教師と男子生徒との恋愛といったものが、もはやタブーでもなんでもなく、ごく自然に語られているあたりにも新味を感じる。しかしそれはこちらが、この方向の物語に疎いゆえで、もはや時代はここまで前進しているものかもしれない。そしてこれらの闇が、ひとたび事件に発展する時、複雑な人間関係の内部で、当事者たちの俗な思惑が発動し、正しい理解よりもむしろ誤解が暴走して、あらん限りに事態をもつれさせ、起きなくてもよい事件を連動させていく経過は、上手な設計である。そして後段において、そうしてもつれた糸をほどき、行う解明説明には、醍醐味がある。

またこの作の手柄は、最終候補四作中唯一、輪郭のはっきりした大きなトリックが殺人に用いられ、現場に謎を作っていることで、本格の王道を往く作として、これには非常に好感が持てる。

ただこのトリックは、これならば充分想定通りの事態を起こし得るであろうと同意ができる半面、原理まで溯れば前例があり、決して新しいものではない。用いる際、新たな手当が加えられているから新しく感じられ、充分なプラス点とはなるものの、それは通常の出版物の場合であって、新人賞の受賞作に相当するまでに突出しているかと問われると、微妙なところではある。

また二人の美女、村井紗耶香と宇津木教諭であるが、村井が美人型のプライドから言動が冷たく、人形と称されるのはよいとしても、宇津木が村井に、これから死ぬとホテルから小垣教諭に電話をかけさせ、呼び寄せて一緒にホテルから出てくるところを写真に撮り、これで小垣を脅迫して金銭を要求するというやり口はどうなのか。古典的という以前に、あまりに簡単であり、下品にすぎる思いつきで、類型的で低レヴェルであるから、このあたりも評価の俎上に載せてよいものか否かが悩まれた。

むろんこれは、宇津木がつきあっている男の思想レヴェルを語るものとも言えるが、このような古典的な手口で、高い知性があるはずの小垣が簡単に引っかかるものなのか。男一人でラヴホテルに入るのは、それなりに大変である。

さらにこのような作為の動機が、美しい女性教諭がパチンコをやめられずに闇金に借金がかさんでいたから、とするのは奥様ワイドショー・レヴェルの発想で、果たしてリアルなものなのか。かつてそのような某女性作家が、ワイドショーに登場して涙の告白をしていたようなおぼろな記憶はあるが、あれは台本ありのやらせの可能性が高く、私は未だに信じていない。視聴の主婦連合も、まともな層は薄々やらせと知って楽しんでいたのではないか。

物語の中心軸となる連続殺人の発端がこれで、これを防ごうとした過失の殺人、続いてこれに報復しようとして相手を誤認する殺人、という具合に事態はどんどんもつれていくのだが、それらすべての核の部分には、三流エロ週刊誌の囲み記事も遠慮しそうな、簡単下品な発想が存在した。

ひどい減点対象となすわけではないが、解きほぐした難事件の中心部に隠れていたタネが、実はこういうチープなものであったという事実は、全体の印象を今ひとつ高級にしなかったという印象は持ってしまった。

美人であるというだけで、教育者たる女性が、ここまで完璧な愚か者の役を割り振られては、この物語もまた、三面セックス記事を発展させた、週刊誌の単発穴埋め読み物の長編版のような、安い印象に全体を引っ張ってしまったきらいは、理屈を越えて感じてしまった。

もう一点気になったことは、実は殺人を犯していた、それも女生徒が、果たして知らん顔で男の子たちの素人探偵団に加わり、自分を探り当てかねないのに真剣にみなで現場を歩いたり、聞き込みをしたりできるものか。この点は少々ビリーヴァブルとは言いがたく感じた。こういう事情は、犯人が加わった男子生徒の場合も同様である。意外な犯人の演出という結部のために、書き手が無理をした印象は残る。

あとは些末になるが、刑事がバーカウンターでアルコールを傾けながら自分の聞き込みを回想する場面、回想場面と、現時点シーンとのつなぎ目部分に言葉が足りないため、この場面の仕掛けが、書き手が思うほどにはうまくキレを発揮していないと感じた。ここはもっと上手に、少ない言葉を使って、つい没入しがちの読者の思いに都度ショックを起こさせ、操るべきであろう。

それからこの書き手は、「首をかしげる」を、ただ「かしげる」、「目を凝らしてみる」を、ただ「凝らしてみる」、と書く癖がある。「かしげる」はたびたび現れて気になったので、彼の将来のために指摘しておきたい。

後者はすぐに修正がきく種類のものだが、前者は構造にかかわるから、もう手を入れがたい。

しかしともあれ、面白く、楽しい読み物であったことはあきらかであり、これもまた、出版されてもよい作品ではある。

［第七回受賞作］

たとえ、世界に背いても…………神谷一心

二〇一五年五月刊行　講談社

梗概

十二月の初旬、スウェーデン・ストックホルムの市庁舎ではノーベル賞の晩餐会が開かれていた。晩餐会が佳境に入った頃、ノーベル医学生理学賞の受賞者である浅井由希子博士によるスピーチが始まる。

浅井博士は息子である浅井和己の治療の為に病気の研究をしていたのだが、彼は一年前、同級生による苛めによって自殺していた。浅井博士は苛めの真相を知ろうとするも、醜聞を恐れた学校は隠蔽してしまった。

とある生徒の密告により苛めがあったことを確信した浅井博士は、彼らに復讐する為に自らが発見した紫斑性筋硬化症候群のウイルスを世界中にばらまく。このウイルスに効果のあるワクチンの精製方法は現時点で彼女にしかわかっていない。

浅井博士は世界中に宣告する。もし、ワクチンの精製方法を教えて欲しければ、元一年B組の生徒達を尋問して苛めを自白させ、殺害せよと。

こうして、人類史上、最大の復讐劇は幕を開けた。

浅井博士がスピーチを終えた翌日、長峰高校には不穏な気配が漂っていた。元一年B組の生徒達は体育館に集められ、警察に軟禁されていた。事情がわからず生徒達は動揺する。彼らはやがて都内のホテルへと移送され、そこで苛めがあったのか、カウンセリングを受ける。

次第に苛めの詳細が分かり始めるも、ニュース番組の報道をきっかけにおしよせた万を超える群衆によって生徒達は危険にさらされる。次から次へと襲いかかる暴徒の手によって、教師や生徒達の数名が死亡するが、十五名ほどの生徒はからくも逃れることができた。殺害されることを恐れた生徒達は、警察を頼ることなく日本各地に潜伏することを選ぶ。

そんな生徒達の中に、野々村菜緒という十七歳の少女がいた。彼女は苛めにほとんど関わっていなかったのだが、なぜか浅井博士の復讐の対象とされていた。野々村は山梨県のとあるペンションに潜伏しながら、恋人の奥村弘人に助けを求める。

奥村は彼女からのビデオメールを受け取るとすぐに旅立ち、間一髪で暴漢に襲われていた野々村を助け出した。こうして二人きりの逃避行が始まった。

果たして野々村菜緒は殺されてしまうのか？

奥村弘人は最後まで彼女を守ることができたのか？

浅井博士はなぜ、こんな殺戮を行ったのか？

事件に関わった者全ての証言が集まった時、全貌が判明する。

それはあまりにも残酷で、壮麗で、完全な劇場型犯罪だった。

選評

島田荘司

たとえ、世界に背いても

難病を持つ自分の息子を、学級内のいじめで殺害され、復讐に乗り出していく母親という構図は、現在旬の社会テーマであるから、この骨格でいくつもの力作や、ベストセラーが生まれている。当作品もその流れの内にあって、行動各所細部の法的な疑問点とか、社会的倫理観、医学上のリアリティなどにあえて目を閉じ、冷酷な報復に邁進する主人公を描いて、江戸以降の日本人が確信するところの死刑報応感情の正義に奉仕、それともくすぐった、胸のすく物語ということになるであろう。

残酷ないじめと殺害事件の発生から、これに報復する肉親の一途な行動、そして見事なその成就、という単純構造であるから、小説は猛烈なエネルギーで、こちらを一気に結末まで引っ張ってくれる。痛快で面白い一気読み小説に仕上がっていることは間違いないから、時の利を得れば読者によく買われる見込みもあり、その意味でジャンルの発展にも、あるいは貢献してくれるかもしれない。

文章も上手であり、細部から全体にかける奇妙な発想の歪みから、催奇的、奇形的組み上がりの問題作でありながら、登場人物の発言内容、そのたたずまいなどには不思議な成熟と安定が感じられて、作には充分な完成度があり、これ自体が、平和憲法順守を叫びながら問答無用に死刑を存置して議論を避け、倫理観の必要性を真顔で説きながら、社会各所に持続する理不尽ないじめや村八分は笑顔で行使する分裂型の日本人をよく映して感じられて、なかなか多くを考えさせられた。本賞受賞相当の達成感となれば、今回はこの作以外に考えられないであろう。

突風のごときストレートな構成、壮大な視野、読み手をあきさせないスピーディな展開とか、パニック各所に用意された加虐のアイデア、拷問動画のサイトへのアップなど、時代のツールの巧みな使いこなしは、娯楽映像に馴染み、サディスティックな感性を発展させつつある今日の大衆に、よく奉仕し、またアピールもするであろう新世紀エンターテインメントとして、一級の仕上がりを示している。映像化にも適した力作と言ってよい。

しかし同時に、釈然としない諸要素もまことに数多く、この作を一時的な流行商品とせず、時代の風化に堪え得る問題提起とするために、さまざまな改善の提案を行いたい気分が、次第に感心に勝っていった。しかしそうした分別臭い発想を作者が必要とし、受け入れるかどうかは大いに疑問でもあり、そのような行儀心を超越するがゆえの、アウトロー的面白さだとする主張はあり得る。また作者も、この作の支持者たちも、当作の長寿性うんぬんには興味がないかもしれない。

当作における作者の主張や真意がどのあたりにあるものか、各所に散見される思いきった表現が、作者自身の本心からの思想であるのか、それとも刹那的に歪んだ新世代に、あえて身を寄せた代弁であるのか、判定のむずかしいところがあった。

そもそも事件の発端となるいじめへの、客観的な分析や詳細説明がなく、点検不要の極悪として提示され、犯人生徒たちへの情無用の痛快な死刑が、無差別の一般殺戮にと発展していくのだが、こうした流血沙汰自体が人類に対する理不尽ないじめであって、翻って紫斑性筋硬化症候群患者へのクラス内いじめの原点に視線を戻せば、これにもまた、同様の歪んだ正義感や、懲罰意識が介在したかもしれない。かつてハンセン病患者への拉致的隔離や、断種強制の国策など、国家規模のいじめがわが国に実在した。こういう俯瞰の視線はおそらく作者には余計なことで、作中には存在していない。

かつて広域凶暴犯として全国指名手配され、死刑となった永山則夫の、赤貧洗うがごとき生い立ちや、それを放置した国家の責任も点検されるべき、の主張を思い出すが、ノーベル賞学者の利己的正義感に対する司法や行政側の主張も、常識依存の無能一方ではなく、もう少し有効な理屈の発露を望みたい気分になった。

以下で一応、具体的に各部分へ問題点と、これへの改善提案を述べておけば、まずは本格寄りを標榜する賞としては、もう少し謎↓解決の全体構造と、これを完成するための推理論理活用の姿勢を持っていて欲しい気分は残る。いじめ殺人の発生と、この犯人への死刑報復という単純な背骨に沿い、各所にドラマティックな残虐事件が起こっていく、という暴力小説的な構築があるばかりで、大きく魅力的な謎はない、と見える。「本格ミステリー」としての体裁は、これでは不充分とする意見はあり得る。

すでに述べた事柄のひとつを、さらに具体的に述べると、パニックに陥った群衆から殺害対象となった一年B組の生徒たちを保護せんとし、おとりになって群衆の中に出ていった護送車が、殺気立った群衆に横倒しにされ、引きずり出された運転手が暴行を受けているニュース映像を見ながらの一年B組生徒の感想が、「もしかしたら自分たちもああなっていたかもしれない。そう思うと背筋がぞっとした」のみであるのには、喉に刺さる小骨に似た違和感が残る。

護送車の運転手にはなんの落ち度もなく、自分たちの身代わりで殺されつつあるのに、「ああ自分でなくてよかった」というだけの他人ごと安堵には、これまでの当賞挑戦者にはない、異業種的な異質感がある。もう少し切羽詰まった同情と、誠意に寄った感想があってもよいが、ないことを容認しても、公的な出版物としてはたしてこの意識でよいものか、しばし考えさせられる。自分さえ助かればよいのが人間として当然のことで、それ以外の感想など、すべて行儀の嘘なのでは？　と問い返しそうなこの語りの勢いは、なるほどそうでなくては世間を埋める無差別大量殺戮の開始を、ある種好ましい期待で待つことはできないであろう、と納得させられもする。

同様のことは、ペンションで拘束した一年B組生徒への拷問にも見られる。電動ドリルで体の各所に深い穴を開けたのに、加害者たちはビールで歓談し、被害者はというと苦痛の呻き声を上げるでも、重症重篤化したり、ショック死したりするでもなく、翌日平然と加害者との会話に応じる。さながら機械に穴を開けたかのごとき冷たい把握もまた、他者の痛みへの無関心感性を示していそうではある。また他者の痛みなどに関心があっては、この弱者虐待の世間を勝ち抜いてはいけないとする若い反発も、言外に感じられる。

他者への加虐や、殺害への興味は時を追うごとにエスカレートするが、他者同情に向けて作者の筆が動くのは異性に限られるのも、得て勝手と言えば得て勝手で、これもまたこういう一般衆愚感性の代弁か、それとも作者自身の本気かは、判定がむずかしい。

ただ言えることは、やっかみ衆愚への本気迎合の立場をとらなくては、本が売れないという事情はある。

先日のSTAP細胞事件も、理研の内部構造から論を起こし、この事件の抜本的歪みと、あるべき正当な姿を冷静に説いた主張は無視され、小保方晴子一人を極悪人とした主張が、熱狂的に大衆に迎えられる現実を見てもこれは解る。かつての「ロス疑惑事件」にもまた、完璧に同種の傾向があった。

以下は単純な不手際であるが、精神科医リエコ・アルヴェーンが、スウェーデン政府の意を受けて、拘束された浅井由希子博士との対話を開始するが、これがどの言語で行われているかの説明がない。英語であるのか、日本語なのか、それともスウェーデン語であるのかで、若干の思想上の差異や、口調、レトリックの相違が生じるように思う。これもまた書き手の狭視の現われとは考えないし、単に書き落としであろうけれども、当問題作の全体が奇形的妄想暴走の構造を採ることを思えば、作者の意識が本気、迎合どちら側かを示すキーが、あるいはここにひそむものかと、考察を始めたい思いは湧く。

改善提案の最大級テーマを最後に示せば、まずタイトルである。本作が、旧約聖書の『ヨブ記』を下敷きに、二十一世紀における宗教的問いかけを為した物語であるのなら、「ヨブ」の名をタイトルにもじらなくともよいのか。

そして、もしもこれを行わんと発想するのならであるが、『ヨブ記』とは、サタンの単純発想を活用した、神の思慮深い目論見を解いた物語ではなかったか。ヨブに対していったん許されるこの上のない暴虐は、いよいよの土壇場を待っての——この言葉も、この小説では浅からぬ意味が生じる、これは江戸期の斬首において、罪人の首を落とし込む大穴の、手前側の縁のことである——徹底救済を背後に隠し、神がその思惑通りにことを支配する顛末である。

紫斑性筋硬化症候群のワクチンを発見し得た天才、浅井由希子にとっては、この病のウイルスを遺伝子操作して、三ヶ月間だけは殺人的な猛威をふるうが、その時期を経過すれば完全に無力化する性質に変化させることは、造作もないように思われる。

そうなら、自身の産んだ息子を殺され、怒りでサタンであり神でもある身に変身した彼女が、衆愚に対して行使する懲罰は、段取り上『ヨブ記』における神の体裁を採るべきではなかったか。そうすれば、少ない材料からこの全体構造を洞察せんとする読者の思索に、本格としての思想性は宿るように思われる。

また重複する刑事事件としてのみこの物語を見ても、現状のままでは浅井が用意した少量であろうワクチンや、その製造法の解説書によってワクチンの製造が猛然と開始されても、そののち、世界中の重篤患者にそれが行きわたる前に、彼女の想定外の部分で時間がかかったり、あるいはイスラム国など、ある種の政治勢力に事態が利用されて製造や配達が遅れ、救命が間に合わない展開も考えられる。

ＳＴＡＰ細胞も、説明書きだけでは製作は到底おぼついていない。また鳥インフルエンザ・ワクチンのように、その製造に、ニワトリやダチョウなど生体に依存するプロセスがあれば、製造時間の短縮はきかず、量は限りなく少ない。そうなればまごつく時間のうちに、免疫力減衰の罹患者から始まり、絶命はもと健康体の患者にも届いて、大量の死者は現れ得る。そのようなことはこちらの知ったことではない、と浅井の口が語るなら、要求をかなえたのちのこのパンデミックは、彼女の犯罪性を度しがたいものにする。

しかしこうした提案は、現時点での作者の思いに、あるいは不必要な迷いを生じさせるだけかもしれない。そうであれば助言は助言として保存し、売れ線をもくろむ出版物としてこのまま世に出され、誰にも実害のないサタンのシミュレーションとして、種痘的に世に供するのも一興と言うべきかも知れない。

［第七回優秀作］

ベンヤミン院長の古文書……………金澤マリコ

二〇一五年一一月刊行　原書房

梗概

二十一世紀初頭、エジプト人のソテル二世がローマ教皇に選出されると、《守護者》と名のる者がバチカンに現れた。かれらは、七世紀のコプト派修道院院長ベンヤミンが選んだ三名の後継者で、古代アレクサンドリア図書館発見の協力をバチカンに求めてきたのであった。その蔵書のすべてが失われたとされるアレクサンドリア図書館。しかし実際は、図書館長とコプト派修道院長によって書籍は密かに持ち出され保管されてきたのだと《守護者》は説明する。

貴重な書籍は果たして現存するのか。ソテル二世によるプロジェクトチームが活動を開始した。一方、この動きを嗅ぎつけた新興宗教家モーゲンソーやバチカンの保守派もそれぞれの思惑のもとに動きだした。

選評

島田荘司

ベンヤミン院長の古文書

読み進めながら、感心に値する力作であることは思ったが、エンターテインメント小説としては果たしてどうであろうかと考えた。作者は、高等学校の世界史の教師であるそうだが、物語内部は生真面目で、その起伏の奔放性に関しては、教条感性から自由になれていず、いささか安全にすぎる、定型的な展開推移が用意されるばかりに感じた。

そもそも一般的な日本人は、相当な教養層であっても、古代地中海世界、最大の規模を誇ったアレクサンドリア図書館の、貴重で膨大な蔵書群の消失と、これの所在を突きとめて回収する探索のプロジェクトが、いかに高価値で、興奮的な性質のものであるかを説かれても、大半は共感できないであろう。

これが卑弥呼の著作であるとか、神武天皇の自筆伝記とでも言うなら、日本の歴史好きの興味を惹くだろうが、原始キリスト教世界の、カトリックを頂きとする宗教社会の秩序を破壊し、世界に新宗教を興すほどの衝撃的な事件となると説かれても、多くはピンとこないであろう。

暗号小説としてみても、おびただしい前例の群れを凌駕するような仕掛けや、解読のドラマは作れていない。ミステリー門外漢が、こうした物語の結部なら、おおよそこのようなことであろうとして、前例から借用してきたふうのものではある。作者がタイトルに「暗号」を詠わなかったのも、こうした判断のゆえが推察される。それゆえに、物語が本来的に持つべきであった背骨が抜けてモーションのエネルギーがゆるみ、全体のアピール力が不足して見えた。

世界史専門家にとっては金塊以上の宝物である、アレクサンドリア図書館蔵書の隠蔽場所も、千年以上も追求の目を逃れられるような、万人の盲点とまではちょっと思われない。スキュタレーに頼らずとも、レバノンの探検家が偶然に発見していてもよさそうな場所である。蔵書発見の場面は、したがって誰かが仕掛けたトリックかと疑いたくなる常套性があり、ミステリー読書家に、膝を打たせそうではない。この点をもって上質作の資格を疑う愛好家も出そうで、したがってこの作を喜びそうな読み手の方向はなかなかに限られそうである。

考察は専門的であり、生涯を書けた研究者でなくては持たない貴重な情報とか、時間をかけて到達した作者自身の理解が、物語に載せて開陳される。しかしそれらも、一般にはとっつきが悪く、馴染みのある大衆ミステリーの定型、たとえばキリストの青森県戸来への来訪と、日本女性の妻帯、そしてかの地で没したとする俗説とか、数々の福音書から漏れ落ちた、うがてば布教の戦略上隠されたふうの、青年時代のキリストの人間的な行動録、こういうもろもろに語りが接近するたび、都度日本読者の興味はいささか喚起されると、そういうことであろうかと想像する。

この作は、『たとえ世界に背いても』という、今回の福ミス最終候補作中、たまたまライヴァルに位置した強烈なエンターテインメント作の、測ったような対局の位置につけ、向こうがストレートな怒りを背景に、行儀発想や教条主義から潮笑的なまでに自由になり、快楽主義的殺戮合戦に、哄笑とともに没頭する不道徳暴走なら、こちらは生真面目な学問的考察によって丹念に構築した複雑な中心軸の前面に、教師らしい分別が許し得る限りの波乱を配した、教養的宝探し小説ということになるであろうか。

しかし物語が進むにつれ、世界史に興味を持つ者の目からすれば、淡々と、とてつもない内容が語られていることに目を見張るようになった。これはこれで、別種の方向から前例常識を突き抜ける設定である。アレクサンドリア図書館から流失した蔵書には、ギリシア語に訳されたゾロアスター教や仏教の経典までもが含まれ、さらにはアフリカ大陸に運ばれたアレキサンドロス大王の遺体の埋葬場所、ユダヤ人キリスト教徒の聖書、世に知られていない初期キリスト教時代の数々の写本、イエスの青年時代や、彼の死の前後を描いた書きものまでもが含まれる可能性が述べられる。

アメリカにいた時、敵対勢力の卑劣な仕打ちに、怒り狂って仲間に檄を飛ばし、武器を掲げて報復を訴える、青年時代の熱いキリストの姿を語る研究者がいた。これがもしも事実なら、冷静な神の姿にふさわしくないという判断で後世隠されたものであろうが、日本人が知る機会のなかった情熱的、戦闘的な彼の姿に、イエス・キリストの汗や体温が、猛烈な勢いでこちらに迫ってくる心地がしたものだった。

この物語によって、あの若いキリストの喉を絞る大声が思い出された。彼は生々しく実在し、そうならその頃の秘密の記録文書が存在してよい。その文字群は、神の魅力を増しこそすれ、減ずるものではないはずだ。

当物語の作中に見える情報がまったくの空想ではなく、一定量学問的な裏打ちを持つものなら、従来の日本のミステリー系エンターテインメントの教養水準を超えるし、まことに貴重な読み物ということになる。そういうことに、徐々に気づいた。

そして この作者が、自らの半生をかけて生真面目に追跡し、構築した一世一代の成果を、この小さな賞に無言であずけてきた思いが、痛いほどにこちらに理解された。そして猛烈な共振とともに、そうした思いに応えるべきと考えた。

いかに地味であろうとも、一般評価の獲得はむずかしかろうとも、この作が高度で貴重な学問的成果を擁し、たとえ広くない世界が対象であっても、まれな知的興奮を語るものであるなら、この作にもチャンスを残し、作者と編集者の今後の改善努力に期待して優秀作とすべきが、出版先達の誠意と信じた。

［第八回受賞作］

アムステルダムの詭計

原進一

二〇一六年四月刊行　原書房

梗概

戦後の日本犯罪史上、最も鮮烈な印象を残したのは、昭和四十三年に発生した「三億円事件」であろう。しかし、日本人だけでなく広く世界中の人々の耳目を引いた点では、昭和四十年に起きた「アムステルダム運河殺人事件」が凌駕している。松本清張氏は両事件とも小説化している（『小説三億円事件』、『アムステルダム運河殺人事件』）。『アムステルダム運河殺人事件』の方は、現地オランダでも翻訳版が出版された。

一九六五年夏、アムステルダムの運河に浮かんだ死体は、頭部、両脚が切断され胴体だけがトランクに詰められて発見された。胴体に両腕は付いているが、手首は切り落とされている。被害者の身許の割り出しは困難を極めたが、トランク及び遺留品が日本製であり、庫内に付着した頭髪が黒色であることから被害者は日本人と推定された。また解剖結果から胃部内残留物に穀類が含まれている事実も明らかとなり、その推定は確度を増した。不可思議な遺体だった。面がワレないように頭部を切断し、また指紋を採らせないために手首を切断し身許を隠そうとしているのに、残された手掛かりは被害者が日本人であると暗示している。

捜査本部は犯人逮捕の前に、被害者の身許割り出しで躓いた。公開捜査の結果、隣国ベルギーに住む日本人の名が浮上した。直後にアムステルダム警察の捜査本部は、身許確認のために両親を日本から招聘した。両親による遺体検分の結果、胴体部の手術痕から身許がベルギー在住の日本人駐在員と確定した。被害者の身許はワレたものの、犯人捜索は困難を極めた。オランダ、ベルギー両警察に加えてインターポールも捜査に参画したが、結局事件は迷宮入りとなった。

当時新進推理作家として文壇に登場した松本清張氏は、本事件を小説化するに当たって綿密に取材した。その結果日本人被害者の身許に疑問を呈し、替え玉説を唱えた。ところが取材、調査の集大成となる著作『アムステルダム運河殺人事件』では捜査本部の発表どおりの身許を上書きしている。著作内での清張氏独自の推理は、遺体に手首がない事実を巡って展開される。背広姿での肉体の露出部分が顔面と手首であることから、塗料が露出部分に付着したものと推理しブリュッセル在住の建具工場主を実行犯とした。

捜査本部の指揮を執ったルトゲス警部は事件当時、取材に訪れた清張氏と面談した。その時、警部は清張氏から替え玉説を明かされている。警部の方からは、事件の背後に美術品贋作シンジケートがからんでいる事実が清張氏に伝えられた。ヒトラーをフェルメールの贋作で弄したオランダ人画家、ファン・メーヘレンを発祥とするシンジケートだった。フェルメール神話を巧みに利用した贋作詐欺団である。戦後は、米国マフィアが合流しヨーロッパだけでなく世界的に名の知られる存在となっている。

ヨハネス・フェルメールは、十七世紀オランダの黄金時代に活躍したデルフトの画家である。日本でもファンが多く、その作品は繰り返し来日している。しかし、四十三歳で夭折した謎の多い天才画家でもある。生前の記録が乏しいため、画家を巡る神話は多い。他の画家にすり替わってアムステルダムで生き延びた、とフェルメール自身の詭計を示唆する伝説も浮上する。その詭計は「アムステルダム運河殺人事件」の遠因となった。

事件発生から約三十年後、捜査は進展を見せる。被害者と見なされた日本人は生きていて、運河に浮かんだ死体は替え玉との疑惑が濃厚となっていく。ただ全ての疑問に解決の糸口が見つかった訳ではない。替え玉となって殺されたとされる日本人は誰で、凶器は何なのか、また、遺体の手首が切断されたのはなぜか、遺体の投棄場所はアムステルダムの運河である必然性（なぜ居住地のベルギーでないのか）、などが未解決のままだった。加えて、清張氏が当初の替え玉説を撤回した理由も謎のままだった。何らかの詭計が潜んでいるのだろうか。

（本作は実際に発生した事件及び松本清張氏の小説をもとにし、フィクションとして再構成したものです）

選評

島田荘司

アムステルダムの詭計

こちらを最も読者にしてくれた度合いでは、この作が一番だった。一気読みができたし、途中で読書を中断している間は、早く作中に戻りたい気分にさせられた。賞選考にも関わらず、楽しい読書をもたらしてくれる作に出会うことはまれであるから、採点も高くなる。

しかし同時に不安も湧く。この作の文章の読みやすさは、成熟の感性から繰り出される文学好きらしい選択的な周囲への視線、それは純文方向を長く縛す団塊左翼志向とも通底するのだが、気取りのないそれへの感想、結果としての文体の安定感、すわりのよい言い廻しの上手さによるが、読み手の驚きをもくろむ本格ミステリーの装置として見れば、当作に作者発見の新しいパーツはないかもしれない。なにより当作の美点がすっかり理解でき、共感もできるのは、ひょっとして選者個人のたまたまではあるまいかという不安が絶えず襲って、都度の自己点検を強いられた。

こうした要素を減点の理由となすべきかは悩ましいが、しかし本格ミステリーも日台以外では文学であるから、読み手の歓びは単純に加算されてよいはずである。加えて、思いつくまま追想し、無造作に書き重ねられた文章集積のように見せているこの小説も、実は全体を俯瞰しての設計が、あきらかに事前に為されている。したがって読み手が得るであろう意外性や感動は、あらかじめ作者の計算の範疇にある。興味の対象があんまり共通するから、同世代であろうかと予想したら、果たして同じ年生まれの書き手であった。したがって学生時代から連綿と体験した歴史的事件や、興味を喚起された時代の対象物は共通しがちである。しかし都内の好む場所や訪れた異国、日蘭の歴史、さらには絵画の製作や鑑賞を好むという共通項は、そうした世代論の範疇を超えるので驚いた。

たちまち思うことは、拙作群の中では『写楽　閉じた国の幻』が当作の内部世界にきわめて近い。ともに絵画を扱い、オランダの画家への興味や、その生涯、作風のやってきた場所への考察等の趣向が共通するうえに、自然主義文体を意図的に採っているところも同じである。

賞選考をするようになって久しいが、この作ほどに、評価以外の多くを考えさせ、また気づかせてくれた創作も記憶がない。決してこちらの考えすぎでなく、作者後年期に為された当作の創作事情は、さまざまに深い意味合いを擁している。これらを逐一解いて語れば、以下の選評文は随筆の長きを得そうであるが、ジャンルへの貴重な考察も生じるように思うので、異例のこれを、今回はご容赦願いたい。

当方が、今日の視線では「清張の呪縛下」という特殊な文壇状況に対し、無頓着に典型的、それとも先鋭的本格を書いて登壇し、何故か乱歩式扇状性への復帰要求と誤認されて、文壇に大いに不安を醸したことは、関係者は記憶しているかも知れない。

その後綾辻氏など本格追求者を推薦してジャンルに引き上げた際、当方としては清張流儀と本格派との共存が、やむを得ない対立と摩擦を生じながらも、切磋琢磨してジャンルを活性化すると期待した。しかし現実には事態は単純な振り子運動を見せて、清張式社会派は大挙して暗がりに跳躍、一斉退場してこちらを失望させた。その後、ライヴァルのない新本格ブームは、高度な論理性は獲得しつつも、制限された材料を使う室内専用ゲームといったスポーツ嫌いぶりが加速して、奔放な脱日本型気概は年ごとに失われ、こちらには不満が募った。

それから二十五年という待機の歳月が流れ、ようやくここに、隠れもない松本清張のＤＮＡを持った、おとなの文体を操る、成熟した思索の書き手が現れたと見え、今後さらに出現が続けば、かつて自分が構想した二派競合の時代がいよいよ実現するか、という期待も抱かされた。これもまた、個人的夢想という話にはなるのであるが。

清張流の文体には、伏線拒否的な潜在意識が感じられたが、自然主義的なさりげなさで前方に置かれる当作の伏線には作為がなく、いたって自然で、しかも後段に至ってこれらがひとつの漏れもなく、つまり無駄な駒などひとつもなかったのだと言わんばかりに丁寧に回収されていく姿には、本格派の書き手とすっかり同等の人工主義的潔癖体質、そして几帳面な計算の痕跡が感じられて、ここまでの本格諸規則の学びを経て、清張式の本格アプローチもついに設計図体質を得たかと感じた。

右のような言い方が、上からの目線ととられることを恐れるが、本格の方法とは単にゲーム的な追跡感性で、清張氏自身はこうした稚気やトリック許容の人工性を、自身の成熟の体質とは相容れないと看做《みな》していた。そのような固さがとれた作例という程度の、これは意味である。

余談だが、この作の美点をたまたま文藝春秋の編集者に話したら、それは是非わが社の「清張賞」に投じて欲しかったものと語った。当作を貫く清張作品へのオマージュの意識も隠される様子がないから、確かにそれが妥当であったかもしれない。しかしもしも先述したような先行拙作への共感が、当作を本賞に招いたのであれば、まことにありがたく、これにも個人的に感謝の念を抱く。

この作は、ゆえに充分に本格たるの資格を得た徹底思索の産物であるが、同時にビーズの腕輪に似て、一九六二年のキューバ危機、六三年のケネディ大統領暗殺、同時期、ロンドンにおけるクリスチャン・キーラー醜聞事件、六四年の東京オリンピック、そして六五年のアムステルダム運河トランク詰めバラバラ殺人、さらには六八年の三億円強奪事件、といった一時代を圧倒的に彩った諸事件のビーズを、私小説的な糸で貫き、陳列していく趣向を持った、甘美な追憶の小説でもある。

この諸ビーズから、七二年の浅間山荘事件が落とされていることには、あるいは軽からぬ意味があるのかもしれない。長い左翼洗脳が意味していたところが露呈しつつある国防の現在、当方が敏に感じている文壇事情に、純文方向は思想的に左、本格志向は保守寄りの感想が現れはじめている。この傾向は今後さらに進むと思われるが、この作者には、自身は左翼洗脳は免れている、の主張があるいはあるのかもしれない。そう考えて行く時、蟹工船の時代でもない現代、日本独自の嫉妬型偏向報道と同様に、左翼志向とともにある純文の無根拠な優越意識にも、日本人はもうそろそろひと区切りをつけてもよい頃合いかもしれない。

当作の「腕輪」には、作者自身の姿が自然主義的な謙譲筆致によって色濃く投影されており、学生時代の左翼活動、油絵制作への情熱、語らずに胸にしまった恋情といった、誰にも覚えのある小事件が、力みのない筆で小ビーズをなし、さりげなく掲示されて大ビーズの隙間に嵌まっている。

ここでまた個人的な話をするが、『写楽　閉じた国の幻』という「小説」を上梓したおり、主人公の佐藤という人物の花袋《かたい》的な感性を、評論筋から「佐藤は島田自身である」、と迷いの気配なく断定され、驚いた経験がある。むろん予想していたことではあるものの、自然主義的筆致のやり取りは、その感心の度合いが増すほどに、書かれたことが事実であると読み手が確信して行く過程である――、さらに言えば、筆への感心と引き換えに、内容の大半が事実でなくてはならぬ、そうでないならその価値を減ずるぞ、と面罵せんばかりの書き手読み手の感情的取引が発生するものである現実を確認した。この不思議なわが原則を詐話的な逆手に穫り、あの太宰は文壇の殿上人にと駈け登って未だに降下の気配がない。

成熟の描き手たる当作者には、そうした極東型自然主義、独自のルールは完全なまでに心得られており、この点の操りに一種の観劇的興趣を感じた。末部において、生涯かけたサラリーマン忍耐で蓄えた全財産を、それほど気のなかった情人に持ち逃げされる主人公の淡々とした報告にも、取引の存在を思えば自嘲の意味深が潜んでいる。

本格ミステリーの運動場とは別のグラウンドにおいて、わが文学にはこうした確固たるルールが育っており、これはモーパッサンもゾラも、あるいは彼らの沸騰石たる英国の生物学者ダーウィンも、聞けば驚く東洋の神秘というものであろう。

この小説の着地は、以下のようである。

「M子の消息は知れない。二人で学生会館の屋上から染井霊園の桜アーチを俯瞰したのが最後になった。M子の生死は分からない。故人となるまでは本名は明かせない」

この見事な止めの口上こそは、この作がわが近代自然主義の王道を踏まえた日本文学の末流であることを宣する見栄切りである。

当小説の自然主義的筆致と完成度、そして作中に散りばめた史実と、それらを活用して醸すリアルな味わいから、読み手が「この物語は事実でなくてはならぬ」といつもの威張った取引勘定を持ち出すであろうことを想定して、「その通り事実である」と返す太宰的なやり口が、ここで披露されている。しかしこの返し言葉こそは詐術であり、オランダの実事件において巨匠作家が操った詭計に勝る詭計であることを、同年生まれの当方はすぐに見破ることができている。

作中の「私」は、「昭和三十四年に郷里の兵庫（これは事実）から上京した。第一志望の芸大受験に失敗し、やむを得ず母の勧める普通の大学の工学部に入学するためだった」とある。しかし、これは事実ではない。作者の年代なら、大学入学はこの七年後になるはずで、主人公は描き手の七歳年上に設定されている。何故このようにしたかというと、事実通りにすれば、キューバ危機も、ケネディ暗殺も、キーラー嬢事件も、主人公の中学生時代の事件となってしまって、これらの事件を人格形成に関わる深刻なピースと匂わすことがむずかしくなる。

そして「アムステルダム運河の殺人事件」は、主人公が高校二年生時の事件となり、それ自体はよいとしても、トランクに入れられた犠牲者を疑わせる坂下先輩が遥かな年上になってしまって、作者入学時には卒業してしまう。同じ大学に同時期在籍して、親しいつき合いができないことになるから、同じ女子大生を争うことも不可能になり、そうなら主人公が、この異国での怪事件追跡に情熱を燃やす設定に、勢いが削がれるからである。

作者の詭計は、事前の物語設計時にこそ使われており、読み手を密かに欺いている。「アムステルダム運河トランク詰め殺人」の方は発生日時が固定だから、ノンフィクション主義を採れば作者は出遅れてしまって、この作のように劇的に、事件への直接関与ができなくなってしまう。

自然主義の傑作とは、おそらくは大半が、こうした舞台裏を隠す人工物であろうと思う。この作者は、太宰同様こうした事実をよく見抜き、かつ心得た、さすがに成熟の描き手であることをうかがわせている。

［第八回優秀作］

僕のアバターが斬殺ったのか

松本英哉

二〇一六年五月刊行　光文社

梗概

神部市在住の高校生である日向アキラは、中学生の石水里歩とともにＡＲアプリ『ジウロパ』を日々プレイしていた。

『ジウロパ』は、現実の風景に重なる形で存在する仮想空間を体感できるアプリである。プレイヤーは、実在する街区や建物内に足を運ぶことで、その場所に存在する仮想空間『ジウロパ世界』を、モバイル端末の画面を通して眺めることができた。あるいは、プレイヤーは、ジウロパ世界が存在する現地（リンク場所）まで実際に赴くことなく、離れた場所からジウロパ世界に遠隔アクセスすることも可能であった。どちらのアクセス方法を採るにしても、プレイヤーは、ジウロパ世界において、自身の分身となるアバターとして存在することになる。

ある日、アキラは里歩の部屋から、自身のアバターであるクロムを操り、リンク場所『懺悔の間』に遠隔アクセスした。そこでは、セルパンという名のアバターが待っていた。セルパンを操るプレイヤーは、リンク場所となっている神部市内のビルの一室に実際に足を踏み入れているようだった。話し合いの末、クロムとセルパンは対立し、クロムはセルパンの喉もとを刀で斬り裂いてしまう。

翌日、アキラが自宅でテレビを見ていると、神部市内のビルの一室で、他殺死体が見つかったというニュースが流れた。その現場は、昨日アキラが遠隔アクセスしたビルの一室だった。しかも、どうやら殺されたのは、セルパンの〝本体〟であるプレイヤーであり、彼は喉もとを切られて亡くなっていたということだった。

アキラは自問する。

「あれをやったのは、ぼくか?」

果たして男を殺害したのは、アキラなのか。その答えを探るべく、アキラは行動を開始した。

選評

僕のアバターが斬殺ったのか

島田荘司

大学のミステリー研の精鋭を中心にして台頭した「新本格ブーム」が、今日の日本の本格ジャンルの背骨を成していることは、おそらくどのような評論筋にも反論はむずかしいであろう。

しかし、それにやや遅れるようにして登場したコンピューター・ゲームがなくては、ムーヴメントは普遍的な力を得ることはなかった。あとを追って世に現れたPCゲームのユニークな印象と、圧倒的な斬新さが、ブームの太い補助線となったことも、多くの論者の同意するところであろうと思う。

さらには、駄目を押すようにして宮崎アニメをはじめとする国産のアニメが世界を制したことも、新本格のムーヴメントには有利に働き、これで熟年評論筋は決定的に沈黙することになった。

アニメ映画の氾濫も、つまり実写映画と同等の短期間での完成も、コンピューター・テクノロジーの助けなしにはあり得なかった。そして市民権を得たアニメ・キャラクターのパターン的な動きが、彼らの人物描写を時代のものと説得して、慣例に寄りかからんとする怠惰な苦情を封じた。つまりこの定型性は、稚拙のゆえではなく、謎解きゲームの参加者に、推理論理の追求に専心させ、これを高度にするための必要な前提であるという主張に、熟年評論筋が目を開かされたかたちになった。

このような新世紀型の科学のあと押しがなければ、ドラマ作りの材料を限られたパーツに制限し、人物描写も「記号化表現」と呼ばれるほどにパターン的で、ある意味不自由な大学内の遊戯的な潮流が、思いがけずフィールドの最上位に浮上し、熟年層の書き手を圧倒し、さらには駆逐するというまでの成果は現れなかったはずである。

こういう経緯を踏まえ、類例作が増えるに連れて新本格創作は、孤島、吹雪の山荘、怪しげな洋館、その内部の密室、といったゲーム系の定型的器から外出する一派も出はじめて、PCゲームの内部世界をも徐々にグラウンドに取り込みはじめた。述べたような新本格ブームの来歴を考えるならば、PCゲーム内部もあきらかに関連グラウンドであるから、孤島や山荘に続いて、虚構現実の幻想フィールドをも殺人の舞台とする発想に、ブーム管理筋からの許認可は下るべきであった。

新本格ムーヴメントにも、今回の受賞作『アムステルダムの詭計』への選評で述べた自然主義の問題点と似てわが職人型が発動し、清張呪縛への反発から、人物記号化以外の人間描写文体は許されるべきでないという偏狭性、そして右の定型以外の舞台設定は認可せぬぞ、という異端審問官型の規制が次第に発動したが、述べたようなムーヴメント成立の経緯から、一部の書き手のPC内仮想空間への進出は、黙認されたということである。

こうしたわが事情から、PC内部世界を舞台、あるいはその一部とする本格は、一定量存在を許されて、当方が審査員を務める各賞に、オンラインとオフライン世界を往き来するヴァーチャル・リアリズム本格が、定期的に現れるようになった。が、どれも決定打を欠いて、日本では受賞作はなかった。

台湾においては、第一回島田荘司推理小説賞の受賞作として『虚擬街頭漂流記』というヴァーチャル・

リアリズム本格の力作が現れていて、これは本作よりさらに説明が緻密であり、父娘間の情愛が色濃く語られて、感動的な仕上がりになっている。したがって当作の作者にも是非読んで欲しいのだが、作中の殺人で生じた死体処理に関しては、当作の方が自然であり、納得もしやすい。

日本のゲーム本格の不調の原因までをも解説すると、右に述べた器発想の、設定範囲の迷いによるものが多い。新本格寮からの外出組は、ほぼすべてがオンライン、オフラインの境界があいまいになる、というあたりの仕掛けをタネにしており、ゲーム内部に殺人事件の舞台を取るというばかりでなく、これとリアル世界との往き来が頻繁になれば、読み手が境界の認識に次第に曖昧になって、この錯誤による失見当識をミステリー現出に用いる、という定型の発想に、揃って到達していた。

この種の習作が多く現れてのち、ではこのタネ構造までをも器と看做《みな》してよいか、というあたりに、多くの書き手が集団で迷っていた。つまりこれによって作が多少退屈になっても、「これはそういう小説なのだ」で通せるか、そういうあたりで戸惑いが生じていた。コンピューターが提供するゲームの動き自体、限られたオプションを背後に隠してのパターン選択であり、にもかかわらずの成功が、パターン的職人発想に多くを積極的に向かわせた、という日本型の不具合が、どうやらここにはありそうである。

しかしこの定番の失見当識期待は、読み手の驚きの理由までをも浸食してしまっているから、本末が転倒する。当たり前のことだが、未体験のものでなくては人は驚きを生じない。驚きを得るために、人は未体験の要素を物語に探すのであって、この小説はそういう約束のものなのだから驚け、あるいは面白がれとは、さすがの異端審問官も読者に要求できないであろう。

また、この背後にはそうしたわが珍妙な叱咤体質が存在するわけだから、このようなものはあまねく世界には通用しない。最初の一作しか佳作が現れ得ない質のものを器としたい発想は、怠惰目的であり、誤りである。しかし、ではどうすればよいのかと自問すれば、これを踏み出す瞠目《どうもく》の趣向は誰一人発見できないから、見るべき傑作が現れずに足踏みが続いてきたと、そういうことに思われる。

　しかし時代がここまで進んだ今、いよいよその前例パターンを踏み出す力作が現れはじめた。不思議にそれは時期を同じくして、台湾の島田賞にも、『H．A．』というゲームの専門家が書いた力作が現れた。日本の場合は、当作『僕のアバターが斬殺《や》ったのか』がその嚆矢《こうし》ということに見える。先に述べた『虚擬街頭漂流記』も、二〇〇九年の発表時点で、オンライン世界がオフラインのリアルを浸食するといういささか陳腐な定型を、すでに脱していた。つまりこの種のものは、その定番発想を壊さない限り、傑作は現れ得ないということに思われる。

『H．A．』、『虚擬街頭漂流記』、『僕のアバターが斬殺ったのか』、三者に共通することは、未だ存在しない新規のゲームを、その細部まで非常に細かく設定し、説明していることである。ことに台湾の二作は、ともに専門家がその知識を駆使したものだから、特に『H．A．』など、そういうゲーム・アプリが存在し、すでに世に流布《るふ》しているのかと疑われるほどである。しかし国産の「ジウロパ」も、負けず劣らず細部までルールがよく創り込まれていて、近い未来には、そのまま製品化が可能ではと思われるほどだ。これはやはり時代が進み、多くの書き手がゲーム型ヴァーチャル世界をよく体験して知識を増やし、理解を深めたゆえであろう。

　台湾の二作は、先述した従来型のゲーム本格の流れが、専門職の手によってリアルに高められたものであるが、日本の『僕のアバターが斬殺ったのか』の場合、流れを大きく逸脱した圧倒的な手柄があって、それは従来とはまったく発想を異にする新発想のゲーム・アプリを着想、創造したことだ。これは高い評価に値する。この内容をひと言で言うと、ゲームの内外を繋ぐ往来するのではなく、ひとつに重ねてしまったということで、これは多くの書き手の意表を衝くものと想像する。

これまでのゲーム本格には、PC内に仮想現実の別空間を構築し、キャラクターに化身してこれに侵入するという定番発想が、疑いを容れぬものとしてあった。すなわちPCゲームとはすべてそういうものだからだが、「ジウロパ」は、普段われわれが活動する現実の街に、重ねるかたちで虚構世界を構築した製品であるということが、圧倒的に新しい。安全性や、実現可能性の議論は脇に置いて、これは多くのゲーム本格志向者の、盲点を衝いたアイデアになっているはずだ。

複数のゲーム参加者、つまりプレイヤーたちは、「ARスペックス」と呼ばれる眼鏡型のウェアラブル端末を顔にかけることにより、現実の風景に、電脳が加えたキャラクターを併せ見ることになる。プレイヤーは街の風景も見るが、その上にジウロパ内のキャラクターたちの姿も、これに混ぜ合わせて見ている。ゲームのキャラクターは、プレイヤーが遠隔操作で操る「アバター」だが、もしもその地点にプレイヤー本人がいるならば、本人の姿もプレイヤーは見ることになる。その時、ゲーム外の通行人はアバターの姿を見ることはないが、プレイヤーの姿は見る。

ARスペックスをかけたプレイヤーは、アバターもゲーム外の通行人の姿も見るが、もしも本人がその場にいる場合は、これはアバターと融合してしまうから、アバターの姿は消えてしまって、本人の姿しか見えない。しかしそういう場合、彼、彼女がプレイヤーであることを示して、プレイヤーの生体は青く光って見える。

遠隔操作でアバターを操っている場合、プレイヤーのＡＲスペックスの視界は大きく変化して、アバターが遠征して、その目が見ている街角や室内が見える。プレイヤーが狭い四畳半にいても、立っていても椅子にかけていてもこれは同じである。

「ジウロパ」のプレイヤー間では、遠隔操作されているアバターは「ファントム」と呼ばれ、アバターと融合してその場に実際にいるプレイヤーは「ソウル」と呼びならわされる。

アバターは「ジウロパ」の空間では超人的な運動能力を獲得し、プレイヤーが運動嫌いの中学生の女の子であっても、オリンピック選手並みの速度で駆け続けることができる。主人公がオンライン、オフラインを往来して、電脳空間内のキャラクターとプレイヤー本人の思いがけない印象の落差を見せる趣向も、予想はできるがなかなか読ませる。

ゲーム内ではファントムたるアバターも、ソウルも、「ガンスタンド」というピストル型の武器を持つことができて、これで他人の操るアバターを狙撃することができる。命中させると、その相手を二十四時間、強制的にログアウトさせられる。しかし当然ながら、この攻撃によってアバターを操るプレイヤー本人を傷つけたり、命を奪ったりすることはない。

このようなルールで構成されたゲームの目的は、アバター相互のファイトや市街戦ではなく、ジウロパ世界に存在する「宝王」を収集することであるが、そのプロセス中に、ついでのように行われたアバター殺人において、ただの遊戯のはずが、ＡＲスペックスを通した見え方そのままの受傷と失命を、距離の離れたオフラインのプレイヤーの肉体に起こしていた、何故か、というのがこのゲーム本格の骨子《こつし》である。

絶対にあり得ないはずのこのミステリー現象は何ゆえかと問いかけ、そののち、この謎解きが小説の主題になる。それは従来型のＰＣゲームでなく、この新発想のゲームのプレイ中にのみ起こし得る、意表を衝く殺人で、このゲームの特殊な成り立ちゆえに生じた思いがけない錯誤、亀裂を衝いて行われていた。ではその亀裂は、果たして電脳空間ジウロパのどこに生じていたのか——。

一読、なるほどというもので、このような仕掛けの新ゲームがもしも出現すれば、確かにこのような段取りでの殺害も可能になってくるな、と納得させられもする。壮大な虚構世界をあらかじめ丹念に構築しておき、複雑なこれへの読み手の理解がもたついているうち、その把握の間隙を衝いて、理解不能の殺人を起こして見せる、こういう趣向は、本格の歴史においてもなかなかに新しい、新世紀型の体験であった。

過去多く読まされた類例作の内にあって、これは一頭地《いっとうち》を抜いた完成度を示しており、新発想のゲームが、それゆえに新しいミステリーを起こし得た。つまり優れた準備が優れた結果を招聘《しょうへい》し得た、これは好ましい二十一世紀本格の作例である。

［第九回受賞作］

神の手廻しオルガン

須田狗一

二〇一七年五月刊行　光文社

梗概

一九四二年五月二七日、ナチスの国家保安本部長官ラインハルト・ハイドリヒがプラハでテロリストの襲撃を受ける。ハイドリヒが運び込まれた病院に勤めていたドイツ人の実習医ベーレンブルッフはふとしたことから、ハイドリヒの死の病室に呼ばれ、美しいハイドリヒの妻リナと出会う。驚いたことに、リナは若いベーレンブルッフにある頼みごとを持ちかけてきた。

それから七十二年後、犬山市の山中で、心臓をえぐられ左腕を切り落とされた老人木島弥一郎の死体が発見される。残された右腕には、王維の七言絶句の入れ墨があった。明らかに木島に何らかの恨みを抱いている者の犯行と思われたが、終戦間もない頃から細々と喫茶店の店主を続けていた木島に恨みを抱く者はいなかった。さらに、金庫にあった一九八五年の手帳に、木島の筆跡で「手回しオルガンが死んだ」というポーランド語のメモが残されていたことが、ますます捜査陣を戸惑わせた。

その一か月後、今度はポーランドのクラクフで、ナチスハンターに資金を提供してきた会社経営者クシシュトフが、ユダヤ料理店から出て来たところを絞殺される。

その頃、私、翻訳家の吉村学は妻の香奈子とともに、たまたま知り合ったポーランドの女子留学生アンカの面倒をみていた。アンカの父親バルテク・ビドラは推理小説家だというので、苦労してバルテクの小説を翻訳するなど、両親とも交流を深める。しばらくは何事もなく留学生活を続けていたアンカだったが、冬のある日突然、過換気症候群の発作を起こし、何の挨拶もないままワルシャワに帰国してしまう。落胆する私のもとに、なぜか犬山警察署の刑事が尋ねて来て、アンカの写真がほしいと言う。木島が殺害された当日ポーランド人の若い女性と話していたという目撃情報があったというのだ。警察の捜査はそれっきりになったが、アンカへの疑念はつのるばかりだった。

そんな折、ポーランドのブリズニャク強制収容所で書かれた祖父アルベルトのポーランド語の日記を日本語に翻訳してほしいというアンカのメールが、ポーランドから送られてくる。どうして翻訳をしてほしいのか、その理由は翻訳が終わってから教えるという。その日記には、アルベルトと収容所医師ベーレンブルッフとの確執がつづられていた。その日記から、切り取られた木島の左腕には収容所の囚人番号の入れ墨があったのではないかと気づいた私は、妻の香奈子とともにワルシャワに行き、直接アンカと話をして疑惑をはらそうと決心する。しかし、その行動が空間と時間を隔てた三つの殺人事件を手繰り寄せることになるとは、その時は夢にも思っていなかった……。

選評

島田荘司

神の手廻しオルガン

昨年の『アムステルダムの詭計』に続き、今年はこの文芸風味のミステリー挑戦作が、こちらをまたよく読者にしてくれた。賞選考にもかかわらず、文字を追っている間は終始楽しい読書であったし、中断している間は、早く作中に戻りたい気分にさせてくれた。また、ほぼ一気読みといってよい吸引力に助けられる読書でもあった。

福ミス選考を九年続けてきて、昨年から、新たな変貌が起りはじめているのを体感している。あるいはこれは、フィールド全体に及ぶ変化になるものかもしれず、推移を見守る思いでいる。八〇年代の新本格の台頭以降、創作のフィールドは、どこか「本格もの」の型によりかかることで、ゲーム型定型読み物を描き、奇妙なことにはこれがコミュニティの行儀心と心得られて、ブーミング維持が、創作とは異質の日本型の行儀エネルギーにもサポートされた印象を持っている。

時間が経過した今日、もはやこれは個人的な感想とばかりも言えなくなった。孤島、吹雪の山荘、奇妙な建造物、密室、怪しげな住人たち、外来する名探偵、意外な犯人、こうしたコード化された条件が網羅を目指されながら、本格創作の競演は存在し、ここに危機感を持って警告を行うと、村八分的バッシングの連帯正義がたちまち目論まれた。ただしこれは悪いことばかりではなく、警告者への反発で、意地によってコード創作継続が頑張られた側面もあり、いささか皮肉めくが、批判の効果はあった。視線を溯らせ、これ以前のわが創作フィールドを見れば、時代の先端風俗、あるいは時刻表を駆使しての列車の旅、贈収賄と利権がらみの社会悪の、定型的な告発、色と欲の社会描出への関心の提示、こうした清張流儀の推理小説の型に考慮し、あるいは大いに寄りかかって見せて、ここでも学校行事的に足並みの揃った創作が行われがちであった。

さらにその以前はというと、これは乱歩的な煽情性、玉ノ井や熱海の実事件に見た女性への猟奇的殺人、奇形的人体や異形の変形死体、すなわち江戸のお化け屋敷的な恐怖への関心という黎明期の探偵小説流行に寄りかかる行儀が見受けられて、こちらでもまた、こうした「日本型」の連続は、閉じた国内で観察し合う限りは、問題点がいささかも自覚されなかった。

しかし昨年の『アムステルダムの詭計』あたりから、これが変化を見せはじめた。この作にはそれでも清張を意識した創作姿勢が見受けられたが、先述の定型行儀からは徐々に自由になり、もしかするとこれこそが創作というものでは？　の気づきとか、恐る恐るの自由模索の気配も感じられはじめた。文学的な意識や文章が遠慮を捨てて用いられ、近代自然主義の洗礼を受けたふうの恋愛小説の趣向も試されて、新しいミステリーの姿が立ち上がりはじめた。

今年の『殺人者は手に弓を持っている』の場合は、この傾向がさらに進んで、あきらかに先述したミステリー・スクールの行儀縛りを意識しない文体が感じられて、一般小説的な空気を感じた。しかし物語は、不可解な外観の殺人事件の謎解明を目指して開始される。すなわち、ミステリーの定型構造に文芸の手法を採り入れるのではなく、文芸の書き手が、自身のストーリー構築の内部に、ミステリー小説における読者吸引の方法、すなわちそれは前方の伏線と、印象の新しい謎の提示ということになるであろうが、こうしたミステリー・スキルの咀嚼、吸収を上手に行って、よく牽引される知的な物語が提出されたという印象になる。

さらに言うと、この小説において特筆すべきことは、輸入品としての近代自然主義への日本流の誤解がないことで、欧州を舞台に、欧州人との密な交際によって進展していく謎解きのストーリーにおいて、主人公の邦人に自己卑下の行儀誤解をまったく行わせないことも、文体を読みやすくしている。もっともこれは清張文体にも少なかったわけだが、清張呪縛下の時代、この古風なへりくだり趣向を、自身の独自性、それとも斬新と心得る作例は多く現れ、これに呼応して、自覚的、非自覚的は問わず、そうした気配を作中に神経質に探す行儀主義者も出現して、受け手のこの謙譲意識をくすぐる手当が道徳と心得られる不毛は、当時いささかなしとしなかった。

「本格ミステリー」が社会に登場して百八十年、日本においてもほぼ同程度の時間が経過しているわけだが、ようやくにして今日、こうした当然の自由ミステリーの時代が開花しつつある気配を感じて、ひそかに、理解者のない歓びを感じていることは、ジャンルの未来のために述べておく必要がある。

昨年の受賞作、『アムステルダムの詭計』がこうした力作を再び呼び寄せたのであれば喜ばしいことであるし、日本のミステリー史が、事実こちらの期待通りに何度目かの、そして真に必要な変化の時を迎えているのであれば、これは見逃さないようにしたいし、大いに鼓舞もすべきの思いでいる。また過去にたびたび見たような、学校型行儀への集団誤導を、今度こそは避けなくてはならないと感じもする。多彩多様な開花の到来を邪魔しないようにすることは、われわれ先達の使命でもあろう。

ただしここで、評論筋からは反論が出るかもしれない。日本のエンターテインメント文壇においても、過去乱歩賞受賞作などに国際舞台での日本人の活躍を描くミステリーはあったし、「国際謀略小説」というジャンルもいっときは人気を誇っていた。この点はその通りであると思う。しかし当作は、そうした大仰な看板を必要としない市民同士の日常交流を描く小説で、私自身長く米国で暮らしたから、欧米でこうした市井の人々とのつき合いは多く経験した。若い白人娘との関わりも体験して、なんとリアルな交流世界がここに描かれているものかと、懐かしさを覚えた。

こうした小説は、おそらく日本から出ずに展開が空想されれば、日本型行儀ベースの誤推察が、邦人の必要以上の卑屈態度や、一転格好よい（と日本人が考えがちの）威張りの暴走、若い女性の登場にはしとやかさばかりが盲目的に求められて、白人娘に特有の、時に横暴な自尊心言動の不在となって、海外を知る者にはいささかの違和感を作り出す。こうした傾向の賞挑戦作も過去多く読まされて、この違和感を共有できない選者同士で、選考会議が議論になったりもした。

この作においては、そういった違和感がいっさい感じられなかった。親日ポーランド人の日本人への敬意態度にも過不足がなく、おおよそこのような感じになるだろうと同意させられる。若いポーランド娘の描写も、美点ばかりでなく、欠点にもよく観察の目が届いて、これらはおそらく作者の語学の能力が、主人公の感性や判断、態度をビリーヴァブルにした。会話を通訳に頼りすぎると、異国人との距離が開きすぎて相手の友情が解らなくなり、日本型の行儀妄想が侵入しすぎてしまう。

小説において、書き手はつい自身の夢を描きがちであるから、市井の者同士の交流をベースの推移であっても、中心人物の日本人に母国語並みに英語を話させてしまいがちだが、外国語がかなり得意な日本人であっても、たまに出かける外国においては、英語を用いたコミュニケーションは、だいたいこの物語のようであろうと納得させられる。

ただし誤解がないように願いたいが、日本人が海外で活動する小説は必ずこのようでなくてはならないとは言っていない。流暢な現地語で、現地人と達者につき合う物語も当然あってよい。が、その場合、読者をよく信じさせるには日本型行儀の完璧な棚上げと、さまざまな現地流の友情への正確な理解、異文化への同化を語る諸手当も必要になってくるということである。冒頭にも述べたように、行儀や誠意の解釈が、日欧においてはかなり異なっている。

愚者の暴力の時代、と筆者が定義する激動の欧州近現代史、二人の人格を生きた一人の欧州人の数奇な運命、それを強制した時代の過酷と、死後なお子孫を巻き込んで悲劇を、それも地球規模で、連鎖的に作り出すまでの近代戦時の驚くべき因果を淡々と語るこの物語を読みながら、名前は忘れたのだが、ある英国の作家が言った、「人の生涯は真の自分を発見する旅。この発見に失敗したなら、ほかの何を発見しようとも、大したものではない」という言葉を思い出し続けた。

ついにこれほどの大規模機械化部隊を完成し、これを駆使して効率的で極限的な破壊と殺戮を続ける戦争形態に到達したヒトラー・ドイツの、迎撃不能のV2号にさらされ続けたロンドンの民であればこそ、作家がこのような言葉に到達したのであろうということを考えた。

ポーランド、ブリズニャク強制収容所、悪名高いユダヤ人絶滅収容所にドイツ人医師として勤務し、解放直前、ただ自分が生き延びるためだけに、一人のポーランド囚人と入れ替わって長々と敵国に暮らした二つ目の人生は、彼とその家族に何をもたらしたか。ただ自らの延命のために選んだ異国での、自身を消した卑屈な生において、それでも彼は自身を高めることに成功し、真の自分を発見し得たか。この物語もまた、それを語ろうとして見える。

さて当作は、述べてきたような良質の創作と思うのだが、若干の不充分も感じた。結部にいたり、何通かの手紙が現れて前方の謎がすっかり説明されていくという構成に、印象がいきなり簡素化、平板化してしまったことを感じ、手抜きふうの喰い足りなさも感じた。致し方ないこととは思うし、自分もまた執筆時、このような判断をしてしまうかもしれないとは思いつつも、これだけのぶ厚い歴史を背後にした重厚な物語の後半は、引き続き彫りの深いドラマを読み続けたいという思いは勝った。

それはすなわち、展開のたび、こちらの意表を衝いて刺激してくる意外性の連環と、そのリアリティを裏打ち期待するということなのであろうから、形式は手紙の語り文体であっても、そうした工夫はできるかもしれない。むろん高望みとは思うし、現状でいけないということではないのだが、これは欧州に、歴史的にもまれな試練を与えた神の厳しい横顔を描かんとする壮大な文章群であるのかもしれず、書き手がそうした自覚を得る時、後半の筆は変わってくるかもしれないと期待する。

まだ世界史には現れていない解釈だが、近代欧州を襲った空前の悲劇は、欧州人がアジア、アフリカの民をゆえなく苦しめ続けた、植民地加虐の傲慢への辻褄かもしれず、そうなら物語は、この悲劇を終わらせた極東の小帝国の軍事力への、神の皮肉なつぶやきを映すものかもしれない。

そうならタイトルにもまた、いくらかの違和感を感じる。『殺人者は手に弓を持っている』というタイトルは意図が少々解りづらく、理由は作中での言及が少ないことによる。個人的にはカタリンカ、すなわち「手廻しオルガン」への言及の方が多かった印象がある。

この物語は、そのせわしないオルガンの調べに合わせ、空しい群舞を踊らされた膨大な欧州の罪人たちという印象であったから、「神の手廻しオルガンの踊り」、とする方が合っているような感想が、個人的にはした。いずれにしても、タイトルにはもう一考の余地があると思う。

［第九回優秀作］

さようなら、お母さん

北里紗月

二〇一七年四月刊行　講談社

梗概

嵐の夜、奇病を患った男がその痛みに耐えかねて病院の窓から飛んだ。投身自殺を図った男の妹、笹岡玲央は兄を襲った病に納得出来ず、生物学者の幼馴染である利根川由紀に相談する。病に侵された兄は体の末端部、手足やペニスまでもが異常に腫れ上がり、地獄のような痛みに苛まれていたのだ。相談を受けた由紀は「毒」が原因ではないかと意外な言葉を発した。病の原因を探るにつれ、玲央は兄嫁、真奈美の奇妙な行動を耳にする。類まれな美しさと、献身的な態度で病院職員から称賛されていた真奈美であったが、その言動を恐れる人物もいたのだ。美しい悪魔が兄を地獄に突き落とした。そう確信する玲央だったが、由紀は真奈美の生まれ故郷である神有島行きを決める。島で古くから病院を営む真奈美の実家は、島民からの厚い信頼を受け、一人娘の真奈美も深く愛されていた。そんな中、幼少期の真奈美を知る人物から語られた言葉に玲央は戦慄する。「あの子は自分の足を石で潰していた」美しい未亡人、真奈美は本物の悪魔なのか——生物学者利根川由紀が謎に挑む、バイオロジカルミステリー。

選評

島田荘司

さようなら、お母さん

この作品は、いろいろな意味で衝撃的な内容で、ローラーコースターに乗っているような、強烈なアップダウンに翻弄される読書であった。この内訳には、良質とばかりは言えないダウン要素もあり、構造的な問題点も感じられるのだが、新人のミステリー習作として誰もが想定するような定番的な殺人事件とか、もくろまれる平均的な展開、といった水準は大きく超えていたから、全体的に優れた才能が示された創作であったことはあきらかで、この点を高く評価したい。

良質とばかりは言えないの言葉から、多くの読者は、女性世界の唖然とするような醜い心理の描出とか、母子間の愛情という侵すべからざる美的聖域を、許されざる醜さに描いたことへの道義的な不快を思うかもしれないが、ここで言う問題点に、こうした点は含まれない。女性世界の真実の描写には深く鋭い洞察の視線を感じ、ひたすらに感心した。またこの真相の描出に用いられる語彙の適切さ、言い廻しの小気味よさには、わが身を飾らんとする鹿爪らしい文学賛辞の虚言などは遥かな過去において、新世紀型の自然主義はこのような人の営みの真実把握を目指すべき、の提案さえ漂って感じられた。

冒頭から展開する数々の衝撃は、何の予断も持たず、のどかな心持ちで作中世界に入ってきたこちらの、通常的な予想を超える光景が連続するゆえで、平和な日常気分の残滓が抜けないうちは、何故このような驚天動地の事象がここに存在するのか脳が処理できず、ショックを起こすためである。事態に対処すべく、押っ取り刀でいささかの耐性が立ち上がれば、気分のどこかにようやく背徳的な愉悦も生じはじめるのだが、これだけの翻弄感覚は、新人離れの手腕と感じて、作者は実にうまく、自身のツボ発揮のストーリーを探り当てたものと感心する。

この感心は、無難な体裁など蹴散らし、女性世界の醜さを隅々まで晒さんとするエネルギーもそうであるし、若い恋人との性的な関わりも、すさみきった心境で、女性が普段は心中深くに隠している、卑猥な言葉による冷えた現状認識に始まり、入院中の兄の奇病の、目を覆う悲惨にいたるまでは、平穏な日常に長々と浸かったこちらの安定を突き崩す凶暴として襲い続ける。

「冒頭の摑み」という俗な用語を用いる気になれば、その完璧な具現がここにはあって、いったいこれから何ごとが始まっていくのか、思わず失見当識にまで転落させられそうな醍醐味がある。これこそは作者が冒頭において存分に振るった渾身の一撃と理解した。

ところがこうした見事なスタートも、利根川由紀なる尊大おじさん型言動の名探偵が登場し、脇が囃す鳴り物とともに探索行動を開始するにおよんで、最初の失墜が訪れる。述べたような一頭地の抜けた会心のダッシュに期待が膨らみ、読み手としてのこちらの身構えも立ち上がって、必要な耐性も追いついたと思った途端に、同時に現れたこのほとんど平凡な借用の構図に、蹴つまずいて床に転がってしまうような意外を感じた。鋭い書き手と凡庸な書き手の二人がこの作には存在するようで、あまり嬉しくない気分の混乱とともに、ローラーコースターの急降下にも似た失望が起こり、この先の読書のエネルギーが損なわれるかと思うほどの、それは甚大な脱力であった。

理由のひとつは、言うまでもなかろうが、この威張り言辞を周囲に吐き散らす女の名探偵という型を、こちらはすでに山のように読まされてきているからで、有名なところでは、故泡坂妻夫氏の名作『乱れからくり』に登場する女性探偵の舞子が、親類縁者かと思うほどにこの由紀に似ている。

むろん威張りとはやや目的を異にする、二階堂蘭子のような成功した強い個性もあるが、多くの女性探偵たちは、いったいどうした計算からこのような、威張り大好きおじさんの男性言辞を借用し続けるのであろう。高度な心理洞察が信条の探偵にもかかわらず、女もまた威張りたいのは当然しごくの心理と理解するように見えて、今回は作者が男性でなく女性であるだけに、疑問はより深くなった。

こういう振る舞いは、江戸時代の泥棒が、唐草模様の風呂敷で頬かむりして、端を鼻の下で結ぶような、自らが主役なり、あるいは名探偵なりのユニフォーム、というコスプレ解釈なのであろうか。当作者はこうした権威志向の幼児性、女性の見え透いた見栄張りの不毛を打ち砕く決意を懐に、このストーリー語りを開始したのではなかったか。

この問題は以前から当方の関心が強く、ジャンルの延命のためには必らず亡ぶべき、と考えるので言葉が強くなる。このタイプの言動は、知能がさほど芳しくないおじさんが見せる二流の尊大願望で、これによって周囲の尊敬が集まる効果は皆無である。しかし女性がやれば、おじさんの見当違いな願望もうまく変質して、周囲の尊敬は集まり、探偵行動が効率的になるという予想が立つのであろうか。たとえば彼女はエライ人らしいと理解した市井人や、その深い威厳に恐れ入った警察官が主人公の指示によくしたがうようになったり、関係者の証言や犯人の自白がなめらかになって、捜査資料が開示されやすくなるといった、葵の印籠的な効能が予想できるのであろうか。

このような威圧言動が人間関係をスムーズにしたのは、士農工商の建前身分が厳然と存在し、違反すれば命の危険があった江戸の昔で、現代においては、単に気の遠くなるような艱難辛苦の開始にすぎない。男社会において、一人のおじさんがこの威張り発言を通すため、どれほど無駄な金と涙ぐましい演技と、時に自らを貶める悲惨な政治取引を行っているかは、過去たびたび解説してきた。酒場での財布をはたく目下への大盤振る舞い、娘のパンツ分け洗いを自白、ついでに眼前のママを口説いて振られる等の謙譲の実演によって、なんとか威張り言動への部下集団の不満を黙らせている政治行為にすぎない。この力の均衡に、敬意などはどこにも介在しない。

静かな玲央と尊大な由紀は、モテる美女と、威張り言辞で男に嫌われまくる不器量女子という、右のおじさん世界流の裏事情関係を持つのであろうか。しかし中段で、そうではない、由紀もけっこう美人なのだという、取ってつけたような配慮の言辞が現れる。これは玲央の勝利感から来る、女性らしい嘘と解すべきであろうか。そうならこれは、映像の見えない現実を利用した叙述トックの範疇に入る。

馬鹿げたカラ威張りの栄光にしがみつく男の幼稚など低く見ての、この観察物語ではなかったか。この物語において、案の定由紀も、無礼言動によって神津島の文倉医師を無意味に立腹させて情報量、協力量を狭めている。この言動を同世代や歳下の同性に押し通すならば問題がなくとも、敬意を演じるべき友人の母親や、年長の女性医師、女性教師、女性学者等の日本女性に行う際の極度の危険や、リアリティのなさを、作者はどう考えるのであろう。

そもそも威張り言動は、女性にも快感や利益をもたらすものであろうか。蜘蛛の子を散らすように、周囲の男が逃げ出すだけのように思えるのだが。このようにして周りの男に嫌われてやり、助手役の親友に好まれて、従順なサポートを得ようという計算なのであろうか。

さらにもう一点、欠陥ではないが、何ごとが起っているのか理解が追いつかないと思わせた玲央の兄、純が襲われている悪魔的な疫病も、由紀の趣味が毒物の研究と語られると、たちまち未知の毒を用いる例のパターンかと見当がついてしまうことも、いささか興趣をそぐ感があった。やむを得ないとは思うが、そこまで簡単な裏事情でなく、女性世界の鬼面に続いて見せられた悪魔的な光景は、もうひとひねり、ふたひねりを伴った未聞の事情を、つい期待してしまっていた。

しかし母親が、自分がお腹を痛めて世に出した分身を使って行う「代理ミュンヒハウゼン症候群」という新味の提示は、再びこちらの経験を越える新鮮さと驚きによって、ローラーコースターの上昇を感じさせるものがあった。しとやかであるはずの女性世界、その狂気が、迂回の末についにここに連続したと了解する快感は、展開を再び興味深くして、作中にもう一度強く引き戻してくれた。自身の体の一部であるわが子の肉体を用い、世間に挑みかかるようにして提示される演劇性の虚言は、抑え続けることを社会に強要された日本女性のエネルギーと相性がよく、強烈な衝撃性と不思議なリアリティを同時に感じさせて、読書体験をユニークに、興奮的にした。

後半、主人公玲央の果敢な行動により、とうとう犯人を追いつめたと思われる瞬間、立ち上がる暴力的などんでん返しもまたうまいと感じ、感心を思うのだが、翻弄されて夢中になりながらも、心のどこかを、猛烈な違和感の針で突かれる心地がした。

どんでん返しはストーリー展開を面白くしたし、必要な仕掛けとは了解するが、これをやると、代理ミユンヒハウゼン症候群の発現ではなくなってしまわないか⁉　と不平を叫びたい心地がしたのである。

しかしこれも、じっくりと考えてみれば破綻ではない。別にこの病名が、作の骨であるとタイトルに宣言されているわけではないし、時間軸を長く取って俯瞰すれば辻褄は合っていく。たった今露見した真の犯人の罪状は、犠牲者との間にかなりの距離が見え、代理ミュンヒハウゼン症候群の発作とは看做しがたいのだが、遠い過去においてすでに、あきらかなそれを真犯人は行っており、たった今のこれは、その延長線上の行為だと、やがて理解が追いつくからである。

この作、殺人事件と、その犯人を疑わせる怪しい人物の発見という前段、後段で推理によるこの証明、同時に別の犯人の出現というどんでん返し、そういう本格ものの型を持ってはいる。しかしこうした骨組みの存在を忘れさせるほどに、骨にからんだ魚肉のしたたかな毒味は、当作をなかなか経験のできない強烈な読み物にしたと思う。

連続するユニークな毒の刺激が、大小の弱点や不満点を次第にごく些細なものに見せていく仕掛けを作は持っていて、最後にはよく満足感をもたらした。

［第三部］

座談会

新人賞受賞、そして……

島田荘司――みなさん、お忙しいところお集まりいただいて、ありがとうございます。本日お集まりいただいた理由は、ミステリー系の新人の登竜門と考えられている「江戸川乱歩賞」や、本格ミステリーの雄といわれた「鮎川哲也賞」の受賞者たちが、ここ十年くらい、第一線に名前が出てくることがそれほどないように感じています。

一方「ばらのまち福山ミステリー文学新人賞（以下、福ミス）」の場合、ここにお集まりいただいたみなさんや、一田和樹さん、吉田恭教さんなどの頑張りのおかげで、受賞者の名前が第一線にチラチラ見えるようになりました。「福ミス」は、どうやらそういう賞に育ってくれているらしい。私の予想以上に、うまくいっていると思います。そうならこれから作家を目指す方々にとって、「福ミス」はますますプロ作家への登竜門となり、応募してくれる人が増えるんじゃないかと思う。

そのとき応募者が知りたいこととして、まずは受賞を目指すけれども、受賞即プロとは言えないでしょう？　受賞後に何が起こるのか。そして、どんな状態をもって、作家として安定飛行に入れたと思ったか、そういうことを知りたいだろうと思うのです。これまで、そういうことを教えてくれる賞がなかった。ですから今日は、みなさんご自身の体験を、今後の応募者たちのために、教えていただければありがたいと思うわけです。みなさんは受賞後、首尾よくプロ作家になれた人たちです。まず知念さんから、受賞後今日までに、どのようなプロセスをたどりましたか？

知念実希人――そうですね。ぼくは少し特殊で、最初に出した版元から一作しか出していないんです。最初の担当者が異動になって、次の担当者に三作原稿を預けていたのですが連絡が取れなくなってしまいまして。

島田——ええっ、そうですか。

知念——四作目を書いたところで、さすがにもう渡すわけにもいかないし、渡す方法もないしという状態で、授賞式のときに偶然名刺を交換していた新潮社のNさんに「よかったら読んでいただけませんか」とお話して、二作目『ブラッドライン』を刊行していただきました。そのあと光文社のKさんに偶然お会いして、「いまどういう状況ですか」と訊かれたときに、「こういう状況です」とお話したら、Kさんが「私が講談社さんに言いますので、その三作引き揚げて見せてください」と言っていただいて、それが三作目『優しい死神の飼い方』の刊行に繋がりました。

島田——ほう、その話はいまはじめてうかがいました。

知念——いろいろありまして。最初の版元とは離れちゃったんです。そのあと新潮社に拾っていただいて……。

島田——それは、受賞からどのぐらいたってから？

知念——一年半です。その間に四作書いたんですけど、四作目が先に、二作目として刊行されました。

島田——ああそうですか。ではその間は、不安な時期でしたね。

知念——不安というか、もうこのまま駄目かなあとは思っていました。ただ、とりあえず書いて、なんとか出せないかなと思ったときに、拾っていただいた感じですね。

島田——お医者さんの先輩に、「作家デビューらしいけど、五年後生存率は三割に満たないぞ」とか言われたという話がありましたね。

知念——そうですね。いろいろな人に言われました（笑）。他の作家の先生方にも、「よほど気合を入れないと、五年後まで生き残れないぞ」という話はしていただきましたね。

島田――それら、当番出版社の編集者の逃亡も含めて、いま思えば結果オーライだったかもしれませんね。

知念――そうですね。出版業界というのは、新人はそういうものなんだなというのを、すごく思い知らされました。

島田――編集者は、気まぐれで偉い人なんだというような誤った認識も（笑）。

知念――そうですね。すごく頑張ってやらないと生き残っていけない世界だなというのは、そこで感じました。

島田――いけそうだなと思ったのは、どのあたりですか。

知念――二作目・三作目は結構近いスパンで出て、そのときに読んでくれたいろいろな出版社から、声が掛かるようになりました。その上で、四作目が新潮社の文庫書き下ろしの「天久シリーズ」の一作目だったんですけど、それが発売して三日、四日で重版がかかって、そのあともどんどん重版していきました。そのシリーズは書きためていたので、一年間に四冊刊行されました。

島田――そのあたり、新人賞応募者は聞きたいところでしょうね。「天久シリーズ」は、いったい何がほかの作と違ったんでしょう。何故そんなに売れた？

知念――まずやっぱり一つは、文庫だったのが大きかったと思います。受賞作は四六判のハードカバーで、その後も四六判でした。やはり新人なので知名度もありませんし、消費税を合わせると二千円近い値段になります。そうすると手に取りにくいですが、文庫だと、特に最初の一巻目はすごく薄く、二百五十ページ程度の分量でしたので、六百円ぐらいの値段でした。

島田――主人公が女性だったということもありますかね。

知念――それというよりは、どちらかというと値段と、あとはやはりイラストですね。イラストレーターが、いとうのいぢさんという、ライトノベル業界ではかなり有名な方なんです。とてもキャッチーなイラストを描いていただきました。

島田――それは、新潮社の編集者ができる人だったのですね。

知念――そうですね。編集者さんが期待してくれていました。「これはいとうのいぢさんにお願いするので、ちょっと勝負を懸けましょう」と言っていただいたんですね。それがうまく転がったという感じですかね。

島田――そのころ、お医者さんのお仕事もやってらした？

知念――もちろんやっていました。

島田――それは週一回というような話ではなくて？

知念――いえ、さすがにそのころは週三、四日はやっていました。ただ、大きな病院ではなくて、非常勤で五、六時に終わる仕事にして、それから書くという感じです。

島田――「天久シリーズ」が売れてからは？

知念――売れてからは、いろいろなところから声を掛けていただいて、それである程度やっていけるかなと思って、そのあと実業之日本社の『仮面病棟』が、突発的にすごく売れて。

島田――ああそうですか。

知念――「天久シリーズ」が、累計二十万部くらいいったころです。『仮面病棟』は最初売れなかったのですが、半年くらいして、北海道のある書店さんが気に入ってくれて、仕掛けてくれました。そこから北海道全体に広がって、さらに全国にバーッと広がるという、ちょっと特殊な売れ方をしました。

島田——あの本は完全にプロの文章になっていましたし、肩の力が抜けて、すごく読みやすかったです。

知念——ありがとうございます。

島田——無駄がない、必要なもののみで構成されて、文章にスピードがありましたね。売れる本になっていたと思います。それからはもう順風満帆というか？

知念——そうですね。かなりいいペースで売れるようになったので、そこからはある程度いい歯車で回っていくようになりましたね。

島田——深木さんは、いかがだったでしょうか。

深木章子——そうですね。私はほかの方々と全然状況が違いまして。六十歳で前の仕事を辞めました。体も悪くしまして、動きまわることもできなくなった。それで、これから何をしようかと思ったとき、ミステリーは好きで読んでいましたので、じゃあちょっと書いてみようかなと、そこで思い立って書いたわけなんです。

書きあげて、書いた以上は「どこかに応募してみようかな」と。たとえば短歌を詠みはじめた人が、「作ったからには、歌会始に応募してみようかな」というようなノリで応募しました。ですから、本当にプロの作家を目指している方の参考にはならないと思うのですが。

受賞した『鬼畜の家』は、四作目の作品です。前の三作は、それぞれ違うところに応募しましたが、一作だけ一次選考をこえたというだけでした。

パソコンはあまりできませんし、ネットも使わなかったので、情報も入ってきませんでした。「福ミス」というものがあることも知りませんでした。それでも、少しずつインターネットもやるようになって、島田荘司先生が福山でやっている新人賞がある。「福ミス」の作品の方が、他の賞よりかえってレベルが高いんじゃないか、というものを読んだりしまして。「今度はここに出そう。次は絶対『福ミス』だ」と思って『鬼畜の家』を出したのが、本当にうまくヒットしたという感じです。

「福ミス」は出版社が当番制で、私は原書房さんの順番に当たりました。原書房の編集者さんがIさんという方で。ベテランの方に当たったのが、私の運がいいところでした。はじめて福山でお会いしたとき、もちろん本を出せて作家になるのはうれしいけれども、正直、二作目の自信があるわけでもないし、これからもうガンガン書いて、プロの作家としてミステリー界に乗り出していこうとか、そんなこと全然、私は考えていませんから、というようなことを言いました。するとIさんが、とにかく書いてごらんなさいと励ましてくださいました。

最初に書いた小説は長さも短いですし、いま思えば小説の体を成していないのですが、落選していますから誰の評もないですし、ミステリーを書いているなんて、恥ずかしくてとても人に言えません。友達はおろか、家族にも黙ってこそこそ書いていたわけです。それでも、書いているうちに少しずつ書き馴れみたいなのが出てきたのですが、三作目の作品は、『鬼畜の家』に比べればもちろん出来が悪いにしても、これが一次選考にもまるで引っ掛からない、かすりもしなかったと。そうすると、あの三作目と四作目の評価の違いはどこにあるのか、自分でも分からないわけです。

そこでIさんに、「ここに三作目だった作品がありますが、これが箸にも棒にも掛からなくて、ごみ箱に捨てなきゃいけないものなのか、手直しすれば二作目に使えるものなのか、読んでみていただけますでしょうか」とお願いしたのですが、Iさんがそれを読んで、「あ、これは刊行する価値がありますよ」と言ってくださって。そして、「どうしても新作が書けなかったらこれを二作目にしますけれども、とにかく書いてごらんなさい」と。それは榊原シリーズではなく全然違う話だったこともあり、「なるべく一作目と関連性のある、ニュアンスが同じものを書いてみてください」というご指摘もありました。そこで私も、「じゃあ、やってみます」ということで、書いた二作目が、『衣更月家の一族』として刊行されました。

まず私の場合は本当にいまのお話と全然逆でして、編集者さんがそういうかたちで、こちらも二作目を書ける自信はなかったのですが、これが駄目でもその前の方が使えるというのが、ものすごく精神的に楽だったということがありました。

知念――気持ち的に楽だったんですねえ。

深木――それで新作を書いて、読んでいただいたら、「これを二作目にしましょう」と。

島田――つまり、延べ五作目の作品が、二作目として出たわけですか？

深木――そういうことになりますね。その後それじゃあ三作目を書きなさいと、また言っていただいた。それで三作目は私も、同じ榊原じゃなくて、全然違うものを書いてみたいという案があったものですから、「今度はちょっとフランスを舞台に」なんて言ったら、Ｉさんに「えぇーっ！」と言われましたが（笑）。そのときも、「これが駄目だったら、またあれを三作目にしましょう」と言っていただいて。それで本当に気が楽になりましたね。

島田――ストックがあるということがねえ、保険になった。

深木――三作目は『螺旋の底』といって、フランスを舞台にした作品を書いたら、Ｉさんがまた「じゃ、これを三作目で出します」と言ってくださった。「お預けしたあれは?」。「あれも必ずうちで出しますから」と言うお話だったので、もうそれですごく気が楽に。

島田——そのストックの作品は、刊行されたのですか。

深木——出ました。『ミネルヴァの報復』というタイトルで。そうしたら、それがまた推理作家協会賞にノミネートまでされました。最初書いていたものは、あとから読むと「自分はこんな文章書いていたのかな」と驚くぐらい文章が変わっていました。もちろんIさんに、「ここの時系列。一年間も空白があるのはちょっとおかしいから」などとアドバイスをいただいて、最初よりはるかによくなったことは間違いないとは思いますが、片やある新人賞で一次選考にも引っ掛からない、片や出版していただけたどころか、推協賞にノミネートまでされる。そこまで差が出るほど大きな手直しはしていません。微調整的な手直しと、改行を多くするとか、漢字をたくさんひらいたとか、そういうのはありますけど、根本的なストーリーは何一つ変わっていないです。

島田——ははあ、そうなんですねえ。

深木——それで人の評価といいますかね。

知念——難しいですねえ。

深木——私の場合は出版社が当たったというべきか、編集者さんが当たったというべきか。そういうすごく気が楽になるかたちでやっていただけて。それで、原書房さんで三作出しました。書くのが遅いものですから、だいたい年に一冊が目標で、実際それぐらいしか書けていません。三作出たときに、光文社さんと原書房さんで話してくださって。光文社さんからもメールをいただきましたけれども、むしろIさんの方から「じゃ、四作目は光文社さんに書いてください」と言われて、光文社さんから四作目というかたちになりました。私が頑張って、売り込むとかなんとかと動いたわけじゃないんですけども、そのように福ミスの編集者さんが持っていってくださったという感じです。

島田――そうですね。Iさん、懐が広いですね。光文社でどうぞと言ってくださったとは。じゃあ水生さん。

水生大海――デビューしてからのお話からしたほうがいいですか。

島田――みんな聞きたいと思うので、もう全部、洗いざらい（笑）。

深木――洗いざらい（笑）。

水生――全部、洗いざらい。まず、私は優秀作で入ったので。

島田――そうでしたね。よく憶えていますよ。一回目でね。

水生――一回目の優秀作だったのですが、最初にいただいた連絡は、落選のお話だったんですね。

島田――落選しました、という連絡が行ったんですか？

水生――はい。落選という電話が。

島田・知念――そうなんですか。

水生――その同じ電話でまず「優秀作というカテゴリーは当初の予定にありませんが、島田先生が優秀作をつくりたいとおっしゃっています」と。

島田――ああそうなんですよ。だから私があのとき強引に頑張らなきゃ、あなたはいまここにいない（笑）。

知念――そうなんですね。

水生――はい、そうなんです（笑）。どうもありがとうございます。それで「優秀作の話を受けますか」と事務局の方から聞かれました。それ私に聞くのかなと思いつつ（笑）、受けたのですが、「受けても、この先の道がこのようにありますという予定はまだないですよ。ただ、島田先生と出版社の方とお会いできると思いますので、受けますか」みたいな感じでした。

島田——初回の当番出版社が、うちが一社で二作を担当すると、力が分散してしまうので難しいと。もともと一作という約束で参加していますからね、仕方がないです。

水生——選考会の翌月に各社の担当の方とお会いしました。「もう一回新しい作品を書いてもいいですよ。次に応募すると、第二回の担当の光文社から出すかたちになる。ただし受賞するかどうかの保証は、もちろんありません。今回の作品を直すなら、原書房のほうから出そうかという話もありますけど、それも出来次第です」というお話をいただいたので、じゃあ直して書きますとお話しして、原書房のIさんと何回かやりとりをして。

島田——それが『少女たちの羅針盤』ですね。

水生——そうです。次に、デビュー作が出版されてからのお話ですが、二作目にまったく新しいものを書くと、読者がついてこられなくなってしまう。だから続きを書いてくださいと言われました。続きといわれましても、ネタバレになりますので簡単にしておきますが、『少女たちの羅針盤』には主要メンバーに死者がいるので、どうやってこの続きを書くんだろうと悩みました。その後、Iさんと何回かやりとりをしたところで、一年後に『かいぶつのまち』を刊行させていただいたというかたちです。『少女たちの羅針盤』を出してしばらくしてから、二社の出版社からIさんを通して連絡がありました。

知念——Iさん、すごいですね(笑)。

水生——はい。「他の出版社からの連絡を、仲介するものなのか」と思いながら、せっかくいただいたお話なのでお会いして。幻冬舎さんから『善人マニア』を、双葉社さんにはご依頼があった短編をまず書きました。そのあとで書いた別の短編がシリーズという形で、『夢玄館へようこそ』というタイトルで一冊の本になっています。原書房さんからは、そのあと『転校クラブ』という作品をシリーズで二つ出して、でも売れ行き的にいまひとつだったので、ちょっと三作目はどうかな、このシリーズじゃないほうがいいねといわれて、そのまま止まっていますね。大変申し訳ないことですが。

その間に『少女たちの羅針盤』を映画にしていただいたこともありまして、ちょっとだけ読者さんにも名前も覚えていただいて、ぽつりぽつりと、いくつかの出版社さんからお話をいただきました。そういうときはお断りしないほうがいいと、周りの先輩方からも聞いていて、それぞれの出版社さんに書いているので、ジャンルがバラバラになっている状況です。そこは問題点なのかなとも思いつつ。

島田――ジャンルがバラバラというのは、都度要求されるままに書いたために？

水生――そうですね、はい。『少女たちの羅針盤』は青春もの、高校生が主人公で、そういった青春路線が欲しいとおっしゃる方があります。その青春路線から、最近はライトノベルというか、ジュブナイル、今は、キャラクター小説といったほうがいいのかな、その系統の物語があります。対して別の形、イヤミス系と表現される、青春路線とは乖離している物語が、自分の中にあります。幻冬舎さんには、女性のドロドロした部分を書いてくれと言われて、そちらを書き、別のところでも黒めの話を書いています。黒めの路線を書いたり、青春路線を書いたりと、ちょっと分かれているな、ジャンルが二つになっているなという気はしていますね。

島田――ストックはたくさんあったのですか？

水生――ストックはいくつかあったのですが、使えたものと使えなかったものがあって、たとえば『夢玄館へようこそ』は長編のストックを連作に変更しました。双葉社の担当さんに、つぶれかけたアパートに住んでいる人それぞれが小さい店舗を営んでいて、そこで巻き起こる主人公の大家さんとのお話という形で連作短編にできますよと、相談させていただいたところ、じゃあ試しに一本書いてみてとなり、その後また書かせていただいて、まとめた形です。

島田——他のストックは、のちに本にしたということでもないんですか？　アイデアだけを取って書き直したとか、そういうことは？

水生——アイデアだけを取って書き直したほうが多いですね。実際にある作品を「こういうのがあるのですが」と、手直しせずにお見せしたことはあるんですけれども、「いや、新しいのを書いてください」とか。ホラーも書いていたのですが、「ホラーは、あなたはいままで一本も出したことがないから、いきなりうちでホラーを出すと読者がついてこないので、またにしましょう」とか。私は、出版社さんに依頼していただいたお話を書いていく形が多いですね。

島田——水生さんというと、筆が早いイメージがありますが。

水生——筆はあまり早くないと思うんですけれども。

島田——あ、そうですか。じゃあ年間一本ぐらいですか？　年に三、四本なんて出したことはなかったですかね。

水生——年に三、四本の年もあります。

島田——そういうのは普通できないですよ。早いですよ。

水生——知念さんを見ていると、とても早いとは思えないんですけど。

知念——ぼくは空白の二年間にかなり書いたのも入っているので、年だと四作品ぐらいですね。

島田——知念さんも早いですよね。

知念——それなりに早いほうだと思いますが。

島田——だから、新人に対していま言うべきこととしては、やはり昔とは違うから、よいものを寡作で、なんて言っててい い時代じゃない。

知念——もう絶対ないです。

島田——少なくともデビュー後何年かは、多作はもはや常識です。昔は乱造なら、寡作もまたよしだった。甲賀三郎やコナン・ドイル、夏目漱石のころは、ほかに書いている人がいないんですからね。それなら二、三年に一本でもいい。

水生——さっきIさんの話でもしましたけど、ほかの出版社からのお話をつないでくださる業界なんだというのが、とても驚きでした。漫画家を少しだけしていたことがあるんですけど、ほかの会社には絶対に持っていかないというのが暗黙のルールだと聞いたことがあって。

知念——漫画家はそうですよね。

水生——ここの出版社では芽が出そうにないから、ほかの賞に出してみたいというときは、元の出版社とは縁を切る覚悟で一からスタートというのが、いまは分かりませんけど、当時ありましたので。

島田——ああ、そうそう。

水生——「ええっ、文学界ってそういうものなのかな」と思い、せっかくお話をいただいたのだから、ほかのところでもお仕事をさせていただきたいなと思って、他の出版社の方とお会いしました。

島田——でもそれ、日本の出版界に特有なのかもしれないですけれどもね。台湾の編集者が日本にやってきて鮎川賞のパーティーに行くと、新潮社と文藝春秋と講談社と原書房のおじさんが、肩を組んでビールを飲んでる。もう仰天ですよ。アメイジング！　と。

知念——あ、そうなんですね。

島田――「すごい。こんなの見たことない、台湾では」と。それは、言われるように女性編集者が多いというのもあるかもしれないけれど。台湾は購買層のパイが小さいですから、部数もさして出ず、出版社はたくさんの給料が出せない。だから男の人は妻子を養えないので、編集者は女性の職業になっている。

深木――本は自動車なんかと違って、自動車はトヨタを買っちゃったら、もう数年間は日産もホンダも買えませんよね。だけど本は、別に講談社の本を買ったから光文社の本は買えませんという関係にないので、たとえば知念さんだって、実業之日本社でワーッと出ると、それまでに出していたほかの出版社の本も。

知念――そうですね。

深木――もちろん自分のところでヒット作品を出せば、それに越したことはないけれども、ほかの出版社からでも、とにかくその作家が売れてくれると。

知念――うん、そうですね。それはありがたいですよね。

島田――業界は、ライバルによっても支えられているわけですね。

深木――絶対にそうですよね。

島田――もうひとつ、台湾は欧米や日本の小説の翻訳が出版のメインなんです。各社で狙う作品の版権を競るのですが、そのときライバル出版社が頑張っちゃうと、版権の値段がどんどん上がってしまい、よい翻訳家が使えなくなったり、全体をカットしたり、圧縮したりの必要が出て、本の出来が落ちるんです。だからライバル編集者に怨みが溜まる。

じゃ、とにかく水生さんは、不安な時期はあまりなかったという。

水生――いや、いまもずっと不安です（笑）。

島田――それはそうでしょうけど、「次の出版社、来るのかしら？」ということはなかったわけ？

水生――次の話は上手に書けるかな、という不安のほうが大きいですね。

島田――そうですよね。

知念――やはり新人の一番の不安は、書いても出してもらえるかどうか分からないというのが一番の不安で。三作書いて、もうそこで誰にも声をかけられないで、そのまま廃業してしまうんじゃないかという不安、まずそこだと。一作の壁、三作の壁がありますので。

島田――書いたけど、「出せませんわこれ」と言われたのはありました？

知念――ぼくはないですけど、やっぱり周りはあります。

島田――あとみなさんにお聞きしたいのは、短編に関してはどうでした？　短編の要求というのはありませんでした？

水生――雑誌からお声が掛かったときは、まず短編をと。お試しのような形で。

知念――たぶんそうですね。二、三作出したあとで、いろいろなところから、「ちょっとうちの雑誌で一作」。特にぼくは医者なので、医療特集号をやるからということで、一作医学短編を書いてくださいというのは、いまだによくあります。

島田――短編の依頼が殺到ということはない？

知念――殺到ということではないですね。

水生――最初から長編で書いてくださいというのと、連作短編の形で書いてくださいというのが、たぶん本をつくりやすいのか、そういう依頼が多いですね。

島田――短編集は買われにくいということですね。

水生――一編ずつがバラバラの短編集は、買われにくいというのがあるんだろうと。

島田――そうなんですよ、だから連作にしたがるんです。

水生——はい、連作でお願いしますと。

知念——やはり連作ですね。

水生——かつ短編だと、単体で雑誌に載せやすかったり、いまだとウェブ雑誌でも、出しやすいのかと思います。

深木——私は書けるともうすぐに新人賞に応募してしまうものですから、「福ミス」のときは、選考までずいぶん時間がありました。それまでずっと落選ばかりですから、「ああ、やはりいきなり長編を書こうなんてのが無理なんだ。だから短編から書いて、一つずつトリックを入れて勉強をして、密室なら密室、アリバイトリックならアリバイトリックでやってみようかな」と思って、短編を書きはじめていました。

島田——ああそうですか。

深木——勉強のつもりでと、短編を三つぐらい書きました。それで、受賞してはじめて島田先生にお目にかかってお話ししたときに、「いまどんなことされていますか」と訊かれたときに、「ちょっと短編を書いてみています」と言ったら、島田先生が「いや、短編は駄目です。短編は売れませんから、長編を書かなきゃ駄目です」と（笑）。

島田——ああそうですか。それは誤解です。

深木——というようにいただいて、それでまたＩさんにも、「とにかく長編を書きなさい。榊原の続きで」というので。

島田——デビュー前に短編書きばかり頑張って、それで事足れりと考えたら駄目なんです。日本では短編集でのデビューはできませんから。しかしデビューしたあと、必要になるのは短編なんです。ただ小説雑誌が勢いを失って、以前とは様子が違ってきましたね。

深木——そこで、三作ぐらいで短編を書くのはやめていたのですが。デビューしてから講談社さんから、『メフィスト』に載せる短編を一つというお話をいただきまして、書いてあったのが三つあったものですから、それの一つを載せていただきました。それからしばらくしたら、今度は光文社さんが『小説宝石』でミステリー特集をやるので、短編をと言われたので、これ幸いと、ストックから出して載せていただきました。そうしたら、次はまた同じ光文社さんが、『ジャーロ』に載せるからとお話をくださったので、残りの三作目を出しました。それは無事載せていただいたのですが、その三作で短編の在庫は出払ったわけなんですね。ところが雑誌になって見たら、「連載」と書いてありまして。

水生――えっ、聞いていなかった?

深木――それで、「えっ、そんな!」と、すぐ私は『ジャーロ』の編集者さんに「連載ということは全然念頭になかったんですけど」とメールしたら、「書けなかったら書けなくてもいいですから、まあ書いてください」と返事がきて。

とにかくそのあと三つ頑張って書いて、結局短編集という形で単行本で出ました。

島田――民事の弁護士をおやりになっていたら、これは短編ネタの宝庫じゃないですか? そんなことはないですか?

深木――やはり、自分が扱った事件は絶対テーマにできないですね。

島田――ああ、まあそうですねえ。

深木――いくら設定を変えても、その方が読んだときに「あ、これ、自分をモデルにしたな」と思われると。別にそれはいけないわけではないですが、できないですね。ですが、判例集とか、『判例時報』などの判例雑誌の、自分と関係ない事件は結構役に立っています。

島田――分かります。とにかく、われわれがデビューしたころの常識とは、現在はずいぶん変わってしまっていますが、われわれのころには、「長編五作、短編十五作」、これだけのストックがないと、デビューしてはいけないという言い方がありましたね。ですからそれにならって、私も新人にそういうことを言っていた時期があったかもしれません。たまたま私も、長編を五本、短編を十五本持ってデビューしました。

知念——ストックよりも、デビューしたら休みなく書かないと死にますよという（笑）。

島田——五年生存率。

知念——特にある程度名前が売れちゃったあとなら、少しは間があいても大丈夫だと思いますが、最初のうちぼくが思ったのは、平台に常に一冊、自分の本が置いてあるようにすることです。

島田——おお、それはすごいな。

知念——そうしたら、三カ月に一作出しておかないと、最初のうちは間に合わない。特に文庫で三カ月に一回平台に置くというのを一つの目標にしていましたね。

島田——それははじめて聞く言葉だな。この対談、新人にはちょっと、いまの発言の横に赤線を引いてほしいかな。

知念——最初からすごく盛り上がって売れれば一番いいですけど、なかなかそうはいかないので、本屋さんに行く人たちに、常に名前がちょっと目に留まるようにしてほしい。そうしたら、なんかこいつの名前をよく見るなと思って、一回ぐらい手に取ってくれるだろうと。そこからまた広がっていけば一番いいので。刊行の間隔があいてしまうと棚ざしになってしまうので、三カ月後に新刊を刊行できれば、前回のものと一緒に並べてくれたりしますので。

島田——うんそうですね。そこでおもしろいのは、日本だけは本が委託販売制度なんですよね。書店に委託販売の場合、平台の競争が起こるんです。少々質が落ちても、とにかく出さなきゃ駄目だという。でなければ平台を奪われてしまう、棚も取られてしまう。

知念――また、数を書けばうまくなりますし。

島田――成長期はそうですね。日本では、質の高いミステリーと売れるミステリーとは全然別の世界という二極化が起ってきましたね、売れる本はライト感覚で、ベスト10対象等にはならない。これはそのあたりの事情が作った現象かと。知念さんはまだそれを考える段階にはないけれど、将来のジャンルのために、ちょっとそれを、頭のすみに意識しておいて欲しいというお願いをしておきます。

そういえばボクシングの練習のように、何分か単位で原稿を書く、そういうのやっていると言っていましたね。

知念――十五分で一回切って、何字書けたかをメモしています。メモをするようにしたら、十五分の間にこれくらいは最低書かないといけないという目標ができ、その十五分間はすごく集中して書くようになりました。

島田――それはキーボードでやるわけですよね？

知念――そうですね。キーボードでやって、十五分で平均すると、五百字から六百字ですけど。

島田――五百字ぐらいを、十五分間のノルマにするわけですか。

知念――そうですね。五、六百字で、できれば五百字を最低目標にして。

島田――やってみたら三百しか書けていない。じゃあ次は頑張る。

知念――そういうときは、そうしたら次の十五分で頑張って書かないと。

島田――次は八百字書くのですか？

知念――八百字は書けないですけど、次はもっとスピードを上げないと、みたいな雰囲気にしてやると、それを三セットやると原稿用紙五枚書けて、それを一日四セットやれば二十枚書けると。

島田――一日二十枚。いいですね。

知念——二十枚書ければちょうどいいですね。

島田——そうすると、短編が何日ぐらいで出来上がるとか。

知念——短編だとやっぱり三日、四日で。そこからまた書き直し。

島田——長編だと？

知念——長編だと、最短で二カ月だと、ちょっとクオリティーは落ちる可能性があるので、本当なら二カ月半は欲しいなという。

島田——二カ月半ぐらいで五百枚。

知念——そうですね。書き上げるまでは、たぶん二カ月切っています。そこからまた磨いていくのに一カ月弱かけて。

島田——自分の話をしますと、文章を書きますよね。それを直す時間が私は好きなんです。一生懸命書きますよね。そして「ああ、疲れた」と寝ますね。翌日起きてから、「あ、今日はきのう書いたあの文章を直すんだ」と思うと、なにかうれしいんですよ。その作業がすごく好きなんですね。

水生——最後まで書いてから、直すんですか？

島田——いや、一日分です。

知念——一日分直すんですか。

島田——一日分ずつです。直してから、その日の分をまた書く。嬉しいのは、たまたま三日分くらいが溜まったとき。その直しの作業があまりに好きなものですから、一・五倍ぐらい時間がかかりますね、はじめて書くときより。

小説の場合はせりふもありますね。せりふはちょっと違いますね、文章の直しとは違う。女性らしい迷いや戦いがあったりすると、男の戦いとはちょっと違うから。洞察が行き届かないときもあるかな。女性のせりふはどうですか。書いているとき、何か思うことないですか。

知念——いや、ぼくは、ちょっと気になるのは語尾とかだけですね。

島田――女性が喧嘩しているときって、男性が喧嘩しているときと同じように書けますか?
知念――いや、やっぱり違いますよね。
島田――私は、女性が戦っていたり、パニック的な場面を書いて、翌日読むと、「あれ、知らないことが書かれてる」という感じがあります。だから、空中に何かいるんじゃないかなと思うこと、ありますね。また、「今回は少々おもしろくないな、退屈だな」などと思っていても、女性がわけ入ってくると、急におもしろくなったりする。女性が泣いたり叫んだりすると、文章が突如突進を始めたりする。だから全然皮肉などではなく、本当に女性には感謝しています。
知念――せりふは、一回勢いで全部書いて、書き終わったあと、細かく頭の中で再生しながらやっているので、そのときにやっぱりちょっと引っ掛かるものは、細かく直しますね。
島田――直す時間は、だいたいどのぐらいかかりますか?
知念――ぼくはたぶん二カ月で書いたあと。
島田――あ、全部、最初に書いちゃう。
知念――ぼくは、最初に全部書いてしまいます。
島田――長編もですか?
知念――長編もです。全部書き終わったあと、一からバーッと見直して、それを二、三回やって、ゲラにします。
島田――二、三回。
知念――二、三回。
島田――直して、また最初に戻って、直して、また戻る。
知念――戻ってですね。一回書き終わって、二カ月半で書き終わったとしたら、二週間弱で一回直して、そのあとは一週間で直して、一度回して、ゲラで三日、そういう感じです。
水生――ゲラで三日?
知念――ゲラは、ぼくは早いんです。

島田――それはすごいな。深木さんの場合はどうですか？

深木――一回書きますよね。ところが、じゃあもう寝ようと布団に入ると、さっき書いた文章に「ああ、あれはこうしたほうがいいかな」とか。それが不思議と、パソコンの前にいるときには思わなかったのに、布団に入ると急に思ったりして。

島田――ああ、ありますね。

深木――「あした起きたら、直さないと」と思って、起きると忘れていたりすることもあるんですが。

島田――ああ、そういうのもある。アイデアに関しては、もうしょっちゅうあります。だから私はメモするようにしてます。必ず書きますね。

深木――だから結構こまめに。もちろん知念さんがおっしゃったように、最後まで行ってからもう一度というのもやりますが。都度、都度、結構文章を直しますね。気になってしまって。

島田――一日単位で直していく？

深木――一日単位と決めているわけではないですが、わりとこまめに直しますね。島田先生ほど、その作業が楽しいというわけじゃないですけれども。そういう意味で、それを推敲といっていいのかどうか分かりませんが、結構こまめにやるほうだとは思います。

島田――ではゲラの初稿で、これで本になったらなってもいいや、くらいの感じにできあがっていますか？

深木――いいえ、ゲラも結構しつこく直します。ゲラになると今度、校閲の方の意見が結構鉛筆で入っていません？　私はたくさん入っています。

知念――もちろん入っています。

島田――ああ、入ります。

深木――そこでいろいろ考えて、そこでもしつこく直すので、ゲラは三日で終わるなんてことはないですね。

水生――私は知念さんのほうに近いと思います。ある程度ダーッと先まで書いて、それから直していく形です。その間、一回も読み直さないわけではなくて、少し立ち止まって戻ったりはあります。ただ、最後まで仕上げてから、どこが足りないかとか、補強したいところ、それから削りたいところのバランスを見て、そこを直してから、きれいにするために何回か直していきます、何度も読み直して、直していくという形ですね。

島田――せりふはどうですか。たとえば女性のせりふは、そんなに大きくは直さないですか？まったく変わったりということはないですか？

水生――ケースバイケースですね。語尾だけ変えることもありますし、この場面ではふさわしくないセリフだから変えるとかいうこともあります。短編の場合だったら、キャラクターはその物語世界だけのものなので、たとえばおとなしいキャラクターから活発なキャラクターにしたほうが話がうまく進むようであれば、変えたりもします。そういうのは長編ではできないけれども、まったくの読み切りの、その世界だけの短編ならできます。

島田――なるほど。知念さん、水生さんが似たようなグループで、私と深木さんが、直し方に関しては似たグループなのかもしれないですね。

水生――でも、私はゲラでもいろいろ直しますよ。三日なんて、とてもとても。

知念――でもぼくは、その三日間で結構直していますよ（笑）。

島田――それは私もそうですね。校閲に助けられて、「あ、なるほど」と思って、直すことも多い。それで、パソコンで打ちますよね。そのとき、プリントアウトして赤を入れたりはしますか？　ゲラの前に。

知念——ぼくは絶対やります。

水生——私もやります。

深木——私は赤ペンは入れないで、プリントアウトしたのを見ながら、画面も出して、そこで見て直しちゃう。

知念——そうなんですか？

深木——画面で見ているときは思わないけど、プリントアウトするとまたちょっと違いますよね。なぜか。

島田——そうなんですよ。あれは不思議ですねえ、目一杯やったつもりでも、印刷すると必ず赤が入る。

深木——そうすると、同じ画面・ページを出しておいて、そこで打ち直しちゃうというのはやりますね。出版社さんにお渡しする前に。

知念——同じですね。ぼくはそこで赤を入れて。

水生——赤を紙に入れるか、画面に入れるかの違いぐらいだと思います。

深木——その違いだけですね。それはもちろん、お見せする前にやります。

知念——絶対必要ですよね。

深木——あれは不思議と違う。あれは何でしょうね。

知念——全然違いますよね。

島田——最後に、現在新人賞に応募するために書いている人たちに向けて、一歩先に世に出た先輩からの注意点みたいなものは、何かありますか？

知念——流行に乗らない（笑）。小手先のテクニックに頼らないことです。ある程度は必要かもしれませんけど、いま連続してこういう作品が賞をとっているからこうやろうというようなのは、やっぱり熱量が下がりますよね。

島田——うん。江戸川乱歩賞や鮎川哲也賞には、言われるような傾向と対策、あるいはあるのかもしれないけど、福ミスにそれはないいな。私は選考委員をもう何十年もやっていて、流行に影響されることは皆無だと言えます。

知念——そうですね。ただ、結構そういうテクニックを教える人もいますし。この賞はこれだから。

島田——ちょっとそれ、福ミスに関するものもあるなら聞いてみたいが、でもそれで、私に通用するとは思わないでほしい気がしています。

知念——それだと失敗してしまいますよね。だから、ひたすら書いて。

島田——私は心から純粋な気持ちでやっていますし、乱歩賞のように、四年間の任期があってとか、すると言われるようなこと、いろいろありますね。一部選者の、世のトレンドへの配慮とか、自分の立場や作風との駆け引き、計算も入るという……、『占星術殺人事件』の時は、あきらかにそうでしたね。

福ミスにはその手のものはまったくないと断言ができます。純粋によいものを、何の雑念も入れずに選び、この人のために、あるいはジャンルのために、という判断を続けている自信があります。

水生——出し続けていないと、読者さんに忘れられるなというのはありますし。

島田——アピールし続けないといけないわけですね。サメやマグロと同じで、泳ぎ続けていないと。

知念——そうですね。特にいまの時代は。

島田——彼らは、眠っているときでさえ前進している。えらに水を通過させていないと、窒息してしまうという。作家も、そういうところがありますね。

知念——ありますね。

島田——みなさん、もうそういうことはすっかりお分かりになっている、これはすごいことです。デビューして、わずかに何年かなんですけれどもね。これから新人賞に応募する人は、そういったことをよく理解し、努力して、そうして登竜門を通過してくだされば思います。ありがとうございました。

本格からHONKAKUへ

21世紀本格宣言II

2018年5月18日　第一刷発行

著　者 —— 島田荘司

発行者 —— 南雲一範

装丁者 —— 奥定泰之

発行所 —— 株式会社南雲堂
東京都新宿区山吹町361　郵便番号162-0801
電話番号　(03)3268-2384
ファクシミリ　(03)3260-5425
URL　http://wwwnanun-do.co.jp
E-Mail　nanundo@post.email.ne.jp

印刷所 —— 図書印刷株式会社

製本所 —— 図書印刷株式会社

ISBN 978-4-523-26570-2 C0095

本格ミステリを
より深く楽しみたいけど、
評論は難しくて
わかりにくいという人へ
新しい本格ミステリの楽しみ方を！

本格ミステリ戯作三昧

贋作と評論で描く
本格ミステリ十五の魅力

飯城勇三［著］

四六判上製　４３２ページ　本体二七〇〇円＋税

本格ミステリのさまざまな作家やテーマに、贋作と評論の二方向から切り込む。本書に収められた贋作は、すべて〝評論的な贋作〟、つまり、作家や作品に対する考察を小説の形で表現したものなので、切り込むことができたわけです。そして、カップリングされている評論は、その贋作を生み出す基となった論か、贋作を書くことによって深まったり生まれ変わったりした論をまとめたものです。